漫步靈魂森林

用塔羅牌回歸自我，
踏上通往內在轉化的覺醒旅程

A Walk Through the Forest of Souls

A Tarot Journey to Spiritual Awakening

瑞秋・波拉克 Rachel Pollack・著

黃春華・譯

高寶書版集團

獻詞

感謝她的所有洞見和知識
感謝她的智慧和對真理的獻身
感謝她善良的靈魂
僅以此書，獻與柔伊·馬托夫

中外推介

從占卜專家到小說作家，全球塔羅愛好者一致好評。

「真正的大師是以淺顯易懂的方式帶領讀者進入深層的世界，而瑞秋・波拉克便是這樣的存在。還記得十四年前閱讀《78度的智慧》如獲至寶的感覺，他為我解答了包含塔羅的歷史脈絡、深層意涵，也影響我至今的解牌方向。能拜讀大師最後一本著作，是非常幸福的事，因為這必定是一生精華的凝結。」——Claudia，植物系女巫

「作為一個擁有二十多年塔羅牌使用經驗的人，當我閱讀這本書時，我深刻地意識到自己對塔羅牌的理解還有待提升。作者瑞秋・波拉克生動地描述了她如何在生活中運用塔羅牌，並透過深入的文本閱讀來解析塔羅牌所隱含的古老密碼。這本書展現了塔羅牌集結了古老宇宙奧秘的美妙之處，讓我深感震撼。通過千年的流傳和轉變，塔羅牌才成為我們手中所持有的工具。」——于玥，占星療癒心理師

「我原本就是《78度的智慧》的讀者，無意中發現我跟作者的想法很雷同，她的書同樣也有從數字開始分析。瑞秋・波拉克是早已舉世聞名的塔羅大師，文筆也很精確深入，我個人覺得理性與感性兼具，可以給讀者帶來很實際的幫助，推薦她所有作品。」——天空為限，占星塔羅作家

　　「波拉克不只是塔羅占卜師，她是這時代的塔羅神祕學者，她淵博的知識與獨到的見解，用塔羅打開了探討內在世界的道路。《漫步靈魂森林》是她送給我們的最真誠的經驗分享，她的生命經驗融進各種塔羅圖像的解讀，內容充滿了用塔羅探問心靈的機智與智慧。閱讀本書，就會踏入了塔羅與心靈成長的奇妙旅程。」──王乙甯，《敘事塔羅作者》

　　「任何對生命懷有好奇的讀者，都會被瑞秋·波拉克飽經淬鍊的文字吸引。《漫步靈魂森林》是大師的最後專著，宛若時光釀造的美酒。作者呼籲我們打開本能感官，勇於和塔羅嬉戲。優美、詼諧且富有智慧的篇章，一步步穿越千百年來塔羅的歷史爭辯，遊走於東西方神話與象徵之間；最終引領我們超越藩籬，看見靈魂無窮無盡的舞蹈軌跡。」──玄享（楊善淳），《奧祕其中：托特塔羅學習筆記》作者

　　「塔羅不僅是占卜的工具，更是照見自我內在的一面鏡子，是浪漫的朝聖之旅，也是我與靈魂終生的對話。每一次翻開塔羅牌，就展開一段未知的旅程。而這場壯遊沒有終點，也沒有標準答案，卻能透過圖像帶來反思覺醒，在一次又一次的頓悟覺察之下，收穫心靈的滋潤與啟迪。盼望這本書能開啟多元的視角，帶領你重新認識塔羅這套充滿智慧的知識系統，探索靈魂森林的奧秘。」──孫正欣，《用塔羅寫日記：關於生活的78種覺察》作者

　　「這是一本讓你得到自由的書！不拘泥於僵硬的學術架構，不沉迷

於曖昧的通靈感應，不執著於單一的價值真理。為剛入門的塔羅初學者，提供開放而多元的觀點；也為進階的神祕學愛好者，在知識迷霧中拓展一條新路。《漫步靈魂森林》內容旁徵博引，維持瑞秋‧波拉克一貫的幽默感，筆法引人入勝，節奏暢快，語彙充滿詩意，相對於她本身其他著作，更具備高度的易讀性，完美融合了理性面與感性面，既有深刻的洞察與反思，又發揮無與倫比的想像力，不愧為大師寫作歷程的標竿經典。」——Gina 許怡蘭，芳療天后

「作者將感性豐沛的文字敘述、理性清晰的架構與古老的資訊融合討論，特別喜歡書中談到塔羅時，結合數字、卡巴拉圓球與路徑的理解來貫穿生命，鼓勵我們活出仁慈、把心打開，走上這趟越過深淵的旅程，朝向更廣大的意識提昇之處前進。我相信所有熱愛塔羅系統的讀者，在細細閱讀、進入書中的同時，就會領略為何這會是一趟覺醒的旅程了。」——陳盈君，左西人文空間創辦人

「有幸成為塔羅大師瑞秋‧波拉克書籍的中文版譯者之一，翻譯過程心受書中敘事撼動，深刻見識大師深厚文字功力及豐富知識涵養。大師自在悠遊於猶太卡巴拉、基督教神學、神祕學諸領域，統整出她個人對塔羅的獨到見解。如同佇立於卡巴拉深淵的女祭司，瑞秋鼓勵我們滿懷慈愛突破自身限制，如加百利跌下駱駝迎接愛人、如愚人躍入絢麗多彩的凡塵世界。」——黃春華，本書譯者

　　「《漫步靈魂森林》是當代一位偉大思想家的傑作。我和瑞秋・波拉克教授塔羅牌已經三十多年了，我深深欽佩她為塔羅牌帶來的智慧和知識。在她所有的書裡，我最喜歡這一本。」——當代塔羅大師瑪莉・K・格瑞爾（Mary K. Greer）

　　「四十年來，瑞秋・波拉克始終是塔羅圈的頂尖作家和思想家。《漫步靈魂森林》感覺就像是一本集合她想讓我們了解的一切知識的濃縮之書。無論是想要將塔羅運用於生活中，或是像我一樣希望讓塔羅出現在我們的小說故事裡，這本書都是必讀之作。」——暢銷作家尼爾・蓋曼（Neil Gaiman）

　　「瑞秋・波拉克的學術造詣既深厚又廣泛。更令人印象深刻的是她的原創思想，以及她在追隨靈魂迷宮中踏過麵包屑時的無畏。《漫步靈魂森林》是我讀過的最有趣、最具變革性的塔羅書。」——艾倫・勞倫茲—普林斯（Ellen Lorenzi-Prince），《黑暗女神塔羅》（*Dark Goddess Tarot*）、《希臘女神塔羅》（*Greek Goddess Tarot*）和《女巫塔羅》（*Tarot of the Crone*）的創作者

　　「這可能是瑞秋・波拉克迄今為止最好的作品，《漫步靈魂森林》將被譽為塔羅哲學探索的里程碑。這本書將為你的人生旅程帶來靈感，為生命中最艱難的問題提供答案。《漫步靈魂森林》融合卡巴拉思想、神話和民間傳說，是冥想、亦是滋養，它是為已經準備好接受人類存在真理的讀

者而寫的一本書。無論是滿懷好奇的新手、經驗豐富的塔羅占卜師，這都是一本必讀之書。」——班納貝爾·溫（Benebell Wen），《全像塔羅》（*Holistic Tarot*）作者

「《漫步靈魂森林》是寫給所有被塔羅之謎所吸引的人的情書。波拉克對自己工藝的精湛表現在她無縫地將藝術、歷史、宗教、科學、心理學和魔法編織在一起，創造出一幅引導讀者質疑自己、塔羅、上帝本質和時間本身的畫卷。波拉克的指導和引起好奇心的問題使這本書成為任何希望加深對塔羅理解和欣賞的人的必讀之作。無論你是一位經驗豐富的塔羅讀者還是初學者，這本書都肯定會帶給你豐富而有益的塔羅覺醒。」——珍娜·馬特林（Jenna Matlin），《你會給我一場占卜嗎？》（*Will You Give Me a Reading?*）的作者

「《漫步靈魂森林》將從一開始就吸引你，讓你轉身，挑戰你的假設，讓你以嶄新的眼光看待塔牌。這是那種你會想一遍又一遍讀的書，因為每次你這樣做，你都會得到另一個塔羅領悟。每位認真的塔羅讀者都應該擁有的必備之作。」——特蕾莎·瑞德（Theresa Reed），《塔羅：毋庸置疑的直覺閱讀藝術》（*Tarot: No Questions Asked–Mastering the Art of Intuitive Reading*）的作者

「這是任何認真（並且認真玩耍）的塔羅學生必不可少的一本書。儘管有很多優秀的書教授塔羅牌的含義，而瑞秋·波拉克寫過其中一些最好

的，但《漫步靈魂森林》將帶你深入了解塔羅本身的含義。儘管這本書借鑒了許多靈性傳統的智慧，但波拉克使看似複雜的卡巴拉概念變得簡單易懂，使讀者能夠與他們靈魂、塔羅和宇宙本身的最深智慧相連接。」——馬克‧霍恩（Mark Horn），《塔羅與光之門：通往解放的卡巴拉之路》（*Tarot and the Gates of Light: A Kabbalistic Path to Liberation*）的作者

「《漫步靈魂森林》可能是瑞秋‧波拉克迄今為止最好的書——充滿迷人的洞察和有價值的知識，以清晰、幽默和令人驚嘆的新方向引導我們走向旅程。這本書的每一個方面都帶來豐富的寶藏。瑞秋慷慨而引人入勝，將她一生的研究和實踐的發現分享給從渴望的初學者到經驗豐富的旅行者的塔羅愛好者，這是一份無價且華麗的禮物。」——莎拉薩，舊金山灣區塔羅研討會（SF BATS）的創辦人

「《漫步靈魂森林》之美在於它探討了提出不可能問題的可能性。當瑞秋‧波拉克展示我們如何與牌卡進行無窮對話時，沒有人能贏過她。在她手中，牌卡從無形的象徵變為始終以驚嘆為基礎的解決方案的具體表現，當我們走入其中，會不由得冒出『啊哈』的讚嘆，而這就是魔法所在。」——卡米莉亞‧伊萊亞斯（Camelia Elias），阿拉迪亞學院的研究主任，EyeCorner Press 的總編輯

CONTENTS

語錄集

很多人可能認為，寫一本關於塔羅的書，靈感一定是來自其他塔羅書籍——包括塔羅的歷史、紙牌含義、神祕學對應、牌陣等等。對我來說，賦予這本書生命力的那些書籍、教導以及故事，通常跟塔羅一點都沾不上邊。它們可能會談到其他占卜形式（比如《易經》），但並不是占卜技巧或含義列表。它們關心的是如何透過占卜去經驗這個世界、它的神祕、它的魔力。「這帶來的第一個影響是，世界開始恢復生機」，史蒂芬・卡徹如此寫道。

在為本書收集資料的過程中，我從很多地方讀到某些短語和句子。有些直接針對塔羅，有些涉及占卜，或靈性成長，或我們認識事物的方式。還有一些是關於卡巴拉，但同樣沒有列出教義或實際事件（「談論卡巴拉時最重要的一件事情是，絕對不要妄想你能清楚闡明它。」——詩人兼翻譯家大衛・羅森堡〔David Rosenberg〕）。但是，這些引言中的每一句話，都在某種程度上與塔羅牌經驗相關。我決定將它們全部彙集起來，作為這本書的一種肖像，而不是將它們散布在的各個章節的開頭。每一則引言均附上作者和來源。如果是註記「我自己的筆記」，代表這些詞句來自我自己的筆記本或以前出版的書。如果是寫「我自己」，那就是來自我自己寫

的書。還有一些我稱之為「指示」，代表打開那道風景的方法。所有這些句子和斷簡殘篇的共同連結是，它們能為我們開路。它們帶領我們進入塔羅的世界——一個比我們想像中更奇異、更奇妙的世界，而且，幫助我們在「靈魂森林」中找到我們自己的道路。

「塔羅是一場靜止的夢。」

——與喬安娜・楊（Joanna Young）之對話

「我的工作是靈魂的助產士。」

——瑪莉・K・格瑞爾，課堂上

「符號是時間的基本元素。」

——史蒂芬・卡徹（Stephen Karcher）譯，

《大傳》（ *Ta Chuan, The Great Treatise* ）

「立起門戶，

然後轉變就會在它們之間發生。」

——史蒂芬・卡徹譯，《大傳》

「如果你得到一個好計畫，那就照著它去做。

如果你沒有一個好的計畫，就不要照做。」

——與詹姆士・威爾斯（James Wells）對話

「我不相信事情會有最後結果，除非你死的那天。」

──瑪莉‧K‧格瑞爾，課堂上

「你學不到任何東西，除非在喜悅中學習。」

──艾奧安娜‧薩拉詹（Ioanna Salajan）

「我們可以試著用知識和更多的知識來緩解另一面的威脅。

但知識永遠不夠。」

──大衛‧羅森堡，《被活活吃掉的夢：卡巴拉的著作核心》

（*Dreams of Being Eaten Alive: The Literary Core of the Kabbalah*）

「談論卡巴拉時最重要的一件事情是，絕對不要妄想你能清楚闡明它。」

──大衛‧羅森堡，《被活活吃掉的夢：卡巴拉的著作核心》

「什麼是神聖？使枯骨恢復生機的神之呼吸。」

──我自己的筆記

「我立大地根基的時候，你在哪裡呢？」

──神，在〈約伯記〉

「所有的揣度測量皆是謊言。」

──我自己，《亡靈變性之書》（*The Transsexual Book of the Death*）

「看仔細。」

——摩西・德里昂（Moses de Leon），

《光輝之書》（*The Zohar*），大衛・羅森堡譯

「有些事你該知道。

而知道它的正確途徑是經由頭腦裡的一顆櫻桃。」

——安妮・卡森（Anne Carson），「第一個迦勒底神諭」，

《下班時間的男人》（*Men in the Off Hours*）

「共通語言——骨頭、織物、歌曲、夢。」

——雷布・阿維加伊・蘭茲曼（Reb Avigayil Landsman），私人信件

「從遠古跨到未來。」

——傳奇前衛爵士樂團「芝加哥藝術團」的格言

「除了發現，沒有任何規則。除了發明之外，沒有任何傳統。」

——我自己，《不滅之火》（*Unquenchable Fire*）

「站在眾人之間，而且清楚知道你自己是誰。」

——林德爾・羅賓遜（Lyndel Robinson），私人信件

「神隱身在紙牌間的空隙裡。」

——瑪麗‧吉賽爾（Mari Geasair）

「它不是在天上，也不在海外，就在你口中，

在你心裡，使你可以遵行。」

——神，透過祂的代言人摩西，《申命記》

「第一件發生的事情是，世界變得活生生起來。」

——史蒂芬‧卡徹，《占卜圖解指南》（*The Illustrated Guide to Divination*）

「不要給我安慰的話語。給我魔法。」

——諾曼迪‧艾利斯（Normandi Ellis），

《喚醒歐西里斯》（*Awakening Osiris*）

「至於我，我的禱告乃是為你，溫柔的人，

那是我對你渴望愛慕的時刻。」

——摘自重建派猶太教祈禱書

「有福之人，那無相者，你以你之相創造了我。」

——晨禱，摘自重建派猶太教祈禱書

「聖杯是為誰服務的？」

——中世紀聖杯傳說，帕西瓦爾未問的問題

「為什麼底比斯會發生瘟疫？」

——伊底帕斯向德爾斐神殿請示神諭

「現在時間和過去時間

兩者都存在於未來時間

未來時間包含於過去時間中」

——T. S. 艾略特（T. S. Eliot），〈焚毀的諾頓〉（Burnt Norton），

摘自《四首四重奏》（*The Four Quartets*）

「翻動它，翻動它，因一切都在它裡面。」

——拉比本・巴格・巴格（Rabbi ben Bag Bag），

《父輩之言》（*Perkei Avot*）

「洗牌，洗牌，因一切都在它裡面。」

——我自己

「我猜想我們已在西奈山得到兩副牌。其中之一是《托拉》，它讓我們能夠愛我們的鄰居，跟隨老師學習，橫渡洶湧大河……這副牌為我們洗牌，並把牌發給我們。而另一副牌是奧祕，塔羅牌，是《托拉》沉默無聲的作為：洗牌、抽牌和發牌。」

——喬爾・紐伯格（Joel Newberger）

「這是一種無有律法的方式，
是認識一個活生生的世界、與這個世界對話的方法。」
——史蒂芬・卡徹，《占卜圖解指南》

「塔羅是一種充滿各種可能性的結構，
幾乎任何人都可出於任何原因、以任何方式使用它。」
——辛西亞・吉爾斯（Cynthia Giles），《塔羅牌：歷史、神祕與傳說》
（*Tarot: History, Mystery, and Lore*）

「我唯一可以肯定的是，你永遠不會到達終點。」
——我自己，《新塔羅手冊》（*The New Tarot Handbook*）

指示

看你所看見的

聽你所聽見的

觸摸任何你所觸摸的

說你必須說的

——我自己，摘自《不滅之火》

眼睛無法捶打手看不見的東西

像一隻蝴蝶那樣做夢

像一隻蜜蜂那樣回家

洗牌，塔羅牌女孩，洗牌

——我自己，《在穆罕默德‧阿里之後》

保持專注！

導言
在塔羅場域中遊憩
At Play in the Fields of Tarot

　　有些人可能會對本書的英文副標題感到好奇。塔羅的「旅程」（journey），究竟是指什麼？對某些人來說，那句話意謂著預測靈魂伴侶是誰、會不會換工作、種種家庭困擾、或是法律問題如何解決（這些問題對於問卜者確實都非常重要）。

　　也有一部分人，已經對塔羅牌的神祕學傳統相當熟悉，他們可能會認為自己完全知道我所謂的「旅程」是什麼意思。對他們來說，塔羅裡面含藏了大量不同知識系統的對應關鍵概念。這些系統包括：已知和未知的大自然法則、魔法、猶太教神祕主義、占星學、異教眾神、基督教啟示、祕密知識、埃及靈性啟蒙儀式、天使、惡魔，尤其是卡巴拉生命之樹的二十二條路徑。

　　這本書並沒有取道以上這些途徑。雖然沒有告訴你如何占卜預測，也沒有逐一解釋每一張塔羅牌的含義，但實際上，書裡面有相當多關於如何占卜解牌的內容。只不過，書中的占卜，不是問某人會不會跟誰結婚、或是該去哪裡找工作，而是發出此類提問：「我如何打開我的心？」或「我如何滋養靈魂？」甚至是「如何解讀上帝創造宇宙的真義？」等。

　　這本書裡的占卜解牌，是作為探索未知領域的一種手段——包括我

們自己內在、我們的外部世界，以及存在的神聖奧祕和謎題。它們運用了塔羅最與眾不同的特性。與某些靈性思想書籍以及名人大師的教學課程不同，這本書裡提到塔羅牌的部分並沒有按照紙牌的順序。牌卡本身看起來像是帶有線性訊息，因為它們出現在我們面前時，已經都有了編號和標題，比如「女祭司」或「審判」等。很多書籍都會描述到線性訊息逐步發展的過程，但與聖書或心理學家、智者們的著作不同，我們每次抽到的紙牌都不一樣，每一次都是新的內容。因為塔羅可以讓我們洗牌，我們可以抽出數張紙牌，包括紙牌上的所有訊息符號，將它們混合，然後重新鋪排成一個全新的牌陣局面。

小說《沉默的羔羊》（*The Silence of the Lambs*）當中，天才精神病患者漢尼拔・萊克特博士告訴聯邦調查局探員克麗絲・史達琳，若要抓到兇手，她必須回到馬可斯・奧理略（Marcus Aurelius）所說的「最初原則」（first principles）。什麼才是最本質的東西？（在這個例子當中就是那位身分不明的殺手。）「它」是什麼？「它裡面」又是什麼？

對我來說，這說明了一個事實：塔羅牌跟一般書籍不同，它的「頁面內容」並不是固定的。不同的牌組（有標題和編號的大阿爾克那牌，以及小阿爾克那牌的四個牌組）有不同的編號和組合，但任何時候我們都可以將它們重新洗牌抽牌，而得到一個全新的結果。

不固定的占卜系統，稱為「偶然性占卜」（aleatory），也就是用隨機方式得到一組符號或訊息，因此每次做占卜時都會出現不同的結果。易經和塔羅都是屬於這種偶然性占卜系統。非洲的伊法占卜系統（Ifa）也是，它是把沙子或貝殼拋撒在地面上來形成圖像，然後占卜師根據圖像的指示

來為問卜者提供建議和解答。

　　有趣的是，我不知道有什麼術語可以用來描述我認為的「固定式」占卜系統。占星是很好的例子。無論你排多少次出生星盤，它的結果都一樣。占星師的技巧完全展現在解盤能力上。你也可以將你的出生本命盤「推運」到當下這個時刻，得到一個新的人生結構圖（推運盤），但每次你把它推到某個特定時刻，結果都會相同。手相或顱相占卜也是。

　　我先自首，我有時會開玩笑說自己算是「隨機隊」。對我來說，塔羅能開啟一個世界，而且每時每刻都是全新的。這本書的占卜解牌部分，都不是在談一個固定的未來。而且正好相反；它們是在講一種方法手段，如何走出我們平常的思維方式，去獲得嶄新的視角，探索更多的可能性。

　　對於塔羅神祕學傳統以及符號含義已經相當熟悉的人，也可能從這本書發現一些驚喜。我們不會在這裡告訴你預測命運的祕訣，更不會給你系統知識對應表、或是占卜師應該牢記背誦的靈性成長法則清單。我們會講解這些知識系統的歷史淵源，但不會只是簡單將它們條列出來，因為我們的目的是找出其意義。當我們願意接受那些符號、故事和美麗圖像的引誘，讓自己進入全新的理解領域，我們就能看見攤開在我們面前的奧祕。

　　有個古老的猶太拉比（Rabbi，譯注：猶太教精神導師）故事是這樣說的：有一天，農夫的山羊到處亂晃走失了，回來時嘴裡叼著一根樹枝，散發著奇異香味。第二天，又發生同樣事情，農夫開始覺得很好奇。隔天，他跟著那隻山羊進入一座山洞。山洞裡有一條隧道，走著走著，農夫莫名心情愉悅起來；他感覺自己身上的疲憊感全都消失了。最後，他看見一道

光，還聞到甜甜的香氣。他走出隧道，眼前盡是一片芬芳的樹林和鮮花，洋溢在明亮柔和的光線中，他突然意識到，原來山羊把他帶到伊甸園，我們人類始祖的那座失落花園（而且後門似乎無人看守，前門則如傳說所述，上帝將亞當和夏娃逐出伊甸園之後，在那裡安設了手持火焰之劍的天使負責守衛）。

偉特塔羅的星星牌

我認為塔羅牌有點像那隻山羊。如果我們先放下心中想要立刻為那些圖像找到定義、或是一成不變套上同一套解釋、或認為它們的含義和目的都是固定不變的急切欲求，如果我們能將這些都先擺在一邊，單純跟著圖像走，它們會把我們帶到哪裡去？這並不是說我們應該放棄學術研究，或是放棄神祕學家一路以來的貢獻。這些都已經是塔羅圖像的一部分，而我們可以利用它們來找到那條隧道，最後甚至可能打開那道奧祕之門。

全世界最著名的一套塔羅牌——亞瑟・愛德華・偉特（Arthur Edward Waite）和潘蜜拉・柯爾曼・史密斯（Pamela Colman Smith）的「偉特史密斯塔羅」，它的「星星」牌背景中有一隻小鳥站在一棵樹上。

如果你的眼睛只是快速掃過牌面，甚至不會注意到這隻鳥的存在；或認為它可能只是一個小小的裝飾圖。仔細沉思這張圖的人，可能會去思考鳥類這種動物的含義，以及鳥對我們的啟示。但如果我們知道，牌面上的這隻鳥，其實是一隻朱鷺，而朱鷺就是代表埃及神托特（Thoth），那麼，這隻鳥就突然把我們帶進一連串的故事和概念當中。托特是掌管知識、魔法、科學和書寫的神，同時也是塔羅本身的傳奇創造者。

透過這隻朱鷺，以及認識它的神祕學象徵含義，我們便可以進入埃及神話的世界，了解它所有的歷史和智慧。在這本書裡，我們會不斷重複提到托特神和祂的故事。

那麼，牌面上的那位女性人物呢？我們一開始會注意到她裸體，而且神情輕鬆自若，似乎對生命充滿希望和自信。但請注意，她手上拿著兩個水壺正在倒水。在古希臘施行了兩千多年的艾盧西斯大祕儀（the Greater Mysteries of Eleusis，譯注：艾盧西斯祕密教派的入會啟蒙儀式），儀式的尾聲，女神普西芬妮（Persephone）會從亡者冥界再次回到人間。當祭司以靈視看見她回來時，儀式成員（入會者、受啟者）者就將兩個容器裡的水倒入地上的兩條裂縫中。普西芬妮是冥界之后，是死去又復活的女神，因此能向受啟者保證死後再度重生。

在這一點上，她不僅跟耶穌很像，也很像一位埃及神祇歐西里斯（Osiris），這位神被他的兄弟殺害，最後在他的妻子伊西斯（Isis）和托

特神的幫助下起死回生。

我們一定要知道所有這些故事才能了解這張「星星」牌嗎？當然不是，事實上，如果我們被這些知識分散掉注意力，我們可能會忘記要跟著山羊穿過那條隧道。但這張圖像裡確實隱藏了這些故事，當然還藏著其他東西。那為什麼不把它們拿來好好利用呢？或許我們可以把塔羅裡隱藏的各種神話和教義密碼，視為山羊嘴裡叼的樹枝，它引誘我們，並示意要我們跟隨。或者，我們也可以轉換隱喻，然後將象徵符號看作那條隧道。（這不就是隱喻的用途嗎？如果不用洗牌來切換隱喻、不跟它們玩遊戲，那要隱喻幹麼？）我們需要象徵符號，因為它能引導我們到達伊甸園，但我們不應該把它跟我們的最終目標混淆。我們可不想被困在隧道裡。

這本書是為有志於靈性探索的人而寫的。當然也適合所有對塔羅有興趣的人閱讀。我嘗試以這樣的方式來書寫：就算之前對塔羅一無所知，也能跟著它進入那條隧道（但如果無法經由它找到伊甸園，那隧道就毫無用處）；而對於塔羅老手來說，同樣可以從中發現新的啟示。這任務看似不可能，但好像也沒有想像中的困難。唯一需要的是你的意願──願意從全新的角度來認識塔羅。

我們不會逐一解釋每一張牌，但是在探索過程中自然會觸及每一張牌的傳統含義。其他的塔羅書籍大多按編號順序闡釋每張牌的含義和奇想；而我們的目的，則是利用塔羅圖像作為開啟靈性奇想的大門。

在這裡，我們先為塔羅新手先做個簡單介紹：塔羅牌由七十八張牌組成。包含四個花色牌組，每個牌組有十四張牌，外加二十二張編號為

0 至 21 的「大牌」（Trump，或稱將牌）。 Trump 原本是「勝利牌」的意思，因為在塔羅奇紙牌遊戲（tarocchi，與橋牌和惠斯特紙牌玩法類似）當中，這幾張牌的地位等級高於五十六張花色牌。大牌都有名稱標題，比如魔術師或吊人，還有生動活潑的圖畫場景。在神祕學傳統中，二十二張大牌統稱為大阿爾克那（Major Arcana，阿爾克那的意思是「祕密、祕儀」），而其他四個花色牌組則統稱為小阿爾克那（Minor Arcana，或稱小牌、小祕儀）。

從結構上來看，塔羅的四個花色牌組跟一般的遊戲撲克牌很像，每一個牌組都包括從 A 到 10 共十張牌，再加上侍者（Page）、騎士（Knight）、王后（Queen）和國王（King）四張人物牌。侍者牌相當於撲克牌的 J，但塔羅比撲克牌多了一張騎士牌。過去有一段時間，大多數遊戲紙牌的四個花色都跟塔羅牌一樣，包括權杖牌（Wands，或稱法杖、棍棒）、聖杯牌（Cups）、寶劍牌（Swords）和錢幣牌（Coins，很多現代塔羅牌稱為五角星〔Pentacles〕）。隨著時間演變，一般遊戲撲克牌的花色開始有了變化，至少在北歐國家和美國是如此。權杖變成梅花，聖杯變成了紅心，寶劍變成黑桃，錢幣變成方塊。在某些國家，比如西班牙，遊戲撲克牌仍然跟塔羅牌相同花色。

關於塔羅的起源，我們會在第一章仔細探討，這裡可以先提一下，據學術界說法，塔羅最初是一種遊戲。很多人可能會對這種說法感到驚訝，尤其是聽過一些誇張的塔羅起源傳說的人。然而，我愈深入思索塔羅，就愈覺得它們確實是一種遊戲紙牌。比起用正經八百的態度來面對塔羅，如

果能將它當遊戲紙牌來玩，我們可以做的事情其實更多，甚至可以讓更多事情發生。

這本書也提出了一些讓人驚訝的想法和問題。比如，塔羅圖像在宇宙誕生之前就已存在，神可能是參考塔羅來創造宇宙的，甚至，我們還可利用這些紙牌來發現神在宇宙誕生之前所做的占卜。我不會奢望──也不希望──任何人在這個時候就把這個想法當真。如果我們必須將所有塔羅研究限制在我們認為的正確概念上，那我們要怎麼去發現新事物呢？如果我們記得，塔羅是一種遊戲，我們可以用洗牌來創造新的局面，那麼，牌面上的圖像就會帶我們進入充滿驚奇的花園。

這會不會讓塔羅變成一種輕浮的遊戲？絕對不會。學習以認真心態玩遊戲，是靈性探索的最大祕密之一。這也是為什麼，有那麼多的宗教傳統都是藉古怪詼諧的故事或謎語來傳達智慧奧祕。如果這本書傳達的只是如何認真**玩**塔羅，我會感到無比歡喜。

我們會在遊戲中檢視各式各樣的塔羅套牌。這也可能讓人驚訝。塔羅的迷思之一，就是有人認為世界上有一副「純正的塔羅牌」，有唯一正確的象徵符號，而其他套牌都偏離了這個正道。再提醒一次，據學術界之說法，**根本不存在所謂最原始、官方正式版本、最純正的一套塔羅牌**。最早期的塔羅套牌，跟後來被視為標準或經典的塔羅牌，圖案差異非常之大。到今天，我們可選擇的套牌已經超過數千種，而且這還只是曾經存在過的塔羅套牌的一部分而已。

近年來，幾乎所有的創新套牌都已不再宣稱要「復興」失傳已久的「原始」塔羅牌。或許還是會看到這樣的說法，但更大多數人已經願意對

塔羅保持開放胸懷，接受新的意識和可能性。

　　並沒有所謂唯一純正的塔羅牌。塔羅早已成為一種藝術形式，甚至已經成為一種「原型」（archetype）。各種不同套牌全部混合在一起，攜帶著各種變化變異，才造就了所謂塔羅。我們會在書中後面的章節再次討論這個概念。

　　在這本書裡，除了使用各式套牌之外，最常被引用的是《閃亮部落塔羅》（*Shining Tribe Tarot*）。一部分原因是因為這套牌是我自己設計和繪製的；另外也因為，我想盡力讓《閃亮部落塔羅》成為人們開啟、探索神聖之路的工具。這套牌的圖案，有一部分是來自世界各地部落和史前藝術。請注意——實際上我並沒有把任何文化的傳統圖案拿來照抄，當然也沒有聲稱我個人是這些傳統文化的崇拜者。我藉由它們得到靈感和啟發，就像這本書的部分內容，同樣是受到許多文化傳統（包括愛因斯坦狹義相對論）故事和象徵概念的啟發一樣。

　　書中使用的其他套牌包括：萊德偉特塔羅的完整象徵符號、克勞利和哈里斯女士所設計的托特塔羅及其神祕學含義、經典的馬賽塔羅牌，還有一系列當代塔羅套牌。

　　書中會經常出現「神、上帝」（God）這個詞彙，也會出現女神、各個神話人物的名字，還有異教、猶太教、基督教和其他宗教的思想概念。書中引用的這些文獻資料，都不是為了吹捧任何宗教傳統，更不是要代表這些傳統的教會或組織說話。這本書裡的上帝，是一種表達方式，代表我們想要認識和理解神聖事物的渴望。

　　我要將這本書獻給所有帶著遊戲之心的求道者，所有想要穿越隧道抵達喜樂花園的人。

第一章

塔 羅 起 源 迷 思

Myths of Origin

　　塔羅的起源在哪裡？無論我們用什麼方式處理這個主題，也無論我們是否深入符號的奧祕意涵、背誦占卜公式，或是玩圖像遊戲，我們都無法迴避這個問題。答案當然有很多，只要一踏進塔羅的世界，它的起源故事就像興奮的小鳥開始在你身邊縈繞。以下是幾種主要說法：

❖ 塔羅牌描繪的是羅姆人（Romani，譯注：也就是吉普賽人）的神聖神話，圖像裡面藏著數世紀以來羅姆人從位於印度（或埃及）、或外太空的祖國家園開始，長達數世紀的流亡過程（而且羅姆人自己似乎最喜歡外太空人這種說法）。

❖ 塔羅是文藝復興時期的一種紙牌遊戲，靈感主要是來自當時一年一度、名為「勝利遊行」（Triumphs）的狂歡節活動。

❖ 塔羅牌是一種紙牌遊戲，源自一年一度、名為「勝利」（thriambs）的遊行，是為了紀念酒神狄奧尼索斯。

❖ 塔羅牌隱藏著／揭示了畢達哥拉斯的靈數學理論，畢達哥拉斯是摩西時代的希臘神祕主義者，對柏拉圖有深厚影響。

❖ 塔羅牌描繪了摩西親自從上帝那裡領受的口傳祕密教導。

❖ 塔羅含藏著失落的亞特蘭提斯大陸神話，這個沈沒於大海中的島國大陸，最早是由柏拉圖在其書中所提出。

❖ 塔羅牌是十字軍東征時期從巴勒斯坦和埃及引進的一種紙牌遊戲。

❖ 塔羅牌是「生命之樹」這個龐大記憶系統的呈現，生命之樹就是宇宙創造法則的一種模型。

❖ 塔羅牌清楚隱藏著埃及神托特的智慧，托特是掌管世間一切知識

之神。

❖ 塔羅牌呈現了埃及神廟的入會儀式過程。

❖ 塔羅牌呈現了譚崔密教寺廟的皈依過程。

❖ 塔羅牌保留了在漫長父權宗教黑暗歷史夾縫中存活的女巫智慧。

❖ 塔羅牌描繪了迦勒底（巴比倫）占星術當中的月相變化模型圖。

❖ 塔羅牌是由造紙行會創造出來的，他們是基督教純潔派（Cathars）的最後殘餘勢力，被羅馬教會視為異端，並遭到殘酷鎮壓。

以上所有塔羅起源的說法，都有塔羅書籍作者提出過。

著名神話學作家約瑟夫・坎伯（Joseph Campbell）曾評論說，世上充斥各式各樣創世故事，但全都是錯誤的。塔羅也是如此——有著各式各樣的起源傳說，但可能全部都不正確。那些說法的錯誤在於，他們把某種說法概念當成唯一真理。他們的錯誤在於，硬要別人接受那些想法，若有人提出反駁，他們心中的塔羅意義和價值就產生了動搖。但是，如果我們能夠學習將這些起源故事看作神話，看作是神的遊戲，那麼，我們就無需硬要證明某種說法比其他說法優越，同時，也能真正去欣賞每一種說法所要表達的詩意真理。我們會大大驚嘆塔羅這個無比神妙的創作，居然可以用七十八張圖像來傳達那麼多不同的靈性傳統與歷史文化。

塔羅的神祕起源也是其迷思的一部分。關於塔羅紙牌，最神奇的事情之一是，當人們一開始接觸到某個概念，就會從此緊抓不放。以下是發

生在我身上的故事。數年前，我的書《78 度的智慧》（*Seventy-Eight Degrees of Wisdom*）丹麥文譯本出版，不久後我前往丹麥為書做宣傳。有兩個廣播電台想訪問我。第一個是在國家廣播電台，進行得非常順利。第二個是新時代專案（New Age program），我很期待有機會深入討論塔羅。訪談前一天，主持人透過電話與我討論談話主題。我告訴他，我不相信塔羅起源於亞特蘭提斯，也不相信某些祕術大師的遊戲騙術，通話結束後，他隨即取消了我的訪談。

諷刺的是，雖然我們無法確定塔羅紙牌的真正起源，但我們卻找得到這些神話迷思的來源。約在西元 1770 到 1780 年間，一位名叫傑柏林（Antoine Court de Gébelin）的人出版了一套厚達九卷的神祕學研究，標題為《原始世界》（*Monde Primitif*）。「一個原始人類國度」（a primitive human state）這個概念本身就是一種神話迷思。在我們這個時代，「原始」一詞意謂人類尚無制度規範、尚處於無知野蠻狀態。但在古代，它的含義正好相反──是代表所謂的黃金時代，這個時代的人了解靈性真理，而且生活在和平美好之中。伊甸園就是這個神話的一個變體。

傑柏林在寫作期間，曾拜訪其友人 La C. d'H. 女士，她將當時最熱門的東西拿給傑柏林看：那是一種流行於義大利南部鄉下的紙牌遊戲，叫做塔羅奇（*tarocchi*），法語稱為塔羅（*les tarots*）。傑柏林一一瀏覽這些色彩鮮豔的圖片，突然靈光頓悟：這些尋常的紙牌遊戲，實際上是一部偉大神祕學著作的偽裝！他稱之為「托特之書」（the Book of Thoth），意思是：集所有知識之大成。

托特是埃及的一位神，主掌世間一切知識與智慧。祂為太陽神拉

（Ra）的天空太陽船引路，發明木乃伊讓被殺死的歐西里斯再度復活，為亡者靈魂進行轉世裁判，甚至還跟月亮賭博，讓一年多出五天時間（稍後我們會再提到這個故事）。希臘人將埃及托特神與他們自己的神祇赫密士（Hermes）連結起來，赫密士是掌管魔法、療癒、智慧、科學、商業之神，也是騙子和小偷的守護神（一個有小偷之神的信仰，你怎能抗拒）。

塔羅的許多神祕傳統起源說法是來自一位名叫赫密士‧崔斯墨圖（Hermes Trismegistus）的神祕人物，他就是《翠玉錄》（*The Emerald Tablet*，又名《翡翠石板》）的作者，這本書的成書時間據說約在基督教傳播初期的埃及亞歷山大大帝時代。《翠玉錄》的神話認為，赫密士‧崔斯墨圖就是托特神的另一個名字。而現在傑柏林則說，塔羅是比《翠玉錄》更根本、更基礎的神作。他說，托特神將這些象徵符號的圖像傳授給他的人類弟子，並將它們偽裝成一種遊戲，因此可經歷數世紀而不被發現。

多麼美妙的說法！令人驚訝的是，這個靈光乍現的想法，對人們的想像力竟產生如此強大的影響，至今依然迴盪。若不是第八卷中的這篇文章，傑柏林和他的九卷著作可能老早就被世人遺忘。這個神話最有說服力的部分，並不是他聲稱塔羅起源於埃及，這個說法只是枝微末節。它的核心概念是塔羅乃世間一切知識之基礎，是鑰中之鑰，是神祕學家所稱的「最重要的那支鎖骨」。正是這個概念，大大影響了後來的塔羅起源故事（至少跟密術有關的神話是受其影響）。換句話說，塔羅是世間一切知識體系背後的基礎。

塔羅集一切古代大師之奧祕與發現的大成。認識塔羅，正確理解它，你就能通曉世間一切。當塔羅詮釋者說它不是埃及人發明的而是希伯來

人，或說塔羅不是希伯來人發明的而是來自密宗譚崔、迦勒底、基督教異端或威卡巫術時，他們都有同一個假設：無論塔羅最早來自哪裡，它都必然含藏著世間最終之奧祕。人們可能會爭論塔羅到底包含了哪些奧祕，但他們從不會懷疑它確實具有深奧含義。

假如我們放掉對這些故事的信仰，如果我們接受塔羅可能是源於十五世紀流行的一種紙牌遊戲，而且它的圖像帶有眾所周知的寓意，我們會因此失去其神話價值嗎？我們能不能以輕鬆遊戲的角度來看待這些神話，而非只能一味信仰它？我和許多現代塔羅學者都有同樣看法：當我們將塔羅的各式各樣起源傳說當作故事來看，而不是將它當成真實歷史，我們實際上收穫更多。一方面，我們可以停止爭論，不再試圖證明我們自己認為的起源版本才是唯一正確。然後，我們就能看見塔羅內部交織的各種神祕學知識的精妙與真理。

其中有一個主要傳統認為，塔羅是猶太神祕主義思想卡巴拉的象徵。關於這個概念的起源，稍後我們會再討論，這裡先來談談跟卡巴拉思想有關的迷思。卡巴拉主義者告訴我們，宇宙存在於十個層次的神聖能量中，這個神聖能量稱為「輝耀」（sephiroth，這個字與 sapphire〔藍寶石、光輝〕相關聯）。這十個輝耀有各種描繪方式，有時是排列成一個同心圓，最中心點是神（上帝），最外層是物質世界；更常見的描繪方式是，十個輝耀排列成一棵「生命之樹」（Tree of Life），最頂端是代表終極能量的輝耀，稱為科帖爾（Kether，希伯來語「王冠」之意），最底部代表物質宇宙，稱為瑪互特（Malkuth，希伯來語「王國」之意）。上帝創造了第一個人

類亞當，讓他具有看見並理解所有輝耀的能力。但是，亞當看到瑪互特物質世界的美好，誤認為那就是一切。於是，亞當「犯了罪」，不再與神親近，而且讓我們所有人都變成跟他一樣。又或者，也許我們是出於己意而重蹈亞當的錯誤，不斷誤認物質世界即是全部。

在我看來，對塔羅牌任何特定起源的表面認知，都跟亞當當年犯下的巨大錯誤一樣。我們被特定說法迷惑，忽略了它們的詩意層次和它實際上要教導我們的東西。同樣的道理，假如我們駁斥某種見解，如果我們說，不是喔，塔羅不是來自埃及、亞特蘭提斯或古代拉比——我們也可能會犯下認為那些思想不再具有任何意義的大錯。

塔羅和卡巴拉的連結也可追溯到《原始世界》一書、以及一位名叫米列的伯爵，他曾寫過一篇文章支持傑柏林的塔羅見解。傑柏林寫道：「大牌共有 XXI（21）或 XXII（22）張，希伯來人和東方人使用的埃及字母有 XXII 個，而且也當做數字來用，很多的國家都用這些字母來記數。」[1]

這與我們對古埃及象形文字的普遍認知完全不同，它們確實是字母，而不是圖畫式文字。不過，數量並沒有到二十二個。我們也無法確定他提到的「東方人」是指誰。但是，希伯來字母表確實有二十二個字母，而且猶太神祕思想認為這二十二個字母就是宇宙存在的基礎。他們用二十二條路徑將生命之樹上的十個輝耀連接起來，每一條路徑都代表一個字母的特質。如同傑柏林所說，它們具有數值特性，將一個單詞的所有字母數字相

1　引自《邪惡的紙牌》(*A Wicked Pack of Cards*, Decker、Depaulis & Dummett 合著，Bristol Classical Press 出版，1996)

加可得到一個數值，然後我們便可由此找出具有相同數值的單詞之間存在的神祕關聯（也就是所謂的「希伯來字母代碼」，*gematria*）。藉由這二十二個字母，我們得以穿行於神祕世界，並使用其聖名和其他字母組合來施行魔法。根據米列伯爵的想法，每一張塔羅大牌都會單獨對應某個希伯來字母，這樣一來，每一張牌就帶有該字母的魔法力量。

儀式魔法塔羅（Tarot of Ceremonial Magick）的愚人牌和戀人牌

　　塔羅學者兼塔羅大師瑪莉・K・格瑞爾，對《原始世界》書中的文章提出了有趣的歷史修正觀點。傑柏林和米列伯爵都是共濟會（Freemasons）成員。格瑞爾認為，共濟會很可能在某段時期已經發展出塔羅的神祕學理論，然後交由這兩位作者將其內容公開（而且她認為米列的文章比傑柏林更早出現）。至於 La C. d'H. 這位女士的故事，很可能只是個幌子，是編出來的故事。但就算格瑞爾的猜測是對的，也不會減損傑

柏林的論述對塔羅歷史發展的重大影響力。

　　大約在義大利紙牌遊戲「塔羅奇」首次出現的同時，基督教神祕主義者和魔法師們也對卡巴拉產生興趣，因此塔羅源自卡巴拉思想並非不可能（儘管現代學術界認為，塔羅紙牌的出現時間，比基督徒最初運用卡巴拉的時間早了好幾十年）。而且，兩者在結構上的相似處也確實頗為驚人。二十二這個數字不像二十一是那麼常見的神祕數字（靈數學家將二十二稱為大師數〔master number〕，但這是受到卡巴拉思想的影響）。卡巴拉將宇宙之創造分為四界，每一界當中都有十輝耀。塔羅牌則有四個牌組，每一個牌組都有 A-10 這十張牌。卡巴拉用四個希伯來字母 יהוה 來代表神的神聖名字（英語稱為 Tetragrammaton，四字聖名），而塔羅則有四張宮廷牌：侍者、騎士、王后和國王。難怪「塔羅源自卡巴拉思想」的說法如此有說服力。

　　十九世紀，一位名叫伊利帕斯・列維（Éliphas Lévi）的神祕學家兼魔法師（原名阿爾方斯・路易・康斯坦〔Alphonse Louis Constant〕），更將二十二張大牌與二十二個希伯來字母做出對應，進一步將塔羅與卡巴拉的象徵符號連結起來。十九世紀末，一個名為「黃金黎明赫密斯派修會」的薔薇十字會團體繼承列維的研究，並加以擴大和修正，構建出一個包含卡巴拉、儀式、北歐異教眾神、印度教哲學、共濟會，及其他祕術傳統、占星學、煉金術，以及各種神祕名稱的魔法宇宙。而所有這一切思想的關鍵、那把鑰中之鑰、能夠讓最高階行家在這些不同思想與魔法力量的世界中穿行無礙的，就是塔羅。傑柏林稱塔羅為「托特之書」，列維則認為它是希伯來字母的具體化呈現。現在，黃金黎明協會已經將這些思想化為真實，

或者至少可以說，已發展出一套完整的理論系統。

　　塔羅是來自卡巴拉或是源自埃及，這些歷史證據很重要嗎？如果你希望你使用的魔法系統有其真實根據，那麼它就很重要。黃金黎明協會的成員有詩人、藝術家、學者，甚至好幾位是科學家。以一個知識分子團體來說，他們似乎算是很容易輕易相信別人的那種。黃金黎明協會的其中一位創始人山繆・黎德・麥格雷戈・馬瑟斯（Samuel Liddell "MacGregor" Mathers），還為這個組織製作了一套官方塔羅套牌，與傳統塔羅牌風格大異其趣。

　　如果故事是這樣：某天晚上，馬瑟斯拿著一套空白紙牌走進一個房間，過了一會兒他從房裡走出來，手裡拿著一套彩色紙牌。這已足以讓協會成員相信，這套紙牌有受到某種神聖靈啟。但很顯然，這七十八張圖畫並不是馬瑟斯畫的（也不是他的藝術家妻子莫伊娜的創作），他也沒有將紙牌藏在房間某個角落。但隨後，該組織的三位創始人馬瑟斯、魏斯考特（Wynn Westcott）、以及伍德曼（W. R. Woodman），將整個事件建立在一場騙局之上。他們聲稱收到了一份「密碼手稿」，其中一頁是德國人斯普倫格爾女士寫的，她說她可以授權他們在英國建立其祕密組織的分支。經過數十年爭論，包括伊斯雷爾・雷加地（Israel Regardie，他本身也曾經是黃金黎明協會的成員）在內的好幾位學者證明，根本沒有斯普倫格爾女士這個人存在。那一頁似乎是魏斯考特本人寫的。這個證據是否會損害黃金黎明協會的聲譽及其所有貢獻？黃金黎明組織名稱當中的 Hermetic 這個字，原本是來自《翠玉錄》作者赫密士・崔斯墨圖的名字，但最後卻變

成了希臘小偷之神赫密士。赫密士神應該會對這個組織的「豐功偉業」感到開心吧。也許這個協會之所以能有如此巨大成就，很大程度要歸功於赫密士神的保佑。

　　以下這個故事來自這本書的早期版本。在那之後不久，我的狗狗旺德就過世了。我們想念她。她是很特別的靈魂，跟她共處的回憶是我永遠的祝福。

　　以下是我自己的故事：在我撰寫上面那段內容時，我的狗狗旺德想要從我的一副紙牌當中把一張牌咬出來，她之前不曾做過這個動作，之後也沒有再做過同樣的事。她把整副牌從桌子上扯下來，然後咬掉紙牌外面包著的那層布，將紙牌全部撒在地板上。其實她只咬了一張牌，而且將那張牌整個咬碎，然後跑回我正在工作的房間。在我發現她幹的好事（而且已經從驚嚇中回過神來）之後，我開始檢查，她咬碎的到底是哪一張牌。這副牌不是塔羅牌，而是一副埃及神諭卡《命運之書》（ *The Book of Doors* ），而被旺德咬碎的那張牌，標題「克爾赫特」（Kerhet），是主掌祕密啟蒙的埃及女神之名。而祕密啟蒙正是黃金黎明協會的工作重點。

　　這套牌的作者亞松・維吉（Athon Veggi）和艾莉森・戴維森（Alison Davidson）在談到這張牌時寫道：「誓言緘口靜默，保守造物運作的全部奧祕。」黃金黎明協會對待此概念極為嚴肅，其成員皆須起誓，若向外界

透露任何內情，將遭神靈懲罰喪命。

　　赫密士神是在對我表達不滿嗎？因為我不尊重他的追隨者，所以警告我嗎？我個人寧願相信他是跟我開玩笑。又或者，托特神是想要我放開心胸吧，因為旺德已經把那張守密牌咬走了，現在不管再怎麼洗牌，都不可能再出現一張代表「誓言守密」的牌。

　　卡巴拉文獻中最偉大的一部聖典，是被稱為《佐哈爾》（*Zohar*）的《光輝之書》，這部書也是其後眾多卡巴拉著作的源典。根據書中自述，作者是一位名叫西蒙・巴爾・約海（Simeon bar Yohai）的拉比，他為了躲避羅馬人的襲擊而躲在山洞裡，對他的兒子口述而成。西元 1100 年左右，西班牙作家摩西・德里昂將此部著作披露。八百多年後，也就是 1930 年代，一位名叫格肖姆・肖勒姆（Gershom Scholem）的學者證實，《光輝之書》的作者正是德里昂本人。

　　德里昂有說謊嗎？卡巴拉主義者應該要相信《光輝之書》當中所聲稱的古代權威嗎？當代詩人大衛・羅森堡的著作《被活活吃掉的夢：卡巴拉的著作核心》深受《光輝之書》影響，他認為《光輝之書》並不是摩西・德里昂一人所作，而是由一群人共同撰寫，德里昂只是這個團體的領袖。但德里昂的妻子後來聲稱，這部著作是由德里昂一人所寫。根據我讀到的一篇報導，德里昂死後，有人問他的妻子：「《光輝之書》是摩西寫的嗎？」她回答：「是啊，當然是他。」這表示當時的人非常清楚《光輝之

書》的作者是誰，只有後來的人才需要相信那些表面說法。

　　我的建議是，我們應該以摩西‧德里昂這群作者的精神來接觸塔羅牌——認真嚴肅看待它，而不要僅看表面，我們應該真心誠意、帶著最大膽的想法與塔羅玩遊戲。

　　這是關於塔羅起源的其中一個迷思。其他所有的故事都是關於塔羅的神祕過去，只有這個故事談的是未來。但我也不會希望人們把這個故事當作唯一真實。它是開啟我們世界觀的一種方法。但這不就是為什麼很多人會開始接觸塔羅牌的原因嗎？

　　我們怎麼知道時間是不是按照我們所想的方式運作呢？時間似乎是以直線方式，從過去往未來移動。過去的事件似乎導致了未來的結果。我之所以存在，是因為我的父母親相遇、相愛、發生性關係。他們的過去造就出我的現在。這只是一般常識。但有時，常識之所以成為常識，只是因為它得到了大多數人的普遍認同。數個世紀以來，人們一直認為地球是所有星體的中心，因為從我們眼睛看出去它就是這樣，而且因為這就是「常識」。看起來確實是這樣啊，太陽繞著地球旋轉，因為你每天都看得到它。它從東邊升起，以弧線方式移動到你頭頂，然後從西邊落下，隔天又重複相同動作。太陽在動，我們在原地不動。人們花了很長時間才真正明白，其實不動的是太陽，而旋轉移動的是地球。

　　請注意，我們的語言，要描述非線性（從過去到未來以外）的事件，是非常非常困難的。現在我們說，人們過去相信移動的是太陽，後來他們才知道，移動的是地球自己。我們對於時間的常識，有一部分依賴於我們

的語言。過去一定先發生，因為有它才有現在。但如果假設時間順序倒過來呢？假設我們把現在當作一個先發生的事實，然後過去才發生呢？舉個例子，我們會這樣說：是我現在存在的這個事實，讓我的父母親相遇，然後他們才生下我。也許，是未來正在閱讀這本書的人促成我寫了這本書。

　　還是暈頭轉向嗎？想像一下，文藝復興時代的博物學家告訴人們，太陽不會移動，是地球繞著太陽轉，人們是什麼感受。

　　物理學家很久以前就注意到，只要是涉及時間變化的方程式，都有一個奇異特性：方程式中不會有任何東西暗示方向性。無論是從未來到過去，或是從過去到未來，方程式都一樣有效。量子理論（研究無窮小粒子行為的物理學分支）的時間觀更是有趣。事件乃是透過一個稱為「交互詮釋」（transactional interpretation）過程而發生，波動是由當下、此時此刻向外盪開的。這股波動一定會跟來自未來的一股波動相遇共鳴，這兩股波動之間的交互作用產生了事件發生的機率場域（probability field）。不管任何時刻，未來都跟當下此刻一樣真實存在。

　　未來可以「導致」過去，就像過去導致未來。事實上，不是誰導致誰，而是它們兩者是處於一種同時朝多方向發展的關係。可以想像有一個巨大網絡，裡面有無數個小點，所有的小點都相互連接，沒有一個小點是其他小點的起源或主因。我們的意識會把我們放在某一個小點上，讓我們相信有一條從過去到現在的時間軸，導致我們現在眼前的這個情況。但這很可能是一種錯覺。物理學家路易・德布羅意（ Louis de Broglie）曾如是寫道：基本粒子有時似乎不知從何而來，因為它們可以在時空之中自由移動，然後它們的存在剛好被我們的意識察覺到。

如果你發現自己很難理解這些想法，不妨試著用一個冥想來體驗看看。找一個晴天，在戶外站著（這樣才不會讓雨水或冷風分散你的注意力）。閉上眼睛，試著感受當下，讓自己完全活在此時此刻，然後看你是否能感覺到有一道漣漪從當下此刻往過去盪開。觀想你的父母親，以及他們的父母親，還有那些曾影響過你的人，那些塑造你、甚至創造了你這個人的事件，比如你父母親的第一次見面。更細膩一點，觀想朋友第一次拿出塔羅牌給你看的那一刻，或當你第一次看到一本改變你人生的書、改變你人生的那部電影。現在，你會感受到一道相同大小的漣漪向未來盪開，就像從現在盪向過去那樣真實。試著觀想，會有許多朋友受到你的影響，你生命中會遇到的那些戀人，你現在的孩子、或將會生下的孩子，還有他們的孩子，以及他們孩子的孩子。此刻不斷在變化，每個人的當下都不一樣，但必定都包含著過去和未來，而且**過去和未來都跟現在一樣真實**。

　　詩人 T.S. 艾略特（他的偉大詩篇《荒原》讓我第一次知道塔羅的存在）在《四首四重奏》（*The Four Quartets*）第一篇〈燒毀的諾頓〉中這樣寫道：

> 現在時間和過去時間
> 兩者都存在於未來時間
> 未來時間包含於過去時間中

　　有一個巨大的時間網，並不意謂所有時間都是固定、不變的。如果「那個網」是一個固體結構，那可能就無法改變。但是，如果我們把這個網裡面的各個路徑看作是機率或單純的能量，那麼，比起將時間看作一個被固定過去所決定的可能未來，我們實際上會獲得更大的自由感。所有時間、所有事件都同時存在並相互影響，但沒有一個能對我們形成控制。

　　時間觀也是一種神話，就跟命運三女神的神話一樣，三女神編織我們的生命模式，並在我們命定死亡的那一刻將線剪斷；或是中世紀的生命觀，靈魂脫離肉體後，會繼續在星體間移動，尋找新的寄宿肉體。我們能不能體認，我們對時間的看法也只是一種迷思，而不是絕對的真理？

　　所有的神話都有其功用。時間是一張網，這個神話的功用之一是讓我們能夠去想像塔羅的起源。假設我們對塔羅的集體信念是「鑰中之鑰」──這所有的鑰匙包括傑柏林的「發現」、黃金黎明學派現代心理學對塔羅紙牌的看法，以及我們不知道的任何「未來」發展──那所有這些觀念和用途可以將塔羅拉回到過去，讓它出現在文藝復興時代的義大利嗎？傑柏林稱塔羅為托特之書時，這個概念是那麼的強大，因為它「早已」存在於未來。

　　是我們、我們每一個人，讓塔羅以如此完美的形式和結構進入紙牌創作者的腦子裡，以致到了我們這個時代，可將它與各式各樣神祕學、神話學以及文化概念作出對應。我的好友兼塔羅同行柔伊‧馬托夫（Zoe Matoff）指出，我們自身對塔羅的看法可能來自未來好幾代人，他們要我們相信我們現在相信的東西，這樣他們就能（在未來）發展出他們自己的想法。我們都知道（或我們認為自己知道），過去的那些概念，比如黃金

黎明提出的論述，對我們當前的觀點產生了什麼影響（無論是贊同或反對，我們還是有對它做出回應）。但也許未來也正以某種我們無法得知的方式在影響我們，或許不是未來或過去彼此相互影響，而是**所有時間就是一張網**。

　　將所有時間看作同時存在、而且在同一張網中相互連結，能幫我們打開理解塔羅占卜的途徑。也許，透過塔羅占牌可以讓我們稍稍瞥見這張網的更廣大面貌。每一時每一刻，過去－現在－未來相互轉換的能量都在創造一個巨大模型，這個模型當中包含了一切存在樣態。或許可以說，這是一幅巨大的潛在模型，也就是物理學家所稱的機率波。當我們洗牌（等於放棄對紙牌的有意識控制），就是在模仿那個巨大模型。它們不去控制、也不顯示固定不變的命運。它們只揭露各種可能性。

　　精通占卜的易經專家史蒂芬・卡徹曾寫道：占卜幫助我們以自由意志行事，因為它將我們從制約的奴役當中解放出來。這單純是因為它提升了我們的覺知力、讓我們看到更多選擇嗎？還是，占卜使我們得到最根本的自由？紙牌遊戲真能打開我們的命運、而不僅僅是揭露命運而已嗎？紙牌占卜能改變現實嗎？

　　有一個跟日曆有關的埃及神話，可以讓我們以全新的角度來看待塔羅洗牌和占卜。這個神話的主角就是我們的好朋友——萬物之神托特，那位傳說中的塔羅發明者。我把這個故事稱為「與月亮賭博」，跟任何神話迷思一樣，它所帶來的深刻影響遠遠超出其表面故事。我們會在下一章討論這個主題。

第二章

與月亮賭博：
占卜與自由

Gamblin with the Moon: Divination and Freedom

　　埃及神話故事經常有各種變體，也就是說，同一個故事架構，但有不同敘事版本（就像塔羅牌也有各種不同的設計套牌）。舉例來說，在接下來我們要談的這個神話當中，因為有托特神的幫忙，賽特（Seth）與荷魯斯（Horus）才得以誕生。但荷魯斯也是賽特的姪子，然後根據另一個故事版本，賽特讓他的姪子「懷孕」，於是年輕的荷魯斯頭上出現一個金色圓盤，最終荷魯斯「生下了」托特。

　　我要說的這個神話故事也有各種不同形式。在這個版本中，托特跟月亮下注賭博。但在其他版本中，托特本人就是月神，然後祂跟其他神明一起進行團體賭博。我採用以下這個版本，一部分是因為它是我讀到的第一個版本，一部分則因我喜歡這個說法，而且發現它很實用。這也跟塔羅牌很像。很多塔羅牌收藏家雖然擁有好幾百副塔羅牌，但真正實際用來做占卜（或冥想）的，通常是他們買到的第一副牌，因為，是這副牌讓他們愛上了塔羅。

　　以下就是「托特與月亮」的故事，其中有一些細部的情節是我自己創造的。

　　努特（Nut）是夜空女神，嫁給全能的太陽神拉。跟很多為人妻者一樣，她也走上歧途，愛上了大地之神蓋布（Geb）。對神祕學象徵涵義較為敏銳的讀者可能會發現，這是隱喻從精神面「下降」到物質面——換句話說就是，獲得了有形的物質色身。很多人可能會在塔羅的「愚人」牌中看到這個主題，愚人從懸崖走下來，進入到地球人間。

　　太陽神代表純粹的光，這可能是神聖精神的隱喻，也可能實際上是指

靈魂精神的本質，也就是現實世界的真實本質（我們會在後面章節再次談及這個概念）。為了讓創造發生，精神必須進入物質形式（第十三章我們還會談到，光速變慢，實體物質顯現）。與光明結婚的黑暗夜空，必須成為大地的情人然後才能懷孕。因為新事物要出現，勢必先打破原有規則，然後開始一段孕育期，無論是神明的下一代、還是新概念與發現的誕生，都得經歷這個過程。

　　當太陽神拉發現他的妻子因外遇而懷孕，他便發出命令，努特不可在一年當中任何一個月的任何一天生下孩子。這表示努特必須永遠懷孕下去，不能把孩子生下來。在這裡，我們遇到了日曆和黃道十二宮的概念。埃及人想像，這個直接跟人類文化有關的新一代神明誕生之前，一年有十二個月，每個月都剛好整整三十天。完美而且規律，一成不變。但這是天空的世界，不是大地的世界，大地的生命是動態的，而且不斷在變化。

　　顯然，努特陷入了兩難，但她做了一件很有智慧的事情，她跑去向專家中的專家托特求助。到這裡我們想到的可能是，托特會去向太陽神拉求情，或是找到什麼巧妙的解決方法（如果有人知道漫畫唐老鴨，托特就很像裡面那位偉大的發明家吉羅）。但托特沒有這樣做，他用賭博的。如果你想離開一個封閉系統，你絕對不能從這個系統內部去找出口，你必須先打破那個系統。賭博可以做到這件事，因為它能把控制力移除。托特跑去跟月亮賭博，最後月亮決定把一個月的週期改為二十九天半。

　　如先前所說，其他大多數故事版本是說，托特本人就是月神，他跟一群神明進行賭博──但我還是喜歡我第一次讀到的這個版本。

　　托特很會賭博，所以他每天贏月亮 1/72 的時間，一整年就多出了
五天，這些日子是獨立存在的，不屬於一年中的任何月份（360 ÷ 72 =
5 ）。努特就用這五天每天生下一個孩子：賽特、歐西里斯、伊西斯、奈
芙蒂斯（Nephthys）以及荷魯斯。伊西斯在很多塔羅套牌中是以女祭司牌
出現，而賽特有時會以希臘神堤豐的形態出現，也就是塔羅牌命運之輪上
的那條毀滅之蛇。

偉特塔羅的女祭司與命運之輪

　　每一年的最後五天，不劃入任何月份，後來成為埃及的節慶日子，在
社會規範嚴謹的時代，人們有了放鬆的機會，嘗試用自己想要的身分去過
生活。

　　我們先在這裡暫停一下，來看看七十二這個數字。在後來的神話當

中，賽特決定殺掉歐西里斯。為了幫助他，他召集了七十二名追隨者。可能有人會想到，卡巴拉主義者聲稱神有七十二個名字，另一種說法是，某個著名的神名由七十二個字母組成，還有，希伯來聖經被翻譯為希臘語時，第一個譯本被稱為《七十士譯本》（*Septuagint*），因為它是由七十二位學者所合力完成。從以上資料我們看到，七十二並不是偶然碰巧出現在故事中的。它也不僅僅是為了讓三百六十天多出五天才出現，因為七十二和三百六十兩者的關係也不是偶然發生的。

　　黃道帶由十二個星團（或星座）組成，這些星團多少都落在所有大行星通過的路徑平面上（這個路徑稱為黃道〔ecliptic〕，冥王星之所以從行星地位「降級」為矮行星，其中一個原因就是它的軌道不在黃道上）。由於人類壽命很短，恆星年復一年在季節性位置上看起來就像固定不動。事實上，由於太陽和月亮引力的拉牽造成地球軌道的擺動，星座實際上移動得非常非常緩慢。每過 2,160 年，星座（黃道十二宮）相對於地球而言只移動一個月。也就是說，雖然占星曆會說太陽在春分點進入牡羊座，但這其實是一種公認的虛構說法。事實上，太陽已經有大約四千年沒有在春分點進入牡羊座了。有在關心占星學的人應該要知道，現代占星學事實上與恆星和行星的實際位置無關。有些人已經知道，占星學有一個派別叫做「恆星派」（side-real），看的是目前實際的星座位置。但如果你是牡羊座，擔心自己搞不好其實是雙魚座，別怕！不管星座實際位置如何，你的星座都不會受影響，永遠都有效。

　　大約兩千多年前，耶穌降生的時代，太陽在春分點開始進入雙魚座。這就是為什麼耶穌基督經常被比喻成魚，而且主教都戴著魚形的帽子（稱

為主教冠或法冠）。在那之後，星座已再次發生變動，太陽在春分左右進入水瓶座，因此有了新時代（New Age）和水瓶時代（Age of Aquarius）這樣的說法。

我的占星學家朋友告訴我，西方占星學實際上遵循的是黃道十二星座（signs），而不是天文學上的星群星座（constellations）。也就是說，據說太陽在春分進入牡羊座，因為牡羊星座具有春天的特質。因此，占星學比較是屬於一種占卜系統，而不是天文學系統。

以上這些，跟托特神和數字七十二有什麼關係呢？整個黃道十二宮繞行地球一周，也就是柏拉圖所稱的「大年」（Great Year，譯注：或稱歲差年），是 25,920 年（剛好是 12×2,160）。黃道十二宮是一個圓，很久以前占星學家將這個圓劃分出 360 度（以天文學星座為基礎，十二個星座平均每一個星座分配到 30 度）。大年的一度，就是 25,920 的 1/360，剛好就是七十二。

當托特神與月亮神（或其他神）賭博，贏了一年中的 1/72 時間，他等於讓一個封閉的圓多了一度。原本注定的命運、封閉的命運，在這時候打開了，新的可能性出現，改變了人類的進程。

賽特則用完全相反的負面方式使用七十二這個數字。他趁歐里西斯睡覺時，派了七十二個手下，非常仔細地量出歐里西斯身體大小形狀，然後打造了一個完全契合他身形的華麗寶盒，可以將他完美包住。在一次聚會上，他們假裝無意間發現這個盒子，賽特就說：「嘿嘿，我知道了，我們來玩個遊戲吧。誰能把自己完全裝進去，誰就能得到這個美麗的寶盒。」

七十二個人全都假裝興致勃勃試著躺進盒子裡，結果當然就像灰姑娘的那幾個姊姊，沒有人能穿得進那隻玻璃鞋。

最後，歐西里斯也試著躺進去，當然，整個身體剛好緊緊塞進去，根本沒辦法再站起來。賽特和他的手下便朝歐里西斯頭部重重一擊，然後用釘子將木盒釘死，再用鉛密封起來，然後丟進尼羅河裡。歐西里斯最後窒息而亡。（別擔心，他的妻子伊西斯後來把他救了起來，而且在托特的幫助下，讓他復活了。）

當那七十二人在測量歐西里斯的身形時，他們是要將他的無限可能性限制在某個刻度當中。這樣的測量結果令人窒息──那會變成一具棺材。這點對我們來說也一樣。事實上，從我們出生的那一刻起，社會就開始測量我們。醫生測量我們的身體（以及心理）能力；學校測量我們的智力和未來的職業「適性」；老闆測量我們的貢獻值；家人和朋友也會測量我們的個性。我們也會測量我們自己的身體，來判斷我們是否有吸引力。可能成為我們人生伴侶的人，會為我們評分，從一到十打出分數。民意調查測量我們的意見和信念；商家企業會測量我們的喜好品味。每一次測量，那個盒子就會變得更緊、更精細。跟歐西里斯一樣，**我們被關在一個讓人窒息的狹窄空間裡，它限制我們只能成為某種樣態的人。**

為什麼我們應該讓塔羅占卜成為一種遊戲？因為任何的解讀都在定義你這個人，說你是這樣、說你是那樣，要不然就是用一些既定術語來描述你的命運，你變成了賽特手下那群讓人窒息的幫兇。我們可不可以用托特神的方法來學習塔羅呢？──我們能不能跟假定的命運賭博，然後為它開

闢新的可能性？就像在多出來的五天當中誕生的那五個新神，我們可以藉著占卜將新事物帶入我們的現實嗎？

托特是跟月亮玩了什麼賭博遊戲才贏得那額外的五天呢？一些比較老的神話版本說是用骰子，但自從 1781 年和《原始世界》面世後，我們得到了更多資訊。托特發明塔羅，並不是為了描述一個固定不變的宇宙。他發明塔羅，這樣他就可以跑去跟月神說：「哈囉，想不想跟我玩牌呀？」魔法之神發明了塔羅，將我們從測量中解放出來。

與月亮賭博的占卜練習

如果我們想透過解讀塔羅牌來解放我們的宿命、而不是限制我們的命運，那我們該問什麼樣的問題呢？這樣的解牌風格需要轉換思考方式，因此我們很難明確規定要問什麼問題。但我們知道，哪一類問題會得出帶有決定論的未來。比如：什麼時候、什麼地點我會遇見我的靈魂伴侶？我的餐廳生意會好嗎？我什麼時候會死、因為什麼原因而死？

幸運的是，我們有辦法突破這些限制。我們有塔羅。

既然我們可以用紙牌來回答問題，那為什麼我們不用紙牌來問問題呢？我第一次開始這種方式來研究塔羅時，剛好有人邀請我去某個中心教課，但我想不出什麼好的教學主題。於是，我決定直接向紙牌請教：「明年四月在紐約，你希望教給別人什麼？」結果抽到的牌，都是在建議人們可以用塔羅牌來處理工作上的問題。

最近我發現，使用塔羅牌來設定占卜問題非常好用。作法是這樣：

有人提問說，她想知道如何將靈性成長與職業生涯相結合（這是真實的例子）。若依照傳統的占卜方法，就是先選擇一個現有的牌陣，牌陣的問題要能涵蓋她想得到的答案。但是，幾年前，我開始遵照蓋兒・費爾菲爾德（Gail Fairfield）在其著作《以選擇為中心的塔羅》（*Choice Centered Tarot*）提出的建議，為問卜者設計一個個人專屬的牌陣。我們會先討論她的問題，然後把問題列出來，組合成一個牌陣。這是費爾菲爾德所用的方法，她還舉了一些例子，包括人們在各種情況下可能會想要問的問題。有時我也會請問卜者先洗牌，然後抽出三張或五張牌，用這幾張牌來幫助我們提出更深入的問題。以上面那個例子為例，問卜者抽到魔術師牌，她用這張牌做為啟發，對塔羅提出了這樣的問題：「如果我的夢想真的實現了，我的生活會是什麼樣子？」用這種方法問完所有問題後，把剛剛抽出的牌放回牌堆中，然後用慣常方式洗牌、抽牌，看看塔羅會給她什麼答案。

在我寫完用塔羅跟我們的人生賭博的章節後，我很好奇這樣的占卜會是什麼樣子。我知道它不會跟一般我們常用的「過去－現在－未來」占卜法一樣，但正因為它不尋常，我很難想到該怎麼提問。然後我發現，我可以用塔羅牌來提問。下面是用《閃亮部落塔羅》抽出的七張牌，按照抽牌順序排列。限於篇幅，我不會詳細解釋這幾張牌的含義（不過其中有幾張牌在本書後面會有詳細解釋，特別是「命運螺旋」〔Spiral of Fortune〕這張牌）。這裡只簡要說明每張牌的特性、以及受它啟發而得到的問題。

❖ 命運螺旋：這張牌（傳統塔羅牌「命運之輪」的變體）牌面是一個螺旋圖案，原本封閉的一個圓，其突破口變成一隻鳥的脖子。它啟發的問題是：「我如何打破我對自身潛能的限制性想法？」

❖ 鳥之五：我們看到一個薩滿祭儀，魔法彩色禿鷹會叼走薩滿的肉身，讓他釋放出內在的純淨之光。「我必須放掉什麼、或提供給自己什麼，才能找到意願去碰觸自己的力量？」

❖ 戰車：傳統上這是一張意志之牌，戰車上的人物也踏進了那條流向世界的神聖能量之河。「我如何運用自己的力量突破限制？」（意志是必要的，因為自由不會從天而降，我們必須做出選擇，才能得到它。）

❖ 女皇：這是一張代表熱情的牌，特別是指原始的、肉體上的熱情，例如性欲和母性。「我內在有什麼樣的熱情在推動我？」

❖ 隱士：不像傳統牌卡是用一位睿智老人來呈現，閃亮部落牌面上描繪的是一個半抽象人物，開心地走向星光界的入口。「打開通往未知的大門，我會看到什麼？」

❖ 河流先知：聖杯騎士的改編版，牌面上這位薩滿巫師比那位隱士還要具象，他從黑暗洞穴裡走出來，全身充滿力量。「如果我走進那道門，我會找到什麼力量？」或是「會不會有一個全新版本的我出現呢？」

❖ 樹木神諭者：權杖國王的變體，這張牌描繪出我們如何與他人分享生命中的火元素能量。「我如何表達我的熱情，並將它帶進有形世界？」

命運螺旋

我如何打破我對自身潛能的限
制性想法？

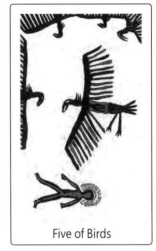

鳥之五

我必須放掉什麼、或提供給自
己什麼，才能找到意願去碰觸
自己的力量？

命運螺旋

我如何運用自己的力量突破限制？

鳥之五

我內在有什麼樣的熱情在推動我？

隱士

打開通往未知的大門，我會看
到什麼？

河流先知

如果我走進那道門，我會找到什麼
力量？

樹木神諭者

我如何表達我的熱情，並將它帶進
有形世界？

插曲——書寫與蛇

在探究托特神發明塔羅的「真正」起源時，我利用空檔時間，用《生活在伊甸園》（*Life in the Garden*）這副說故事牌卡做了一個簡單的占卜。塔羅牌流行起來之後，市面上開始出現各種概念主題的套牌。比如：女神占卜卡、易經占卜卡、盧恩占卜卡、卡巴拉占卜卡、動物智慧占卜卡等等。還有一些更有趣，你可以將故事元素套在牌卡上，這樣就可以創作出屬於自己的故事。

我最喜歡的牌卡之一是艾瑞克·齊默爾曼（Eric Zimmerman）和南希·諾瓦切克（Nancy Nowacek）共同創作的《生活在伊甸園》。整套牌共有五十四張牌卡，每一張牌都包含一到四個角色的簡要描述，這四個角色是：亞當、夏娃、蛇和神。先將牌卡洗牌，然後抽出你要牌卡張數來組成一個故事。你也可以把這套牌當作一種占卜。以下是我隨機抽出的兩張牌。補充說明一下，所有牌卡都沒有編號，以下數字是我抽牌時的順序。

第一張牌：

蛇

書寫文章

在土地上辛勤耕耘

當它滑行穿過

肥沃泥土

在伊甸園

＊譯注：蛇在伊甸園的沃土上滑行猶如在大地書寫文章

第二張牌：

而亞當一整晚都在數星星

雖然塔羅牌是以圖像來呈現，但塔羅的解讀也跟語言有關。我們得到一組圖像之後，必須將它們翻譯成文字。我們可能會說，「戀人逆位代表愛情離開你了」，或是「戰車牌顯示，如果你專注行動並站穩立場，你就會成功」。為什麼我們把占卜解牌稱為「解讀」（readings），這就是其中一個原因，因為我們是把一組圖像翻譯成一個故事，只要學習過塔羅的人，都可以為提問者做解讀和解釋。

那要如何以語言書寫？當我們把某件事情寫下來變成一種絕對性的陳述，當我們譴責或讚揚某人、彷彿是他們僱請我們來對他們做出評判，當我們對人做分類（「你是權杖國王，你樂觀、精力充沛等等」），當我們衡量他人，我們其實是想要去**控制**。不是追求智慧、也不是追求新發現，而是追求控制。就像亞當在數星星，數完一顆接著下一顆。數星星時，你沒辦法真正看清楚星星的樣貌，因為你不能停下來，否則可能會數錯。「寶劍王說，你很聰明但批判力太強。」

還有另一種語言——屬於本能和驚喜的語言，它與能量的運動以及肉體和大自然的愉悅感有關。這種語言就像一隻蛇突然閃現，在泥土上留下行動痕跡。用這種語言進行的解讀，通常同時會包含問題和答案。「你從寶劍國王這張牌看到誰？你有看到自己嗎？端坐於王位，手上握著那把沈重而鋒利的寶劍，是什麼感覺？你如何對待那些向你屈膝和前來尋求智慧

的人？還是，這張牌代表某一個對你做出強烈評判的人？如果你去找這個人幫忙、或是向他請益，你要付出什麼代價？」

　　解讀塔羅牌時，我們應試著將它們看作是蛇在大地上書寫文字，不要再花一整個晚上去數星星。

第三章

塔 羅 是 智 慧 工 具

The Instrument of Our Wisdom

　　從事塔羅相關工作的這些年，各式各樣的塔羅牌圖像和定義充斥在我腦中，我的朋友和學生也都有相同經驗。其中一部分內容會逐一在這本書中介紹，特別是「單腳站立談塔羅」這個章節（第 107 頁）。當然，這是一種方法，可以幫助我們進入塔羅為我們揭露的世界，換句話說，**塔羅就是我們發現智慧的工具**。塔羅是一種學習工具，同時也是幫助我們發現自身智慧然後將它表達出來的一種手段。跟其他的塔羅用途一樣，這種表達可傳達很多含義，我們愈去思考它的意義，就愈會認同它是一項工具。

　　塔羅是智慧的密碼，因此它是一種工具，你必須去挖掘藏在密碼裡的東西，然後將它表達出來。這是什麼意思？雖然神祕學傳統宣稱塔羅是鑰中之鑰，但我們未必要接受這種說法，才能承認此一說法的影響力，因為神祕學家對這句話的信仰，會讓他們創造出自己的現實。換句話說，因為他們相信塔羅就是整個宇宙系統的縮影，因此神祕主義者在設計套牌時也會盡力朝這個觀點去做呈現。比如，克勞利（Aleister Crowley）和哈里斯（Frieda Harris）共同創作的《托特塔羅》（*Book of Thoth*），裡面就藏著各種密碼，包括卡巴拉教義、希伯來字母系統、克勞利自己的概念想法，以及將七十八張牌與占星做出對應。這些概念和關聯對應，有很大一部分是遵循黃金黎明赫密斯派修會提出的論點，但也進一步提出自己的創見，不僅加以變化，更透過哈里斯的美妙畫作讓這副牌到達新的境界。

　　如果有人用托特塔羅來做占卜，他們一定會從每一張牌裡獲得大量訊息。這使得塔羅牌有點像是一個小型的隨身碟。你可以將大量資訊存在這個體積很小、又可即插即用的設備中，日後可隨時查閱你需要的內容。如果你又能了解藏在塔羅牌裡面的那些密碼，那你獲得的智慧訊息會更多。

而且，塔羅也不是條列式特性清單或是圖解示意圖。它們是藝術創作，它們帶給我們的心靈激盪，遠遠超過它所隱藏的密碼訊息。

許多現代塔羅套牌都是以神祕學傳統論點為基礎設計出來的。但也有一些塔羅牌，比如克里斯汀・佩恩－托勒（Christine Payne-Towler）和邁克爾・道爾斯（Michael Dowers）共同創作的《聖光塔羅牌》（*Tarot of the Holy Light*），就用了不同的元素系統，跟標準黃金黎明協會使用對應系統（權杖－火、聖杯－水、寶劍－風、錢幣－土）不一樣。

《聖光塔羅牌》遵循歐洲傳統，聖杯牌對應風元素，寶劍對應水元素。羅伯特・普萊斯（Robert M. Place）所寫的《煉金術塔羅牌》（*The Alchemical Tarot*）雖然是依據傳統對應系統，但還加入了文藝復興時期煉金術的複雜學說。

《海德塔羅牌》（*The Haindl Tarot*）則包含了卡巴拉希伯來字母以及後黃金黎明占星學（黃金黎明學派的占星不包括海王星、天王星和冥王星，而且冥王星在他們制定系統時尚未被發現），此外，它的大牌上面有古日耳曼的盧恩字母，小牌上則有中國《易經》的卦象符號。

智慧密碼擁有自己的生命。在這套牌的原始版本即將上市前，作者赫爾曼・海德（Hermann Haindl）告訴我，他計畫推出新版本，他想把牌面上的易經卦象符號拿掉。《易經》對塔羅來說似乎沒有必要，甚至毫無關聯，畢竟塔羅牌是典型歐洲的東西。但是不到幾天他就告訴我，他改變心意了。當他仔細瀏覽這些牌卡，他發現那些卦象符號的含義跟牌面圖案已經完全契合交融。卦象符號並不僅僅是印在牌卡一角的枝微末節而已；相反的，它們讓整幅圖像多了一個向度。傳統塔羅的概念和《易經》已成為

結合成為一個新的整體，如果去掉那個元素，這副牌會失去非常多東西。

　　你無需重新設計一套新的牌卡，來將含義密碼藏進紙牌裡。法國神祕學傳統已經從經典的馬賽塔羅一成不變圖案中開發出繁複且優雅的概念。相信牌卡當中隱含著深意，即能促使人們去尋找原始設計者可能從未想過的含義（請注意：「可能未想過」絕不等於「從未想過」）。然而，一旦那些含義被發掘，它們就存在了，紙牌就變成一個巨大的、有組織的、擁有前後連貫定律和結構體系的有形實體。一旦我們從圖案中發現（或建構出）那個系統，紙牌就會成為它的工具。

　　對塔羅卡巴拉主義者來說，那個手拿權杖、面前擺著各種道具、身上穿著長袍的魔術師（魔法師），這個動態形象就代表一個希伯來字母，代表所有跟這個字母有關的象徵含義，代表生命樹上的一條路徑，代表成為魔法師之前所受的訓練，代表魔法師執行的儀式和其他祕術，代表執行這些行為所需的精神狀態，代表他經驗這些行為所產生的感覺，代表魔法師執行魔法所需的能量等等。同一幅圖案，它可以代表一則科學原理，也可以代表創造之初的某個歷史時刻、代表物質世界的某些特性、光及其屬性、探究的思維意識、男性氣概和陽剛氣質（純感官的，非單指文化上的），以及更為具體細微的概念想法與特質。所有這些，全都在一張彩色遊戲紙牌上，而且這樣的紙牌還有七十七張。更重要的是，這張牌並不僅是以上所有這些概念的摘要，而是實際上包含了全部這些概念。這張牌本身，已經成為你經驗它所象徵的那些事物的一種手段。一位真正的魔術師（魔法師），能夠利用圖像進入這些狀態，沿著生命之樹的路徑移動，並了解神聖之光是如何展現它自己。

四種塔羅牌的魔術師圖案，
左上：閃亮部落塔羅，右上：布雷迪塔羅，
左下：馬賽塔羅，右下：偉特塔羅

托特塔羅的魔術師／魔法師

　　許多研究塔羅起源的當代研究者認為，塔羅牌圖案是源自文藝復興時期的記憶藝術（Art of Memory）傳統。這種繪畫技術必須訓練他們的大腦去建構一幅整體圖像，比如一座宮殿，將他想要記憶的每一樣事情，都用宮殿裡的某個物品或某個區域來代表。想要清楚記憶某個龐大思想體系的人，會在他們自己的腦中觀想，他們在這座宮殿四處走動，將每個細節或概念都用一扇窗戶、一尊雕像來代表，或將它想像成樓梯的一個台階。這個概念在電視影集《新世紀福爾摩斯》（Sherlock）已得到精彩體現。

　　記憶藝術並非單單只是建構一個龐大的檔案系統，就像我們在記錄業務開支一樣，專家會用它來記憶天界和地界之間一切存在事物的對應網絡，為它們建立精確的對應關聯。這個網絡包括占星、煉金術等泛學科，還有無數的天使、惡魔，以及其他掌管著大自然和人類各層面領域的生物

存有。如果你想要做某件事，比如求婚，或是想把鉛變成黃金（煉金術的外部目的），你得先知道正確月相、行星和恆星的最佳相位，還要請求天使來幫忙，諸如此類。

所有這些關聯對應的核心，就是赫密士‧崔斯墨圖《翠玉錄》當中的名句：「如在其上，其下亦然。」（As above, so below.）這其實是一個長句的簡單意譯。凡常世界中的一切造物和事件，都在反映神聖界的一切存在以及廣大宇宙的律則與結構。這樣的一個概念，將人類生命和日常經驗與天界的廣闊和美好緊密連結在一起。我們可以透過對物質世界的正確理解，來認識和經驗神。

舉一個簡單的例子。如果你站著，雙臂往外伸直，雙腿打開，你的身體就會形成一個五角星的形狀（塔羅牌的五角星牌組符號，就是一個圓圈裡面有一個五角星，這是黃金黎明學派開始引入的，用來代替過去的錢幣牌組）。因此，五角星這個著名的魔法符印，代表的就是人類的肉體。

　　自然界中也看得到五角星圖案。海星就是這個形狀。某些花卉也有五片花瓣，比如野玫瑰。如果你把一顆蘋果橫切成兩半（不是上下直切），你也會看到一個完美的五角星，可見植物界與人體也有連結。如果我們站在地球上去觀測追蹤行星移動的路徑（不是看它們繞行太陽的實際路徑），你會發現，它們以複雜的循環軌跡繞著地球旋轉，甚至可能得花好幾年時間才完成一個循環週期。金星用八年時間，在天空中畫出了一朵五片花瓣的完美花朵。

　　這就是為什麼愛神阿芙蘿黛蒂（羅馬人的維納斯女神）常是躺在玫瑰花床上，要不然就是手上拿著蘋果。這也是為什麼歐洲人認定伊甸園中的那個「果子」就是蘋果。人體、蘋果裡面的星星、玫瑰花、金星以及賦予我們生命活力的愛，都屬於同一個巨大意義網絡，並以五角星這個簡單圖案來予以概括。

　　這個關聯對應網絡並非限於單一個別符號，當時整個宇宙觀都支持這個觀點。如我們先前所說，在哥白尼證明地球繞太陽運行的可能性之前，人們一直認為地球是一群同心圓球體的中心。地球本身是一個圓球體（在哥倫布時代，人們認為地球是平的），然後地球外部包著好幾個星體，一層一層往外擴，依次是月球、太陽、水星、金星、火星、木星和土星。

　　七個行星球體與恆星的緩慢運動相反，甚至恆星之外還有天堂，是神的國度。最小的球體是人的頭部，比地球還要小很多，是覺知意識的所在。人體內的靈魂是怎麼來的？一個靈魂離開神的國度後，依序穿越各個星體領域，最後抵達胎兒身上。在靈魂通過的那一刻，各個行星剛好落在某個天體星座範圍。根據它的位置——比如月亮落在處女座，或火星落在

水瓶座——這個靈魂就擁有了某種特質。占星學是對應系統的基礎，因為每個人身上和每個時間點都包含了這整個知識系統。

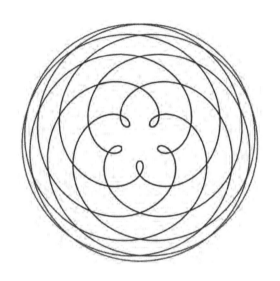

　　記憶繪畫藝術的目的並不僅僅是提供知識。如果你把它全部記住，如果你能將每一個對應關係的每一個精確細節放進你的記憶結構中，你就能掌握整個存在。你會成為創造的魔術師。

　　這跟塔羅的黃金黎明觀點很像。象徵圖案將記憶結構外部化。你不必再將整件事情記在腦子裡，你只要去認識每一張牌的圖案裡面有哪些東西、以及它們如何組合在一起就可以了。這是一座用紙牌搭建起來房子（宮殿）。塔羅是我們的智慧工具，因為它包含了造物的複雜細節，也包含了使用所有這些資訊的方法。神祕學家稱塔羅為鑰匙，意思就是你可以用它來打開祕密和魔法力量。我們也可以把塔羅牌比喻為樂器上的琴鍵（一共有七十八鍵，比鋼琴少十個鍵）。樂器的每一個鍵分別代表不同的

音，除非你認識了每個琴鍵代表的音，否則你無法演奏這項樂器。當然，這些知識只是初步認識。之後還得將各個音符組成旋律與和聲，然後以不同的節奏來演奏。每一張塔羅牌上的符號也是這樣結合起來，而產生複雜的思想概念與觀念之知識系統。

大約在十九世紀和二十世紀間，塔羅的神祕學釋義者對於這項工具的結構，大致已經達成某種共識。它是卡巴拉主義、占星學、煉金術與赫密士主義。只是在細節部分各有歧見。但那些歧見其實非常關鍵，因為如果你也認同塔羅牌就像鋼琴琴鍵的音那樣精確，而你想彈奏這項樂器，你得先知道鋼琴上的哪一個鍵是中央 C。如果你不知道哪個琴鍵代表哪個音，那你當然無法彈奏出一首以 C － G － F 音開頭的歌曲。

換個比喻來說，假設你手上有一串鑰匙，這串鑰匙可以打開一整排寶箱，那你得先知道哪一把鑰匙是配哪一把鎖。所以，不同的神祕學團體或老師也會用邏輯或傳統或魔法實踐，來證明只有他們才了解塔羅這項工具的真正結構，以及如何使用它。我們可以再換個比喻，他們確實是將塔羅看作一種儀器，但是作為一種科學儀器，而不是音樂樂器，就像一架精密的望遠鏡，可以用來觀看遙遠的天空。

二十世紀後期的三十年當中，塔羅界發生了巨大變化。人們真的開始認為它不是那麼科學，而比較像是音樂。當塔羅牌解釋者告訴人們如何將塔羅與各種靈性系統相對應時，歷史學家也證明塔羅並非起源於古埃及或巫師的神祕傳統，而是一種古代流行的紙牌遊戲，人們開始發現，其實是我們自己把密碼編寫到那些紙牌當中。因此，克勞利和偉特沒有誰錯誰對；他們只是各自創造了結構稍微不同的工具，這兩種工具各自有其操作

規則和設定。

　　塔羅是一種正規的知識系統，是為模仿生命型態而發展出來的一種紙牌遊戲。這個由二十二張大牌和四組小牌組合起來的知識體系，必定是來自某個深層的象徵層次（甚至可能是無意識層次），否則無法證明它為什麼可以跟那麼多不同傳統產生對應關係。為什麼這樣說？一方面，形式本身就具有基本意義。以數字四為例。談到四，塔羅專家可能立刻會想到中世紀時期四個代表存在本質的元素：火、水、風和土。事實上，大部分塔羅牌的含義解釋都假設這四個元素與四個牌組之間存在著關聯性，雖然，哪一個牌組對應哪一種元素未必所有人都看法相同（比如本章開頭提到的《聖光塔羅牌》）。除了元素之外，卡巴拉主義者在解釋塔羅牌時，可能會把焦點放在創造的四重世界，每一個世界各有自己的十輝耀和生命之樹，就像塔羅的每一個牌組都包含了一號到十號牌。

　　事實上，數字四和十對於人類經驗來說，比它們在任何其他符號系統中的使用更為基礎。人類有兩隻手臂和兩條腿，因此構成四肢。你站著，雙臂向兩側平伸，就創造出前、後、左、右四方。兩個手掌張開，手指和拇指伸出去，就會得到數字十。你的雙腳有十根腳趾頭接觸到地面。雙腳併攏站立，你變成一個有四個端點的十字架（雙腿分開則會變成一個五角星）。我們跟地球的連結也是數字四，就像我們的身體可自然創造出前後左右四方，地球也是。地球繞著中軸旋轉，產生了北極和南極，但同時中央還有一條環形赤道，形成東方和西方。

　　太陽每天直射赤道，從正東邊升起，照耀十二個小時，然後從正西邊

落下，造成十二個小時的黑暗。地球的傾斜轉動不僅產生四個方位，還產生一年的四個不同時刻，也就是晝夜等長的兩個分點（春分和秋分）以及夏至和冬至。同時，白天和黑夜的每日變化也是另一個基本象徵，即光明與黑暗的二元性或「雙重性」（twoness）。

　　塔羅牌來自於我們生命存在的這些基本法則。它沒有在最初就闡明某個教義學說，不代表我們不能將其他相關知識體系編碼到它的靈活結構中。一旦我們將某種智慧知識以密碼方式編入，我們就能使用這項工具，讓那個智慧以有意義的方式回到我們身上，就像文藝復興時期的記憶藝術宮殿一樣。

和平之母塔羅牌的權杖女祭司

維姬・諾布爾（Vicki Noble）和凱倫・沃格爾（Karen Vogel）已經用她們的《和平之母塔羅牌》做到這件事。她們將女神崇拜的歷史和習俗與塔羅相結合，創造出一種工具，讓全世界數十萬人不僅能夠認識女神，還能將其智慧帶入他們的日常生活中。

最近出版的一副牌是艾倫・洛倫茲－普林斯（Ellen Lorenzi-Prince）設計的《暗黑女神塔羅》（*The Dark Goddess Tarot*），將世界各地的女性神靈融合在這副牌卡中。《貧民區塔羅》（*The Ghetto Tarot*）則是由一群海地藝術家與攝影師愛麗絲・史密茲（Alice Smeets）合力創作的作品，將塔羅圖像以真人方式生動呈現出來。

塔羅牌是一種承載智慧的手段，因為我們可以將整個知識系統和各種傳統編碼到塔羅牌中。它也是一種實用工具，因為我們可以用它來深化我們個人對這些傳統的認識。如果你確定你使用的塔羅牌有卡巴拉生命之樹，那麼你就能使用這些牌卡在穿越輝耀和路徑。你可以運用冥想進入到牌卡當中，在生命之樹旅行；你也可以藉由占卜解牌來認識卡巴拉的含義，並了解這十個輝耀和你日常生活的關係。

占卜解牌能增進你對卡巴拉智慧的新見解，因為它能產生不同的牌卡組合。舉個例子來說，假設你用《黃金黎明儀式塔羅牌》（*Golden Dawn Ritual Tarot*）隨機抽出兩張牌，分別是「正義」和「寶劍七」。「寶劍七」（標題為「不穩定的成就，Unstable Effort」）與戴著眼罩的「正義」牌人物，這個組合會讓你想到什麼？寶劍牌組屬於風元素，是心智意識和衝突的象徵。正義對於風元素之樹會產生什麼作用？

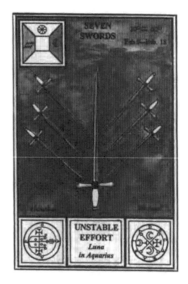

儀式魔法塔羅牌的正義牌與寶劍七

　　祕術傳統傾向於將塔羅看作一種「科學」儀器。作家羅・米洛・杜奎特（Lon Milo DuQuette）在介紹他的《儀式魔法塔羅牌》（*Tarot of Ceremonial Magick*）時這樣寫道：「塔羅是卡巴拉的 DNA。若予以正確解碼，它不僅可揭示卡巴拉的奧祕，亦能揭示儀式魔法和所有其他以卡巴拉為基礎的知識系統之奧祕。」這就是西方神祕學傳統的宏偉之處。但是，杜奎特是現代人，因此他多加了一條古代神祕學大師永遠不可能做出的評論：「我們的目的不是要誘導你放棄你現在喜歡的任何一套塔羅牌，而是幫助你了解，無論你使用哪一套牌，它都擁有不可估量的力量和意義。」

　　科學儀器是精密的設計，而且經過校準，它可以產生精確的結果。大多數現代塔羅牌使用者則比較傾向於將塔羅紙牌看作一種樂器，我們則比較是用一種輕鬆遊戲的心情來看待它，而且對我們可能從中得到的驚奇保

持開放。我們知道，無論我們的目的是獲得知識、是用來冥想還是占卜解牌，都需要不斷練習，練習愈多，效果就愈好，儘管還是會有一些塔羅大師憑藉他們的手法和解釋能力讓我們目眩神迷。

音樂也有各種不同類型。卡巴拉黃金黎明傳統的塔羅觀就像古典音樂——高度結構化、錯綜複雜、層層疊疊，而且每一張牌的含義是固定的。學習這樣的系統可能需要很多年。但是收穫和報償也很多，因為你會學到思想概念和圖像的架構，並訓練出自己的魔法力量和覺知意識。有些人甚至說，你可以因此改變自身的分子結構。

和古典音樂家一樣，你也必須給自己一套固定的意義和信念。 BOTA（波塔，內殿建造者）的塔羅套牌有黑白線條版，你可以自己著色來創造出你個人的套牌。不過，它也會詳細告訴你該如何上色，因為在卡巴拉傳統中，每一種顏色對我們心靈的作用都不一樣，如果你沒有照規定塗色，那無關乎審美，而是塗錯顏色。打個比方，如果一位古典音樂家不依照布拉姆斯或拉赫曼尼諾夫作品的樂譜來演奏，那不叫做創作，而是彈錯。

塔羅牌的另一種用途是占卜預測，我們可將它比喻為民謠或民俗音樂。跟民謠一樣，沒有人知道那些說法的確切起源到底來自哪裡，比如我們會說，這張牌代表「水路旅程」或「一位信差帶來悲傷的消息」或「法律訴訟會有好的結果」。說法來源不同，解釋就有差異，就像「Barbara Allen」這首英語傳統民謠也有各種不同曲調和歌詞。跟民謠一樣，算命預測給出的答案都很簡單而且能打動人心，很容易學習，結果也有點神祕，但當中的智慧卻非常有限。他們可能直接告訴我們將來會發生什麼，但不

會告訴我們那代表什麼意思。

　　當代許多使用塔羅牌的方法，都是聚焦在複雜的原始含義解釋上。占卜師和許多塔羅牌研究者，都試圖利用各種占卜牌陣以及新的解讀眼光來找出每一張牌的新含義。他們可能會即興創作很多東西，因為他們可以透過牌陣或各種藝術創作手法，當場為牌卡創造新的含義。換句話說，他們是在玩塔羅爵士樂。最優秀的爵士音樂家，一定非常了解傳統爵士演奏法，塔羅爵士音樂家也是，他們對於卡巴拉和其他塔羅解釋系統都有非常透徹的了解，之後才開始各自放飛。「從遠古跨到未來」，傳奇前衛爵士樂團「芝加哥藝術團」（Art Ensemble of Chicago）的這句格言，很適合放在瑪莉・Ｋ・格瑞爾和羅伯特・Ｍ・普萊斯這幾位塔羅爵士音樂家身上。

　　如果有誰可稱得上塔羅古典派，那應該就是亞瑟・愛德華・偉特，全世界最受歡迎、最普及的一套塔羅牌就是他所設計，潘蜜拉・柯爾曼・史密斯夫人繪製。雖然偉特自己進做了一些激進的改動，比如重新設計戀人牌，他仍認為自己這套牌是「修正後的」塔羅，是一把真正的鑰匙。有趣的是，許多塔羅即興創作者都還是使用偉特牌作為他們的主要演奏樂器。我使用偉特牌已經超過五十年，它激發新詮釋的能力始終令我驚訝。我懷疑，偉特應該不會喜歡這樣（而且他可能認為爵士樂不入流）。或許我這樣說不太公平，因為事實上，雖然偉特說，如果你認為小牌帶有「更深的」象徵意涵那你就錯了，但他又接著說：「占卜解釋的可能性是無窮無盡的」、「那些圖案，就像打開意料之外的密室房門，也像寬闊道路上的一個轉彎，風景無限開闊寬廣。」（出自其著作《塔羅圖像之鑰》〔*The Pictorial Key to the Tarot*〕。）

偉特塔羅的寶劍六和權杖四

　　這套牌之所以可以用來演奏爵士樂，是因為潘蜜拉・柯爾曼・史密斯夫人的畫作。它們看起來就像無文字的故事書插圖。史密斯夫人的朋友們稱她為「小精靈」，很淘氣、很頑皮，她用塔羅牌來玩魔術，打開了紙牌的無限可能性。

　　塔羅牌可以是解開創造奧祕的一個科學工具，也可以是用來演奏不同風格音樂的樂器。還有另一種用途就是作為取得智慧的工具。使用方法非常簡單，問它們問題就好。

　　任何時候我們都可以進行塔羅占牌，你甚至可以問它：「邁奇會邀請我參加舞會嗎？」因為想要得到答案，我們會同時吸收到塔羅牌的一些象徵含義。我們可能會知道，邁奇心裡的盤算跟我們心裡的想法可能有點衝

突。我們可以藉由塔羅學習認識自己：為什麼我始終找不到對象？為什麼我一次又一次愛上同一種人？

但為什麼我們只用它來問一些自己或別人的問題呢？個人問題有這麼重要嗎？重要到我們只想知道自己這一世的命運？既然有這麼強大的工具，為什麼我們不直接問它靈性智慧的問題？數年前，我和瑪莉・K・格瑞爾一起開課，我決定討論關於靈魂知識的問題。瑪莉和我都選擇了「靈魂塑造」作為當年度的教學主題，令我驚訝的是，與其去思考如何用塔羅牌來教導這個主題，其實我可以直接問塔羅就好。

於是我自己做了一次占卜，以「靈魂是什麼？」為主題，對塔羅提出了一系列問題。我使用的牌卡是我自己創作的《閃亮女性塔羅》（*Shining Woman Tarot*），這套牌後來做了一些修改、並重新出版，牌卡標題是《閃亮部落塔羅》。我抽到的牌如下。

對於「靈魂是什麼？」這個提問，我們得到的答案是「鳥之一」（傳統塔羅的「寶劍一」），設計靈感是來自一塊古埃及銘文石碑。牌面圖案是一隻夜行的貓頭鷹，銳利且炯炯有神的雙眼直視著我們。貓頭鷹是在夜間出沒捕食的強壯生物，能夠在黑暗中看見獵物並發動攻擊。它們的翅膀很特別，飛行的時候完全不會發出聲音。我們可以這樣解釋：靈魂在生命的奧祕與黑暗中尋找真理和意義。靈魂不會自我宣告，甚至不會對我們的明意識宣告它自己。它在天空高處逡巡，亦深深潛入水下，去尋找可以讓自己成長茁壯的東西。

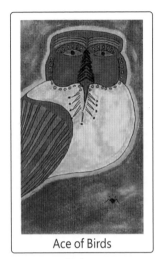

Ace of Birds

鳥之一

靈魂是什麼？

Place of Rivers

河流國度

我們如何塑造靈魂？

Awakening

覺醒

靈魂對我們的要求是什麼？

Knower of Birds

鳥之先知

靈魂給與我們什麼？

　　很多人可能對貓頭鷹有一個錯誤印象，認為它是容易健忘失神的古怪教授，這可能是受了迪士尼和其他兒童漫畫家或作家的影響，將一個古老的概念予以削弱了。貓頭鷹是很有智慧的動物，它的頭部可三百六十度轉動，因此每一個方位都看得到。從象徵意義來說，它可以看到過去和未來。貓頭鷹也是智慧女神雅典娜／密涅瓦的寵物，也代表堅定的承諾與奉獻。如果要用它來描述靈魂的特質，那就是智慧和忠誠奉獻。北美的阿爾岡昆原住民認為貓頭鷹是完美的靈魂之鳥。

　　將「鳥之一」與傳統的「寶劍一」作個比較。寶劍牌象徵智慧，可以斬除虛妄幻象，並推演出抽象的存在法則。雖然《閃亮部落塔羅牌》的鳥牌組代表心智頭腦，但它強調的不是智力，而是創造力、藝術和預言。當我們追求這些東西，我們會變成跟貓頭鷹一樣，我們是生命黑暗之境的獵人。

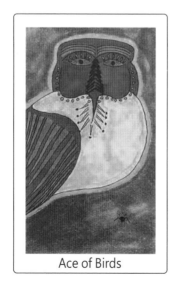

閃亮部落塔羅的鳥之一及偉特塔羅的寶劍一

　　「靈魂塑造」是那年夏天瑪莉和我的課堂的主題名稱，它來自心理學家詹姆斯・希爾曼（James Hillman），他也是從十九世紀詩人濟慈那裡借來的。希爾曼喜歡說靈性揚升、靈魂降落，意思是，靈性（spirit）是我們內在的特質，它能揚升與神聖意識合一，而靈魂（soul）則讓我們深入隱密和複雜之境。現在，想像一隻從夜空中飛撲而下的貓頭鷹，然後對比偉特塔羅的「寶劍一」，寶劍劍刃指向天空，穿透代表物質現實的王冠，抵達純粹的心靈。

閃亮部落塔羅的河流國度牌及偉特塔羅的聖杯侍者

　　占卜抽到的其他張牌，進一步深化（deepen，這也是希爾曼的用語）我們對靈魂的覺知力。「我們如何塑造（創造）靈魂？」，我抽到「河流國度」（對應傳統的「聖杯侍者」）。牌面圖案是一個人坐在深水池邊靜

心冥想。我們豐富靈魂的其中一種方法是，願意深入了解我們生命中未知的深處和黑暗，並以平靜和接受之心來做這件事。偉特塔羅的「聖杯侍者」也擁有類似特質，牌面上那位年輕人，平靜地看著一條魚從他手上的杯子裡跳出來。（近年來有一種解釋我很喜歡，有人說那隻魚其實是在跟他說話，這聽起來就像童話。）

　　當我們問「靈魂對我們有什麼要求」時，我們抽到編號二十的大阿爾克那牌，《閃亮部落塔羅》裡的這張牌標題是「覺醒」，傳統套牌的標題是「審判」。這張牌的圖案通常是描述聖經中的最後審判，天使吹著號角，亡者從墳墓復活站起來。根據基督教教義，人死後真的會受到審判，少部分人可以上天堂，大多數人是被送往地獄。不過，在塔羅的「審判」牌當中，亡者從墳墓中站起來，全部的人都歡欣鼓舞。在我從事塔羅教學的這些年，我發現很多人對「審判」這個詞感到不安。這也是我將標題改為「覺醒」的原因之一。靈魂要求我們覺醒。我們必須接受我們的真實自我，我們與神聖喜悅緊密相連，我們必須將它分享給別人。也是因為這個原因，「覺醒」這張牌的背景圖案是一座城市。建築物上一共有二十二扇窗戶，中間那個精靈頭頂上閃耀著二十二道光芒（這兩個對應都是無意間形成的，我在設計圖案時沒有刻意要這樣做）。

　　最後一張牌，是靈魂給與我們的東西，抽到的是鳥牌組的「先知」（對應「寶劍騎士」，雖然先知實際上智慧更成熟）。這張牌描繪的是《易經》創始者倉頡。如果我們願意深入探究奧祕，靜坐、覺醒，那麼靈魂就會給與我們智慧和啟示。根據神話記載，倉頡看到從天而降的圖像，將它們與烏龜甲殼和禽鳥飛跡結合起來，創造出文字線條。這個故事也跟

神諭占卜相關聯。烏龜和鳥都是古代用來占卜的動物，它們代表了神明諭示的系統面向，人們會研究鳥的飛行模式和龜甲上的圖案來尋找占卜預言線索。從天而降的圖像，象徵先知的預言或預示。靈魂給予我們知識，也給予我們靈性啟示。

這是我稱之為「智慧占卜」的第一個實驗。請注意，它不是用來解答個人資訊，而是用來了解更重要的議題。我們可以用問題來形成一個個人化的占卜牌陣。我們可以問：「我的靈魂是什麼？它對我的要求是什麼？」既然有這麼強大的工具，為什麼我們只用它來問一些個人問題呢？紙牌創作者和含義解釋者花了好幾個世紀時間，將知識、概念及預知圖像灌注到牌卡當中，使它們成為真正的智慧工具。為什麼不讓它們跟我們談談我們自身環境之外的問題呢？

我們一定要記得，古人認為「智慧」是一種有生命的存在體。聖經為她取名為「侯克瑪」（*Hokhmah*），這個名字後來也成為卡巴拉生命之樹上的第二個輝耀。希臘人稱她「索菲亞」（Sophia），基督教的聖索菲亞大教堂（Hagia Sophia）即是以此命名。當我們把這個抽象特質想像成一個真實的人，它就會變得更真實。稱呼塔羅牌為一種智慧之工具，我們就能透過塔羅直接與侯克瑪／索菲亞對話溝通。當我們讓自己以這樣的方式來觀想智慧，我們的學習、冥想和占卜解牌就會變得更有力。

問完「什麼是靈魂？」這個問題後，過了幾天，我決定再問另一個問題。「什麼是塔羅？」得到的答案是「樹木六」（相當於傳統套牌的「權杖六」）。這張牌的圖案是一位神采奕奕的卡通圖案女子走在一片樹林

裡，那裡的樹木形狀怪異扭曲，而且樹幹塗著各種鮮豔圖案。這張牌有很多含義，其中一個解釋是有能力憑自信度過危機、化解險境。人們經常是在面臨恐懼、痛苦或焦慮的時候才會來做塔羅占卜，我們可以將塔羅看作一種指引，讓它帶領我們穿越未知和恐懼。

不過，有時一張牌最重要的含義是在它的圖案中。樹幹上的圖案有大大的貓頭鷹眼睛（圖案來源是西班牙出土的一系列五千年歷史的骨頭雕刻）。天空也有貓頭鷹的眼睛，女子行走的那片土地下方也有一張貓頭鷹的臉，還有其他符號。如果靈魂是一隻貓頭鷹，那麼這座樹林就變成一片靈魂之森林，而塔羅，正如本書標題所言，就是「穿越靈魂森林」的一趟旅程。

我們每個人都是神祕生物，有時連我們自己都不了解自己。我們都是獵人，強烈渴望捕獲意義和愛。我們合力構成一幅錯綜複雜且危機四伏的風景。塔羅會幫助我們順利走過那片風景。它教導我們如何穿越，同時幫助我們找到方向和出路。它讓我們審視自己，看清生命的種種交織景象，以及事件背後或內部可能存在的意義。如果我們願意，我們也可以用它來探索日常生活表面之下的深層奧祕，以及潛伏在那位女子自信雙腳下的那些符號。

這兩個占卜抽牌：「什麼是靈魂？」以及「什麼是塔羅？」就是智慧占卜的初步練習。在這本書裡，我們會將這個練習帶到更值得記憶的場景，包括：「我們如何與神交談？」甚至是「神如何創造世界？」等這類問題。因為，如果我們將「智慧」人格化成為知曉一切真理的女神，那為什麼不問問她我們真正想知道的事情呢？

做完這些占卜之後，過了五年，我為一群塔羅占卜師開了一個小班制課程，當時，班上有位非常優秀的神祕學家兼占卜師卡洛琳・傑羅姆（Caroline Jerome），她問了一個問題：「上帝有靈魂嗎？」我不會妄想自己有能力回答這樣一個問題，除非手邊有我們的智慧工具。於是，我建議卡洛琳直接向她手上的塔羅牌請益。她帶著些許不安，開始洗牌，用克勞利和哈里斯的托特塔羅抽出一張牌，她抽到「權杖三」。

托特塔羅的權杖三／美德牌

這張牌的副標題是「美德」，顯示出這個問題（以及提問者）的純粹性。這張塔羅牌的圖案其實已經給出了強有力的答案，因為根據卡洛琳的解釋，它是顯示從精神轉化為物質色身的運動過程。卡巴拉傳統將權杖（棍杖）牌組與「原型界」（Atzilut，譯注：又名光輝界、神聖界）關聯對應，

原型界是卡巴拉四重世界的第一重世界，屬於火元素，是最接近上帝的純粹本質。每一組小牌的第三張牌都代表庇納（*Binah*），也就是生命之樹的第三個輝耀（能量層級）。庇納的意思是理解、領會，能協調前面兩個輝耀，使其達到和諧狀態。我們可不可以說，靈魂就是和諧與理解？從占星學來說，這張牌代表太陽在牡羊座（從牌面圖案中央頂端的太陽符號和底端的牡羊座符號可以得知）。這象徵著春天和新生命的開端。

　　對基督徒來說，這三支鮮豔明亮的權杖可象徵三位一體，對女神信仰者來說，則是代表少女、母親、老嫗三位一體女神。在這兩種宗教當中（其他許多宗教也是），神聖能量的統一性是透過「三」這個獨特形式來呈現。卡洛琳‧傑羅姆的看法是，這幅圖案顯示的是生命之樹的三個最高層次，因為他們創造了達阿思（ Da'ath，也就是知識〔Knowledge〕），它是一個隱形輝耀，將這三個最高層次與較易被人類理解的七個較低層次連結起來。知識使我們得以跨越障礙。我們可不可以說，靈魂就是將實體經驗與神聖真理結合的知識？總而言之，上帝的「靈魂」對我們來說就是神聖能量。「權杖三」就是那個「神聖靈魂」，代表我們用來理解靈性真理的方法途徑。

第四章

雙重問題：
為占卜做占牌

The Two-Part Question: A Reading on Divination

很多年前，深夜電視脫口秀節目中偶爾會出現一位名叫歐文・科里「教授」（"Professor" Irwin Corey）的喜劇演員，他總是用戲謔誇張的方式模仿學術演講，正經八百地胡說八道。他的頭髮亂如鳥巢，身上穿著一件破舊又寬大不合身的燕尾服，腳上穿著便宜的黑色籃球鞋（那個年代還沒有耐吉這類高檔運動鞋）。柯里結束表演後坐下來，主持人約翰尼・卡森（或其他人）就問他：「為什麼你穿著球鞋？」

這時教授就會挺起身子，用他宏亮高揚的聲音說：「你問了一個雙重問題！你問『為什麼？』，這問題已經困擾了全世界最偉大的頭腦好幾個世紀。哲學家、神學家和科學家都在思考這個終極問題：為什麼。你給我的時間那麼短，卻要我回答『為什麼？』，我穿著球鞋嗎？」他暫停了一下。「是的。」

每當有人問我「為什麼塔羅牌有用？」我都會想到歐文・科里。我很想回答對方：「你問了一個雙重問題……『為什麼？』，這問題數千年來連最偉大的思想家都難解。塔羅牌有用嗎？有。」

話雖這樣說，我們還是可以討論各種不同理論。最古老的理論其實比塔羅本身還要早好幾千年。我所說的（隨機式）占卜的「古老」觀點，是假設有諸神或神靈在引導我們的手，讓那些紙牌（或棍子或貝殼或我們可以使用的任何其他物體）按正確順序掉出來。

跟這個僅能以現代語言來表達的觀點類似，很多人會拍胸脯保證說，某人的「高我」知道未來事情會怎麼發展，知道哪幾張牌最能代表其發展趨勢，知道那幾張牌在洗牌之前是在整副牌的哪個位置，也知道如何混合

紙牌（以及如何控制他的雙手），好讓那幾張「正確的牌」以正確順序出現。至於這個高我到底是什麼？仍是一團謎，只知道它一定在你身上，而不是你這個人之外的某種超自然力量。

關聯對應理論（如在其上，其下亦然），跟屬於固定占卜系統的塔羅隨機占牌似乎有某種一致性，表面看似隨機得到的訊息，似乎是「自己想要」與提問者的生命和命運達成一致。而洗牌可以讓這件事發生。

有些人看法比較憤世嫉俗，他們堅稱塔羅或任何一種占卜系統根本沒什麼用。說那些符號都很模糊，可以讓我們將任何我們喜歡的含義強加上去，還能在事情發生之前和之後修正我們的解釋，然後說塔羅牌可以預測事情。當塔羅占卜者說出他們在占卜牌陣中看到的驚奇發現，比如幫朋友讀牌時發現朋友有外遇，或是可能陷入訴訟糾紛，或是預測對方可能孤老一生（這些例子都是來自我自己的經驗），那些自稱理性主義者的憤世嫉俗人士就會自信滿滿地跟你說，哎唷只要占卜做得夠多，遲早會僥倖給你矇上呀。

有趣的是，這些人總是預期我會跟他們大肆爭辯一番。我個人不能代表其他塔羅占卜師，但就我自己而言，我對這種觀點沒什麼意見（雖然它跟我自己的經驗不符）。我關心的是意義，以及靈性覺醒，而不是一言定生死的預測和神祕啟示。事實上，這種預測有時會讓我們忽略掉紙牌中可能含藏的更深層奧祕。如果我們把意義強加上去，如果紙牌可以給我們機會或靈感，讓我們以新的方式看待我們的人生，我個人並不反對。不過，我和許多其他占卜師都觀察到，當需求非常迫切、生命情況危急或事情很嚴重時，紙牌**一定**會傳達明確無誤的訊息。

　　還有其他方法。 在《共時性》（*Synchronicity*）一書中，心理學家卡爾‧榮格和物理學家沃夫岡‧包立（Wolfgang Pauli）邁出了對占卜進行科學解釋的第一步。他們提出了一個「非因果性」（acausal）法則，叫做「共時性」（非因果性的意思是：「沒有直接的物理起因」）。共時性被定義為「有意義的巧合」，用來解釋人和事件為什麼會莫名其妙同時發生，以及為什麼祭司神諭看似一種未來預測。但是很可惜，除非我們能夠解釋此一原理究竟如何運作，或如何測量其效應，否則，「共時性」只不過是唬人的標題。我們可以把它拿來跟萬有引力做個對比。牛頓當年提出萬有引力定律時，這個概念幾乎跟占卜一樣荒誕怪異（事實上，牛頓一生致力於占星學和煉金術的時間，比研究萬有引力的時間還要多）。太陽和地球相距九千三百萬英哩，太陽是怎麼影響地球運轉的呢？牛頓將這個遠距離作用力命名為「萬有引力」（gravity），然後計算出它的精確數字，讓人們無法否認它的真實性。但是到目前為止，還沒有人為共時性做這件事。

　　近年來，塔羅和其他占卜系統的解釋往往聚焦在量子理論，量子理論是專門研究次原子粒子行為的一個物理學分支。次原子粒子經常以非常奇怪的方式作用，其中一些方式似乎存在著非因果關聯。舉例來說，粒子有時似乎不知從哪裡突然出現，甚至在時間軸上往回倒轉移動。加來道雄的著作《穿梭超時空》（*Hyperspace*）描述到一個實驗，正電子和電子這兩個具相同質量但電荷相反的粒子相互碰撞然後爆炸。但是，那股爆炸的能量似乎會重新返回，讓最初那兩個粒子重新出現。看起來就像它們自己生下自己。

　　塔羅專家並沒有將量子物理當作一種實際占卜理論，而只是看作一種

證明，因果關係並不像表面看起來那麼簡單，而且兩個看似彼此無關的事物之間會存在某種關聯性，比如，塔羅隨機洗牌和一個人生命事件之間的關聯。因此，當某些塔羅師發現「粒子糾纏」（entangled particles）這個概念，他們非常興奮。當兩個粒子緊密關聯交互作用後，會發生糾纏現象，就像物理學家將單一光子（光的基本粒子）分裂成兩個相同的光子，你可以將兩個糾纏的粒子分開，然後將它們分別移到相距數英哩外的地方，它們的行為表現會像是正在進行即時通訊一樣。如果你設置一個實驗，讓其中一個光子必須在兩條路徑之間做選擇，那麼，另一個光子也會在同一時刻做出相同的運動。請注意最後那句話：最精密的儀器也檢測不到兩個運動之間的時間。因此，沒有發生直接溝通行為的這兩個東西，看起來卻像物理上存在著連結。

愛因斯坦覺得這情況很怪異。他甚至用「鬼魅般的作用」（spooky）來形容它，而且堅稱這些粒子似乎只是共同合力行為。他說，它們之所以表現相似行為，乃是出於所謂的「近距因」（local causes）。換句話說，那只是巧合——當塔羅預測出某些不尋常事件時，很多人也是使用這個論點。自愛因斯坦時代以來，糾纏理論的證據力已愈來愈強，甚至軍方和私人企業現在也計畫用它來創建不可破解的「量子代碼」。

量子物理學家經常強調，基本粒子的次原子世界中發生的事情與尋常現實無關，我們不能使用粒子糾纏理論來當作心靈感應或占卜的論點。但試著想想同卵雙胞胎。就像糾纏的光子一樣，它們一開始（在母親子宮裡）是同一個胚胎，然後分裂成彼此完全相同的兩個基因副本。如果一對同卵雙胞胎出生時就分開，多年後又重逢見面，人們常常發現，他們一生

的行為都是一致的，例如在同一天與相同名字的人結婚。我的一個好朋友就是同卵雙胞胎，只不過她是右撇子，而她的妹妹是左撇子。換句話說，他們是彼此的鏡像反射。有一次我的朋友告訴我，如果她踢到右腳，很快她妹妹同時也踢到左腳。

另一個經常被拿來解釋「事情是怎麼發生的」（how），是華人的精神哲學／宗教，稱為「道家思想」。「道」就是貫穿一切生命存在的能量流。如果你的動靜與「道」和諧一致，那麼一切都有可能發生。如果你背「道」而行，就什麼都做不成。塔羅占卜時，我們會洗牌，放棄對紙牌順序的有意控制，讓「道」將它們散開，然後引導它們落下。它們並沒有做什麼預測，只是讓我們看到能量如何流動。

我們在西非的占卜和靈性系統「伊法」也發現類似觀點。根據史蒂芬・卡徹在《占卜圖解指南》當中的說法，伊法不做事件的預言，而是「化解人的內在自我、他們在社會中的行為方式與精神世界之間的阻力」。這跟當代塔羅使用的很多方法非常類似，是把重點放在對人形成阻礙的因素，以及讓人們知道如何「打破」阻礙。（請注意，西方人是用「蠻力」——不是「化解」，而是「打破」。）

我們引經據典，各種神話和科學的、神祕學和心理學的理論，都是為了解決「事情究竟是怎麼發生的？」這個古老問題。我們可以使用這些理論資源，但為什麼要放棄我們自己的理論呢？因為如果塔羅確實有用，如果塔羅可以成為我們獲得智慧的工具，為什麼不直接問它呢？我決定抽三張牌，來解決「塔羅究竟是怎麼運作的？」這個問題。這次，我還是使用

《閃亮部落塔羅牌》，畢竟這是我自己最喜歡的智慧工具。

我抽到的三張牌分別是：「戰車」、「傳統」（在大多數現代套牌中稱為「教皇」）以及「河流神諭者」（「聖杯國王」）。

Speaker of Rivers　　Chariot　　Tradition

閃亮部落塔羅的三張牌：河流神諭者、戰車、傳統

戰車是一張意志牌。塔羅之所以能發生作用，部分原因是因為我們的意志要它發生作用。這跟說「我們就是認為或假裝它很準」並不相同。西方的神祕學傳統很早就意識到意志在魔法操作中的重要性。黃金黎明學派的作者有時甚至將他們的一切事業界定為「魔法意志的訓練」。

類似的概念也出現在量子物理。在量子物理學中，真正決定現實（reality，事實）的不是意志，而是觀察者，是他創造了現實。古典物理學認為觀察者是實驗之外的局外人，最終也是屬於存在之外。二十世紀初的「新物理學」修正了這個觀點。海森堡著名的「測不準原理」證明，我

們的存在始終在影響一個實驗，或我們觀察到的任何其他東西。

更近期的概念則認為，有意識的觀察者即是現實本身的基礎。宇宙及其所有部分，並非以固定狀態存在，而是以機率波（wave of probabilities）的形式存在。當「意識」觀察到某樣東西的那一瞬間，那個波就會塌縮成我們所認定的現實世界那個固體狀態。

「戰車」牌描繪的就是這個強而有力的觀察者。他頭頂的那條精神河流裡面，還藏著一道波浪。他把雙手伸進那道波浪，然後讓物質存在顯化成真。「戰車」是大阿爾克那（大祕儀）的第七張牌。在它之前的牌描繪的是原理法則和原型經驗，比如：光明與黑暗、父母雙親、大自然、社會以及愛。到了「戰車」這張牌，是將前面所有東西結合在一起，形成有形的生命。

在量子物理學中，觀察者通常扮演被動角色。它只是被動觀察，然後那些可能性（機率）就成為現實。由於戰車是一張意志牌，這暗示著占卜必定涉及「有意的意圖」。我們必須引導我們的意志，意義才得以顯現。它並不是一種意識上的刻意決定，說：「我現在要透過機率波創造現實。」而是，洗牌這個動作，以及試著去了解牌卡本身的含義，這個**行為**本身就是一種意向的表述。

塔羅之所以能產生作用，是因為我們用我們的意志（甚至是在無意識層次）進入所有牌卡所代表的那條可能性之河，然後精準抽出那幾張代表最有可能之發展的牌。它之所以能產生作用，是因為我們解讀那些抽到的牌，並將它們組合在一起，創造出一個關於某人生命的有意義故事。

不只如此，塔羅能做到的事情比這更多。它可以幫助我們意識到我們

的隱藏動機。例如，它可以讓我們看到，我們是如何破壞我們跟別人的關係，以及童年時期的隱藏經驗會導致我們做出哪些事情。塔羅占卜可以幫助我們擺脫制約和過去的行為模式，它讓我們能夠成為更有意識覺知力的創造者，去創造我們自己的人生現實。

　　量子概念的使用為我們提供了科學詞彙，來描述戰車告訴我們的塔羅運作原理。我們也可以用靈性詞彙來做這樣的類似描述：駕駛戰車的那個人頭頂上那條河就是神聖能量流，它流經一切存在，並為原本死寂的宇宙賦予活潑的生命力。當我們進行塔羅占卜，而且帶著認真嚴肅的意圖，我們就等於進入這條能量之河——用中文術語來說就是「道」——並得到最能代表現實狀況的圖像。牌卡的隨機洗牌，讓我們能夠避開意識面的信念和訊息，得到最準確的圖像（就像我們抽到的這張「戰車」牌圖案）。

　　在任何塔羅解讀中，紙牌本身其實只回答了問題的一半答案。另一半答案在於我們如何解釋它。這也牽涉到意志意願，因為我們必須願意自己去探究這張牌的含義，然後將我們從這張牌得到的訊息內容應用到實際的問題或情況中。

　　第二張牌「傳統」，它提醒我們，塔羅之所以有其準確性，部分原因是因為我們運用各種傳統來確定那些牌卡對我們的意義。從最直接的層次來說就是，我們相信命運預測傳統。各種算命公式，比如著名的「高大陰暗的陌生人」或「水路旅程」，將我們抽到的牌與某個獨立世界關聯起來，它是一個人造宇宙，暫時被我們放在真實世界之上。事實上，人們使用這些算命公式已經好幾個世紀，這個事實，賦予了它們力量。

　　那個人造的算命世界是怎麼跟真實世界連結起來的呢？就是「傳統」這張牌裡面那五個偽裝成石頭的精靈。他們被好幾條線串在一起。內圈的線條是金色，象徵理解和覺知意識。外圈的線條是綠色，代表我們日常生活的成長。有沒有可能，紙牌和它們的傳統含義就是一種變壓器，將真實事件（包括未來事件）與我們可以理解的內容連結起來？就像變壓器將原始電能轉換為可用的電力形式。「戰車」牌代表我們願意進入一條純粹能量的河流。「傳統」這張牌則讓我們看到，實體紙牌及其傳統含義如何將能量轉換為我們可在生活中理解和使用的簡單句子。

　　塔羅牌還有另一項傳統，比命運預測還要複雜。自十八世紀傑柏林以來，塔羅牌就承載了各種神聖教義，其中最著名的就是卡巴拉。那些概念和觀念將我們對紙牌的直覺和情感放進一個有意義的框架裡。就像綠色線條轉化為金色線條，塔羅牌的形上學傳統，也將我們的問題和擔憂轉化為我們對自身生命目的的覺知。

　　我們已經變成比我們預期的還要理論化。「河流神諭者」是「聖杯國王」的變體，它為我們揭示出一個更直接的答案。這張牌代表說故事的人，當我們問，塔羅是如何運作的，它的回答是，紙牌邀請我們說出我們自己的生命故事。我們看到牌面圖案，解讀其含義或解析其符號，然後編織出一個故事，關於我們的過去和未來、關於我們是誰、以及我們可以成為什麼。「河流神諭者」屬於水元素，象徵情緒感受，尤其是愛。人們的提問當中，愛的問題比其他任何問題都多，這張牌提醒我們，要說出我們的感受和渴望。

　　雖然這三張牌有揭露一些有趣的可能性，但它們並沒有真正回答什麼是塔羅牌的運作原理，至少，沒有回答科學層面上的因果關係。它們只說，是我們自己創造了紙牌的含義，藉由用傳統概念來編織故事，然後希望它們成為具有價值和意義的「真實」。這會讓塔羅牌變成毫無意義或是一種騙術嗎？除非你認為自己的生命模式毫無意義，而且發現你自己其實是個騙子。

第五章

塔羅中的猶太思想

Some Jewish Thoughts on Tarot

　　為什麼是猶太思想？如果你相信塔羅是描繪卡巴拉，數世紀以來卡巴拉一直將自己巧妙偽裝成一種紙牌遊戲，就像超人偽裝成克拉克·肯特，那麼，探究猶太思想就有其意義，因為卡巴拉的起源跟猶太神祕思想有關。就算你不接受塔羅是源自卡巴拉這種說法，塔羅的神祕學詮釋者也確實已經發展出一套強大的卡巴拉傳統，我們亦可藉由檢視其他猶太思想概念，看看它如何談論塔羅或占卜，以此拓展對塔羅的認識。

　　討論塔羅中的猶太思想，除了我剛好是猶太人之外，還有另一個原因。猶太傳統依據的經典並不是《聖經》，而是解釋聖經的註釋文獻。數世紀以來，包括《塔木德》（*Talmud*），以及名為「米德拉什」的傳說故事（*midrash*，《聖經》中人物和情境事件的故事與推測），還有卡巴拉本身、拉比、神祕主義者、聖者賢人以及一般猶太人，一直對《聖經》進行論辯、冥想、深思，尤其是聖典《托拉》（*Torah*），也就是跟律法有關的《摩西五經》，以及創世紀史。猶太教給了我們一個典範，讓我們知道如何去挖掘一部神祕學作品的真實含義。

　　塔羅確實是一部神祕學作品，無論它的起源為何。我們對它以及它真相的了解，不僅來自紙牌圖案，也來自人們對它們的詮釋。傑柏林的埃及圖像、黃金黎明，然後是克勞利的卡巴拉主義和占星學架構、現代的詮釋，以及最近出現的新興塔羅套牌，主題涵蓋非歐洲人種、LGBTQ+、不同體型和能力的民族等等，都是以原始圖案為根基，建構出一座座奇異的城堡。

　　猶太人對《托拉》的解釋，只要你的論述有所本、能指出某段經文作為「證據」，無論它是一整個段落還是一個句子，你就可以完全天馬行

空、甚至朝引起公憤的方向去詮釋。對塔羅，我們也可以這樣做。我們允許人們對牌卡含義提出各種解釋和主張，甚至是關於其起源的牽強附會，只要他們能夠自圓其說，將他們的觀點與塔羅牌的圖案和象徵符號結合起來即可。

《塔木德》當中有一個故事，相當能夠闡明這種激進主張。它引用了一段經文，來告誡那些反對詮釋的人。在〈申命記〉中，摩西告訴希伯來人，他們有義務謹守神的誡命律例。為了讓人們沒有藉口說律法太難理解、太神祕、或離平常經驗太遠，摩西告訴他們：「律法不是在天上，也不在海外，就在你口中，在你心裡，使你可以遵行。」（〈申命記〉30：12-14）

以下是這個故事。四位拉比在辯論《托拉》的一個觀點，其中三人站同一邊，只有一位拉比以利亞撒跟他們論點不同。三人組愈辯愈激烈，但以利亞撒頑固堅持自己的立場。最後，他對他們說：「如果我是對的，就讓牆壁證明我的論點無誤。」這時，書房的牆壁開始彎曲變形，若不是那三人當中有一位拉比命令它們停下來，整面牆就坍塌了。這又不能證明什麼，那三人對以利亞撒說。於是以利亞撒又說：「如果我是對的，就讓海水證明我的論點無誤。」那三位拉比向屋外望去，發現附近的一條小溪已經開始往山上流。

那三人還是堅持認為這並不能證明什麼。這次，以利亞撒大聲哭喊：「如果我是對的，請神親自證明我是對的！」霎時，天空變成一片漆黑，書房裡響起一個聲音。「你們為什麼要和我的兒子以利亞撒爭辯？他說的

每一件事情都是對的呀！」

　　整個房間陷入長長死寂。最後，其中一位拉比抬起頭來，說：「這干祢什麼事？祢自己的書不是說，它不在天上，而是在我們口中、在我們心中，我們每個人都可明白？啊現在是怎樣？拜託讓我們明白吧。」瞬間黑暗退去，天色重現光明，以利亞撒拉比終於同意尊重多數人的意見。

　　當天稍晚時刻，先知以利亞行經上帝寶座，看見上帝臉上帶著微笑。他就問上帝在高興什麼，上帝對他說：「我被我的孩子糾正了。」

　　所以，當我們探索塔羅、以及它的所有美妙與複雜，讓務必記得也要這樣做：用我們的口，把我們的發現分享出去，也用我們的心，帶著深刻感情對你感受到的真理事實保持忠誠。

你不必是猶太人……

　　在 1960 年代，有一家名為利維的麵包公司決定幫他們家的黑麥麵包開拓更大市場。他們在看板和雜誌上刊登廣告，各個不同種族的人，手上拿著黑麥三明治，臉上露出燦爛笑容，還附上一句口號：「你不必是猶太人才能愛上利維的正宗猶太黑麥麵包。」

　　我想秉持同樣精神，向異教徒、基督教徒、穆斯林、佛教徒、無神論者和其他所有人保證，你不必是猶太人，才能喜歡「塔羅中的猶太思想」。我提出這樣的想法，並不是為了幫塔羅套上猶太教形狀，當然也不是為了主張塔羅有猶太血統（畢竟，有一張牌叫做「教皇」）。我只是把兩種傳統放在一起，看看我們能從中發現什麼。

同時，我也無意冒犯任何可能對這種結合感到震驚的猶太教徒。雖然我很認真將塔羅看作一部「聖典」，但我這樣做是本著認真嚴肅的遊戲精神，也就是「假設有此可能性」。我跟部分神祕主義者不同，我認為沒必要堅持將塔羅看做一種直接的啟示，而且也能接受塔羅最初應該是一種紙牌寓言遊戲。我不認為我們應該像看待《托拉》、《福音書》、《古蘭經》，或在史前洞穴和寺廟中發現的宏偉女神畫像那樣看待塔羅。不過，我真心認為，這些牌卡已經演變為一部偉大的智慧作品，如果我們能嘗試用不同角度去看待它，我們就能夢想未來勢必這樣演變。

單腳站立談塔羅

首先，我們要用一個著名傳說來開啟我們的猶太思想探索，這個傳說講的是猶太人歷史上的一位大賢者，名叫希勒爾（Hillel），他是一位拉比，大約與耶穌同時代的人。希勒爾是拉比釋經傳統的創始人之一，是家喻戶曉的猶太教領袖。他對於經義解釋有一個非常著名的論點，以下是我聽到的第一個故事版本。

某天晚上，他正獨自鑽研經義，突然一群人闖入他房間。這群人不是來偷東西或搞破壞的，而是想來嘲笑這個畢生致力解經的人。他們命令他從椅子上站起來，要他用單腳站著。當他用一隻腳站穩後，這群人命令他，在他把腳放下來之前，要把整部《托拉》聖典的內容講給他們知道。希勒爾很嚴肅看著他們，然後說：「你憎恨的事，不要對別人做。剩下的都是解釋了。」然後他把腳放了下來。

（我的朋友巴特・利多夫斯基是一位知識淵博的人，他告訴我，這只是其中一個故事版本，比較偏向歷史意義，不過，因為這是我聽到的版本，更重要的是，它激發了我以下的想法，因此我採用這個版本。）

不久，人們對那句話開始感到興趣，有一個人居然可以對《托拉》的本質做出如此簡短且完美的陳述，而且還是用一隻腳站著的時候說出來的。希勒爾過世後大約五十年，偉大的拉比阿奇巴・本・約瑟夫（Akiva ben Yosef）接下了這個挑戰。阿奇巴是一位留著大鬍子的英勇戰士，他不僅領導猶太人反抗羅馬人，而且還是一位傳奇占星家，他幫忙建立的神祕學傳統，在數世紀之後發展成為卡巴拉。當阿奇巴思考如何用一句話來定義《托拉》這部聖典，他選擇了〈利未記〉經文中的誡命：「要愛人如己。」耶穌，終究是一位拉比，他當年也說了類似的話，「愛你的鄰人」即是「全部誡命」。

阿奇巴的一位對手向他提出挑戰。萬一你不愛自己呢？那你應該會對你的鄰居很壞。他用〈創世記〉中神說的話來回答：「我們乃是照著自己的形象造人。」當我們認識到，我們和其他所有人，都是神按照自己的形象所造，我們便無其他選擇，我們只能選擇愛自己和愛別人。

這裡出現了一個有趣的概念：神的形象。若僅從字面上理解，神看起來應該是像人，因此我們也擁有神的形象，一個坐在金色寶座上的老人，這個畫面很適合用來說故事（雖然帶有強烈性別歧視），但如果有人把它當作一種事實陳述，一定會遇到麻煩。然而，如果我們把它解釋成我們具有和神一樣的本質，它就變成一個更深層次的概念。猶太教的核心思想，跟後來的伊斯蘭教一樣，都在於對神的概念，它超越任何固定定義，超越

我們試圖賦予神的所有形象。

現在，我們已逐步接近塔羅，因為塔羅完全是以圖像來呈現，它有七十八張圖，所有的解釋都不固定。還記得那句話嗎？**塔羅是鑰匙**。或許我們可以說，塔羅鑰匙要解開的不是那些現成祕密，而是要解開我們對自己和宇宙的所有定義和限制性概念。

當代猶太人的禱告詞，相當能夠表達這個形象悖論（我們等一下會回來談塔羅牌，我保證）。禱告詞通常是為了回應一個困難而寫的。每天早晨，虔誠的猶太人都會唸一大串禱詞，來感謝造物之神賜予的生命和一切奇蹟。有一句只能由男性來說的禱詞，冒犯了許多現代人，因為非常大男人主義。一般翻譯是這樣：「感謝你，主啊，世界之王，感謝你沒有把我生成女人。」

性別歧視並不是這個禱詞的唯一問題。「主」（Lord）這個字是聖經中出現的四字聖名的婉轉翻譯。這個字不僅帶有父權思想（譯注：因為 LORD 這個字在英文當中有時專指男性君主），也具有誤導性，因為神真正的名字仍是個謎。傳統都是以「難以發音」來描述它，象徵神的真實狀態超出我們的頭腦所能定義。

卡巴拉學家有時將這個名字描述為「創造之公式」，而塔羅學家則經常將這四個字母與火、水、風、土這四個元素作對比，也因此，小阿爾克那有四個牌組和四張宮廷牌（國王、王后、騎士和侍者）。這四個字母實際上也有出現在某幾張塔羅牌上，最著名的是偉特牌的命運之輪，我們能看到輪子上清楚寫著 TARO 這四個字母。

偉特牌的命運之輪

　　我們無法發音唸出神最強大的名字，此事實是一個悖論，這就類似神並無固定形象，但神卻按照祂自己的形象創造了我們。一些當代猶太教徒以各種不同的翻譯來推崇這個神名的神祕本質，因為這個聖名擁有許多特質，比如包括「永恆無限」、「慈悲心」、「父母親」和「造物者」。於是，重建主義運動的禱告書也把「感謝你，主啊，世界之王，感謝你沒有把我生成女人」換成一句同時適用男性和女性的禱詞：「感謝你，無固定形象的神，以你之形象創造了我。」

　　了解這些知識之後，或許我們可以來思考一下，如果有人要我們單腳站立，同時告訴他塔羅是什麼，那我們會怎麼說？我首先想到的是，如果你單腳站立，那就是「世界」這張牌的畫面。

　　「世界」是大阿爾克那（大祕儀）的最後一張牌，代表靈性成就。
這比猶太教故事裡的姿勢更有力。你可以親自試著做做看。站起來，做幾
次深呼吸，身體重心保持平衡。感覺你的雙腳踩在大地上，與地球建立穩
固連結。將雙臂向兩側平舉，確定自己站得很穩時，將左腳舉到右小腿後
方，讓兩腿呈交叉。深呼吸，維持這個姿勢，同時讓自己的頭腦保持開
放，接受任何關於塔羅本質的想法或圖像。

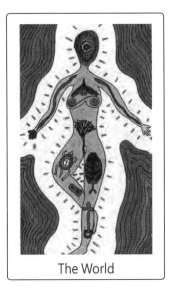

馬賽塔羅和閃亮部落塔羅的世界牌

　　以下是人們對塔羅的一些想法：

「塔羅是卡巴拉的 DNA。」

——羅・米洛・杜奎特

「塔羅是一場靜止的夢。」

——喬安娜・楊

「塔羅是一部天堂輿圖。」

——艾倫・摩爾（Alan Moore）

「塔羅是一台說故事機。」

——伊塔羅・卡爾維諾（Italo Kalvino）

「塔羅是我們的智慧工具。」

——我自己

　　第一次思考這個問題時，我想到這樣一句話：「塔羅是靈魂從出生到啟蒙之旅的地圖。」然後我發現，這句話似乎只描述了塔羅牌的功能，而沒有講到它們的內在核心，於是我讓自己更深刻去思考，我想到以下這個句子：「塔羅是以七十八張圖像為門戶，通往無象之境。」

　　如果我們認為神超越任何固定觀念、形體或形象，我們至少有兩種方式可以接近這個覺知。我們可以試著用禪坐的冥想方式，放空我們的頭腦，靜靜釋放掉我們頭腦思緒中充斥的所有圖像。抑或，我們可以試著走進圖像當中，進入其深奧與微妙之處，直到我們能感受那當中蘊藏的奧祕。塔羅圖像給了我們一個非常特別的機會來做這件事。一方面，它們啟發了各種靈性思想和神祕學教義。但是，無論解釋多麼詳盡、理論系統和

意識形態多麼充分，圖像依舊是圖像。圖像在論述解釋之前即已存在，在論述解釋之後依然存在，儘管有些套牌的創作靈感是來自概念論述。

　　A. E. 偉特和史密斯夫人的萊德偉特塔羅牌，完美地證明了這件事，尤其是小牌的部分。以下是偉特對「寶劍六」這張牌的解釋：「水路旅行、路線、途徑、使者、權宜之計。」逆位：「聲明、坦白、公開；還有一種說法，說它代表愛情求婚。」現在我們來看看牌面圖案。

　　從圖像中，我們感受到一股深沈的靜默死寂，擺渡人撐著船划過平靜水面，乘客似乎是一位身上裹著長布、佝僂著腰的女性，她的孩子蜷縮在她身邊。他們要去哪裡？這次「水路旅行」的目的是什麼？為什麼那六把劍直直插在船上？

偉特牌的寶劍六

　　有些人會用卡巴拉觀點來解釋小牌，他們會說這張牌描繪的是生命之樹的第六個輝耀，屬於心智頭腦的風元素。偉特本人並不同意這種說法。「這些圖案不應被視為更高層次和超凡符號的暗示。」他反而認為，「塔羅圖案就像一道道門，打開後即通往意想不到的密室。」

跟圖像談戀愛——或是，你愛的人也會愛上你

　　幾年前我說過，我對塔羅的態度是「跟圖像談戀愛」。首先，這表示我們要好好跟圖案相處，不要急於說出它們的含義。很多時候，當我們用占卜抽出一張牌，然後想要了解它的含義，我們做的第一件事就是翻閱手邊的書籍，查出那張牌的含義解釋。要不然就是把這張牌套入其他理論系統，比如卡巴拉的生命之樹。我們將符號看作一種代數問題，X = Y，魔術師＝覺知意識、陽剛法則、意志等。當我們變得比較「資深」之後，我們可能不需要再查閱資料，可以直接看著這張牌，然後自動「知道」這張牌的含義。我們甚至會對持不同見解看法的人生氣。畢竟，我們已經掌握「正確」含義，你這樣的新手知道什麼？

　　但是，如果我們是跟圖像談戀愛，我們絕不會逃避它們。我們會認真看著它們，看看它們裡面發生了什麼事，我們活在當下此刻，每一次看著它，彷彿都像在看一幅全新的圖案。我們會回想起來，「魔術師」這張牌，不是要顯示陽性意識或男性法則，它顯示的是一位魔術師，他的臉有某種表情，他的身體呈某種姿勢樣態，還有鮮花在他腳邊。我們會回想起來，魔術師不只這一個，而是各式各樣不同套牌裡面全部都有魔術師——

而且眼前這個魔術師實際上包含了各式樣貌，不單單只是這個版本。

我們先在這裡暫停一下，思考人類學家克勞德・李維史陀（Claude Lévi-Strauss）所說的話。李維史陀認為，神話，任何一個特定神話，都是由已知的各種不同版本組成的，甚至是來自現代文學或心理學（例如，佛洛伊德對伊底帕斯神話的詮釋與古希臘故事版本的對照）。李維史陀如此寫道：「我們的理論，解決了這個問題……關於到底要追求真正版本，還是較原始的版本。」還有，「我們不能說只有某個版本是真正的本尊，而其他版本都是複製或扭曲的版本。每一個版本都是那個神話的一部分，都屬於那個神話。」（摘自《結構人類學》〔*Structural Anthropology*〕，〈神話的結構研究〉）。

「魔術師」或其他任何一張塔羅牌也是如此。

和圖像談戀愛還有另一個層次，就是以熱烈和興奮之情去靠近它們。畫出那些牌卡圖案的藝術家，寫下那些牌卡文字的神祕主義者、神話創作者或心理學家，尋求圖案真相的占卜師和通靈人，他們全都帶著熱切渴望來到圖像面前，希望將它們帶到某個深處。如果我們記住這件事，然後以同樣的精神來運用這些圖像——或者說，好好跟這些圖像玩遊戲，它們就能把我們帶到一處奇妙之境，超越我們所有的限制性定義。

《閃亮部落塔羅》裡面有一張牌就是在描述這種與圖像談戀愛的概念。大多數塔羅套牌的「戀人」牌畫的都是愛神丘比特，或是有一位天使站在兩人或三個人上方。《閃亮部落塔羅》的「戀人」牌畫的是一個天使與一個人類互相熱情擁抱。

The Lovers

閃亮部落塔羅的戀人牌

　　這幅圖案有很多含義，當然，也包括感情關係和性。不過，某個程度上，它是象徵我們與塔羅本身的關係。如果我們以冷靜、理性的心態去接近它，我們一定會得到某種知識。如果我們將它看作一種命運預測工具，而且認為它可以為我們揭露祕密，我們或許可以用它來做一些了不起的事情。但是，如果我們單純擁抱這些紙牌，擁抱它們所有的面向，如果我們允許紙牌擁抱我們，如果我們愛上它們，同時允許它們也愛上我們——教導我們、激勵我們，向我們揭露它們自己——那麼，它們就可以把我們提升到非常高的境界。

　　另一篇現代猶太教禱詞，其實是聖經經文的翻譯，可用來闡述將塔羅看作戀人的這個觀點。它也可以開啟我們對占卜和命運的看法。重建主義

運動的禱告書中，還有這樣一段祈禱詞：「至於我，我的禱告乃是為你，溫柔的人，那是我對你渴望愛慕的時刻。」「溫柔的人」（Gentle One）是四字聖名的另一個翻譯。這句禱詞讀起來根本是在對戀人說話，在傳統宗教中長大的人可能會感到震驚（異教徒應該很能接受這句禱詞，只是沒想到在主流宗教裡面也會看到這樣的說法）。雖然我是在畫了這張「戀人」牌很久之後才發現的，但兩者可說完全契合。而這句話是從哪裡來呢？

　　書上說這是聖經句子的翻譯，所以我請學者朋友幫我查了一下。令我們驚訝的是，我們發現被翻譯為「渴望」的那個字，在聖經經文中通常被翻譯為神的「旨意」（will）。但，旨意和渴望是完全不同的概念啊，於是我們更進一步去挖掘，發現這個字的希伯來語字根最初確實帶有「渴望」之意。不是那種「如果你反抗我就把你毀了」的強迫性旨意，而是一種希望世界、事情和我們的生命朝有益方向發展的一種願望。這正是我們所冀求、或想要從我們的愛人那裡得到的。事實上，聖經中包含了大量關於神與人之間關係的情色意象，而不單單出現在〈雅歌〉。

　　這對塔羅有什麼影響？有些人擔心塔羅解牌和占卜會奪走人的自由意志。塔羅向我們揭示我們的命運，那我們能對這個揭示做些什麼呢？一個過時的說法是，占卜（divination，請記得這個字正是來自神〔divine〕這個字）是揭示神的旨意，因此我們無能為力。但如果占卜揭示的不是旨意，而是渴望呢？或甚至，那是被請求的渴望呢？當我們解讀塔羅牌時，如果我們不僅僅是揭露塑造我們生命的力量，而是擁抱它們，那會怎樣呢？或許我們可以將塔羅和我們所做的占卜解牌看作一種表達方式，是在對塑造我們生命的神聖力量說：「願這是我對你渴望愛慕的時刻。」

　　但愛情不能只是單向。如果我們不先升起渴望愛慕，我們就不能期待任何人渴望愛慕我們。因此我們發現，我們必須自己先懷抱渴望之心去接近塔羅紙牌。我們必須擁抱它們，與它們一起玩耍，深入探索它們的內在靈魂，就像我們探索愛人的靈魂一樣。

希勒爾占卜

　　我們要再回到希勒爾身上，看看他的另一句名言是否能啟發我們關於塔羅的其他想法。這位賢者曾如此寫道：「如果我不為自己，誰會為我？如果我不為別人，那我又是什麼？若不是現在，那待何時？」我們可以將這些問題轉成一個塔羅占卜，來了解我們對自己和他人的責任。這個占卜可用於解決人際關係問題、離婚問題（尤其如果有牽涉到孩子）、工作倫理的問題，或是照顧年長父母的問題。以下是可能的提問：

❖ 我該怎麼為自己？
❖ 我該怎麼為別人？
❖ 我現在該做什麼或看清什麼事情？

　　這是一位在大型宗教組織工作的女性的占卜案例。她基於理想主義、以及想要探究基督教神祕面向而加入該組織，但一段時間之後，她發現這個組織很虛偽、表裡不一，因而感到失望。結果，她變成組織內的挑釁者角色，挑戰主事者的虛偽和謊言。很不幸，她是單打獨鬥、孤立無援，工

作帶給她極大壓力。

　　我們決定使用《聖圈塔羅》（*Sacred Circle Tarot*）來進行這個占卜，這套牌是以凱爾特神話為基礎，採用優雅的電腦繪畫技術創作而成。請參見下方的牌卡圖案。

她該如何為自己

她該如何為別人

她現在該做什麼事

首先，「戰車」牌代表堅定邁向目標。為了自己好，她必須相信自己。她必須掌握戰車的韁繩（象徵她所面臨的挑戰），並以自信和技巧來駕馭它。這張牌卡圖案描繪的正是曾領導不列顛人反抗羅馬的女戰士布狄卡女王（queen Boadicea）。

卡巴拉塔羅傳統將「戰車」與兩種特質相關聯：言語和意志。這位女士認為直言不諱就是她的工作，幾乎把它當成一種使命。這張牌提醒她，她這樣做是為自己好、也為保有自己的正直高潔。

由於這位女士本身就是一名塔羅占卜師，她也提供了這張牌的其他解讀法。基督教神祕主義者認為，「戰車」的編號「七」是一個神聖數字。大部分舊版「戰車」牌的駕車者手上都沒有握著韁繩。對她來說，這始終象徵將自己的意志交給神。傳統上「魔術師」和「戰車」都是象徵意志的牌。對她而言，「魔術師」牌代表達成神聖目的的那條管道；而「戰車」則代表實際採取行動去達成這個目標。

不過，這張牌告訴她，她必須親手掌握韁繩。為了駕馭戰車，她得控制一黑一白這兩匹馬。這兩匹馬對她而言就是象徵心裡的矛盾和猶豫，她不確定自己真正要什麼，尤其是到底該繼續留在這份工作上還是離開。她無法期待完全解決這個問題。為了貢獻社會，無論是為她自己還是為任何更崇高的目標，她必須利用她內心的矛盾和猶豫來做為她的人生動力，為她的戰車提供動能。

第二張牌也是七號牌，「圓盤七」，標題是「謹慎」（謹言慎行）。最早幫每一張有編號的小牌取標題名稱的是黃金黎明，克勞利是第一個將標

題直接印在紙牌上的人。許多現代塔羅家都不喜歡標題，因為擔心它們會妨礙解釋。有些人甚至將紙牌的邊框全部剪掉，有人甚至連大牌上的標題都剪。我個人則經常發現標題文字很好用。

在這個例子當中，「謹慎」這張牌代表她需要為別人做的事，特別是當問題涉及言語表達。若是為自己，她應該用戰車般的果斷決心來說話。但若為了別人著想，她就需要考慮到是否對別人有幫助，這是一種謹慎。她必須控制好馬匹。

根據《聖圈塔羅》手冊中的解釋，圖中的第七個圓盤跟其他六個圓盤是區隔開的。這位女士認為，這張牌相當能夠代表她自己在工作上以及生活中的大部分情況。她不太能融入任何社交場合。對她而言，這是她可以為別人做的事，稍微把自己抽離出來變成局外人，用不同的角度去看事情。謹慎有助於她站穩這個立場，因為如果她變得太過咄咄逼人，甚至是偏離社會常規太多，別人應該不會認真把她當一回事。

第三張牌是「戀人」，代表她現在能做的事情。從象徵層次來說，這張牌代表她應該要擁抱周圍的人，而不是跟他們對抗。因為「戀人」不同於「戰車」的好戰姿態（我們或許可以說，這個占卜幾乎是 20 世紀 60 年代一句口號的翻版：「要做愛，不要戰爭」）。由於在大牌當中，六號戀人牌是在七號戰車牌前面，我們可以說，實際上就是從戰車向後退回到戀人。我們也可以把它想成，那個局外的第七個圓盤跟其他六個圓盤一起共舞。

這並不是說她應該跟工作場合裡面的人建立感情（當然更不可能是

情愛關係）。它是在描述一種與別人的交往方式。她現在必須做的是誠實說話，但必須是從她所謂的「神聖智慧的最高體現」出發。這無關乎宗教意識形態，而是要去追求「神的意圖」，也就是，要明白知道神希望她做什麼。她提到，卡巴拉生命之樹的第六個輝耀是梯孚瑞特（*Tiferet* 或 *Tiphereth*，希伯來語「光輝」之意），這個輝耀使整棵樹處於一種和諧狀態並穩穩連結在一起。作為一名基督徒，她認為這種和諧是「以基督為中心的思維」，或者說，是超越個人小我、達成神之旨意或渴望的思維。

　　雖然這位女士顯然對她的基督信仰相當認真，但她已經開始探索當代異教。她喜歡異教的活潑和感性，以及對生命的真誠。這些特質都顯現在聖圈塔羅的「戀人」牌當中。「戰車」牌風雨如磐，「圓盤七」漆黑陰暗，「戀人」牌則是明亮歡快。她說，這提醒她要讓自己活得開心。她稱這是「神聖但輕盈的接觸」。

第六章

宇 宙 誕 生 前 的 塔 羅

The Tarot before Creation

接下來，我們要更進一步深入塔羅中的猶太思想。猶太傳統中最受人注目的概念就是，《托拉》（也就是《摩西五經》）在宇宙誕生之前即已存在。據說，神在創造宇宙之前先創造了《托拉》，然後才依據它來創造世界。因此，《托拉》不單單是一部創世歷史，事實上是一部預言、一部藍圖。而且神不是只有制定一份計畫而已。神讓他／她本身受《托拉》的約束，因此我們可以說，當她／他賦予《托拉》生命，神自己也放棄了某種程度的自由（用雙性別代名詞並不僅是政治正確；猶太教拉比們將神描述為雌雄同體，部分原因是，除非神裡面包含了男人和女人，否則神不可能按照自己的形象造出男人和女人）。正如我們前一章提到的故事，三位拉比對上帝提出糾正乃是引述〈申命記〉當中的一句話，神也不能恣意妄為，而必須遵循《托拉》的教導。

讓我們用現代用語來思考這個問題。宇宙，以及地球上的眾生，之所以能以穩定形式存在，是因為有一組力量和交互作用在正確運作。比如，原子核內部存在著兩種力（forces）：「強力」和「弱力」。如果其中任一力大於或小於另一力，讓宇宙誕生的那個大爆炸也會讓宇宙生命終結，因為所有存在粒子都會崩落或分離飛散。因此我們可以想像，就算是神聖的造物主也會需要一張藍圖。

我想再次強調，這本書裡沒有任何內容意在認可或否定任何一種宗教意識形態。我在這裡使用「造物主」一詞，並非意指有一個全能的統治者，坐在寶座上雙手任意一揮，就能像舞台上的魔術師從帽子裡變出一隻兔子。它只是為了將思想概念擬人化，是一種速記方式，用來代表宇宙存在之謎，以及它可以讓我們知道，關於塔羅和我們自己的事情。

　　《托拉》早於宇宙誕生前即已存在，這個神話未必會導致僵化的基本教義派出現。首先，我們不需要將任何神話看作表面事實才能從中發現智慧。我認為（其實這整本書都抱持這樣的論點），唯有當我們放棄將這些事情認定為字面上的事實，我們才開始進入神話和塔羅的深層謎奧。

　　《托拉》的故事之所以能夠打開，而不是限制我們看待塔羅的可能性，還有另一原因。因為《托拉》不是一部靜態檔案文獻，人類不斷在對它進行解釋。過去兩千多年，猶太教的核心就是解經。翻動它，翻動它，就像這位名字取得很巧妙的拉比「本‧巴格‧巴格」（Rabbi ben Bag Bag）所說，「因一切都在它裡面」。

　　塔羅也是如此。無論其起源為何，它都透過各種不同解釋而繼續在演變和變化。事實上，每次我們占卜讀牌時，它都在發生變化，因為每次我們洗牌、將牌隨機混合，它們就會形成新的關係、新的模式、新的發現。所以我們洗牌又洗牌……。

　　當然，現在有些人可能會指出，《托拉》是直到摩西時代才出現的（其中一部分出現得更晚），塔羅也是直到十五世紀才存在。我想再提醒一次，只有當我們把自己束縛在字面意義的死結中，才會出現問題。因為當我們說，《托拉》在創世之前即已存在，我們指的並不是那些成卷的羊皮紙卷軸，比如偉特塔羅和其他現代套牌中所描繪的女祭司膝上的卷軸。

　　我指的是，我們可以想像，某些由能量組成的、活生生的生命——如同拉比阿奇巴所描述：「白火上的黑火。」或如同基督教〈約翰福音〉所說：「太初有道，道與神同在。」存在於羊皮卷軸或紙張上的《托拉》，

是神之話語在人類世界的延伸，它不僅與神同在，也約束神的行為。神話的說法是，它進入創造出它的人類心智頭腦中，因為它早已存在於超越尋常現實、超越時間的層面上。同樣的，一旦神創造了它，神就不能再恣意妄為，而必須遵循《托拉》行事。

偉特塔羅的女祭司牌

　　我們也可以這樣來理解塔羅嗎？我們能否接受這樣的概念：事實已經證明，那些充滿活力、帶有那麼多暗示寓意、包含那麼多知識體系和預示的塔羅圖案，實際上在物理宇宙之前就已經存在了？在這個塔羅起源神話中，十五世紀的寓言圖畫，以及之後接踵而出現的數千副塔羅套牌，進入了藝術家的腦海當中，因為它們早已超越物質而存在。

　　與這個概念形成有趣對照的另一個傳統是起源於中國的《易經》。

《易經》是一種占卜系統，也是一部智慧之書，也有人說它是世界上最古老的一部書籍。史蒂芬·卡徹是《易經》翻譯家和解釋者（在眾多解釋《易經》的書籍當中占有一席之地），他認為易經就為中國靈性教導的核心。卡徹所翻譯的《大傳》，就是最早一部解釋《易經》的書。他在評論中寫道，變化在創造出變化的人之前即已存在。這個概念是刻意造出來的矛盾，目的是要撼動我們原本認定的世界運作觀。卡徹在《大傳》譯本中寫道：「聖人以易造易（以變化來創造變化）。它既存在時間之內，亦存在時間之外。」

如果我們去探索「塔羅在宇宙誕生前即已存在」這個想法，我們會發現什麼？首先，它讓我們回到卡巴拉神話所描述的塔羅，它是一本包含一切知識的書，也是生命之樹的具體展現，卡巴拉主義者確實是把塔羅視為存在的藍圖，一部「天堂輿圖」，這是漫畫作家艾倫·摩爾（Alan Moore）給它的稱呼（《普羅米修斯畫刊》第十三期）。因此，在這個版本的神話中，造物主將塔羅設定為宇宙的實現計畫。但它不僅僅是一項計畫而已，因為它的物理存在就來自塔羅牌圖像，如果我們可以去挖掘出那些「原始」圖案，以及它們（可能的）正確順序，我們就能獲得那把鑰中之鑰，成為創造萬物的大師。

關於這個概念，還有另一種表述。造物主用塔羅來創造實體宇宙，這個宇宙最終導致了塔羅本身被發明出來。在〈約伯記〉，神對約伯說：「我立大地根基的時候，你在哪裡呢？」這是一個反問句，經文中沒有人真的回答，因為事實上神是在說：「你是誰啊，竟敢挑戰我？」

　　或許還有更深的層次，也或許這個問題就是字面上的那個意思，我們需要去深思，我們自己這個人、我們的靈魂，在進入有限的尋常生命形式之前，它在哪裡——換句話來說，在你擁有肉身之前，你在哪裡？在你存在之前，你在哪裡呢？或者，如我先前的提問，在世界創造出來之前，你的母親在哪裡？

　　不管聖經作者的意圖如何，我們不妨嚴肅地（或以輕鬆好玩的心態）對待這個問題，並假設塔羅可以提供答案。造物主發明塔羅來當作一種「奠立根基」的工具。

　　這是一個隱喻，而隱喻的妙處，正是在我們以有形詞彙講述它時，正是在我們解釋它之前先跟隨它。因此，套用以賽亞的話，來吧，讓我們一起想像。想像一下，神拿起塔羅的四個牌組，將它們安放在宇宙的四個「角落」。塔羅的四個小牌牌組就象徵物質現實。然後，神將大阿爾克那牌的精神／生命能量倒入物質容器中，讓宇宙活起來。

　　這代表什麼？我們就是這樣學習新事物的——我們不是從一個既定概念開始，然後才試圖去建構正確圖像或隱喻來表達它，而是**從一個強烈的圖像開始，然後看進去它裡面，看看我們可以從那裡發現什麼概念。**

　　顯然，宇宙並沒有四個角落，但它確實有那些特性。塔羅的神祕學傳統將四個小牌分別用四個元素來描述：火、水、風和土（其他文化也有類似概念，只是使用的「元素」不同）。

　　或許我們可以說，造物主透過創造四個基本元素奠立了世界的根基，這些元素結合起來，形成了物理宇宙的所有無數現實。中世紀的元素理論

（源自古希臘）還包含第五種元素，也就是「精質」（quintessence），稱為以太（Ether）。儘管以太沒有形體，但卻遍及一切存在。它與四個物理元素的關聯，也就是在萬物之中流動的精神能量、神之氣息，就像大阿爾克那之於小阿爾克那的四個牌組。許多塔羅學家都將大阿爾克那稱呼為以太元素。

　　數世紀以來，直到二十世紀初，科學都認為以太是一種物理現實，就算人們已經知道其他四個元素根本不算是基本屬性，就算沒有任何儀器可偵測到以太的存在。科學家認為，以太是光波傳遞的媒介，就像聲波是以空氣為媒介來傳遞一樣。當探測以太效應的實驗證實以太實際上並不存在，而且光是一種純物質時，物理界陷入了混亂，愛因斯坦的狹義相對論也由此誕生。愛因斯坦最著名的方程式 $E = mc^2$，是在狹義相對論論文發表一年後面世的，它理解物質和能量實際上並不是兩種個別獨立的類別，它們實際上是同一種東西的不同形式展現。如果我們將「物質和能量」翻譯成「身體和靈魂」，我們就會學到一項重要功課，此一功課也可以在許多現代異教教義中找到：身體是靈魂的展現，反之亦然（我們會在第十三章更詳細討論這個問題）。

　　一旦我們知道，四元素並不能真正描述基本現實，那麼塔羅四個牌組的對應比喻會因此失去意義嗎？假設我們思考元素，然後是小牌的四個牌組，用現代術語來說就是物質的各種狀態。事實證明，完全對應得起來。土元素（錢幣、圓盤、五角星或石頭牌組）代表固態物質，像是岩石、樹木、骨頭和皮膚。水元素（聖杯、碗、河流牌組）就是液態物質，例如水或血液。風元素（寶劍、刀刃、鳥牌組）代表氣態物質，例如蒸氣或我們

呼吸的空氣。火元素（權杖、法杖、樹木牌組）可以象徵化學組合、變化和變形，將物質從一種狀態轉成另一種狀態，例如，冰是固體，加熱之後變成液體，再繼續加熱就變成蒸氣，也就是空氣（風元素）。

因此，我們可以用隱喻的方式說，造物主用四個塔羅牌組，也就是不同種類的存在，奠立了物質世界的根基。

四「根基」

元素	火	水	風	土
現代用語	化學反應	液體	氣體	固體
牌組	權杖（樹木）	聖杯（河流）	寶劍（鳥）	錢幣（石頭）
卡巴拉字母	*Yod*	*Heh*	*Vav*	*Heh*

那以太呢？如果光不需要靠任何物質來傳遞，那麼光本身就成為精質，也就是第五元素，在它與四個物理元素所形成的關聯之中移動（精神與物質融合），就像大牌和小牌之間的關聯。造物主安置了四個小牌牌組後，將大牌放在正中央，讓它們活起來。造物主「奠立世界的根基」，然後說：「要有光！」

隱喻不僅可幫助我們理解或想像生命；他們也給予我們工具。你可以根據神用塔羅創造世界的神話，來進行精神重生的儀式。找五個人一起來進行，效果最好，把主題設定在他們所關心或想要改變的課題。我曾經在一個小城鎮帶過一個課程，班上正好有五位女性。

偉特塔羅的四個元素（四張一號牌）

　　其中一名女性剛結束一段漫長而痛苦的感情，這段經歷讓她對自己產生懷疑。我們為她做了一個占卜，然後我問其他四位女性是否願意用儀式來幫助她克服這道難關。那名女士躺在地板上，我和她一起進行呼吸冥想，幫助她釋放限制性觀念、恐懼、或讓她感到無助的東西。然後其他四位女士，每個人分代表一個小牌牌組，坐在她四周圍：火元素權杖牌組在她頭頂上方，水元素聖杯牌組在她左手邊，風元素寶劍牌組在她的右手邊，土元素錢幣牌組在她腳部。每個人都用雙手將該牌組握在胸前，最上面一張是一號牌（王牌 Ace），牌面朝上。一號牌代表該元素的純然能量，而且有一種送禮物的感覺。因為我們用的是偉特塔羅牌，每一張一號牌的圖案都是從雲中伸出一隻手，手中握著代表該牌組的象徵物，看起來就像從靈魂精神世界送來一份禮物。

　　四位女士手握牌卡，同時想像自己是生命能量的守護者。然後我們一起觀想，那位躺在地板上的女士是一片可創造出事物的土壤，以及一個中空的容器。然後我將大阿爾克那牌交給她，要她用雙手握著這二十二張大牌，置於胸口正中央。接著，我們所有人都把注意力集中在這位女士身上，她感覺到一號牌強大的精神力量進入到她的體內，並帶給她一個新的生命。當這位女士感覺自己已經完成冥想，所有人就可以用意識將剛才帶到儀式圈中的力量全部釋放掉，然後將四組小牌和大牌重新疊在一起。

　　如果神是參考《托拉》來創造世界，那麼神就得放棄完全的自由，遵循《托拉》中之聖言。如果造物主是參考塔羅來創造世界，那麼創造物就不能恣意出現，而必須遵循紙牌所揭示的計畫。我們可以將塔羅視為一份宇宙存在的結構圖、一份藍圖。或者——我們可以說，神做了一個塔羅占

卜。占卜牌陣可以讓新事物現身。我們放棄控制，為了看見現在既存的模式，也為了讓新模式有機會做為新的可能性，呈現在我們眼前。

在我思考了神藉助塔羅牌創造宇宙的這個神話含義之後，我覺得我需要測試一下我的想像力有多勇敢。我決定問塔羅牌，塔羅在創世之前是否存在。我擬出六個問題，不過，其中第二到第五個問題，都是根據第一個問題的肯定答案才衍生出來。問題如下：

❖ 塔羅在宇宙誕生前就存在嗎？

❖ 神如何運用塔羅創造世界？

❖ 神受塔羅約束嗎？

❖ 我們與神的合夥關係是什麼？

❖ 在這個合夥關係中，我們的角色是什麼？

❖ 神的角色是什麼？

最初我學習塔羅占卜時，書上告訴我，先將紙牌混合洗牌，然後將整副牌切成三堆，然後再把它們重新疊在一起，原本最底下的那堆牌改放在最上面，最上面那堆牌放在最下面。最近我發現，在我把牌堆重新疊起來之前，先看看每一堆牌的最下面那張牌，頗有參考價值，尤其是關於尋求智慧建言的占卜。我將這三張牌稱為「導師牌」（teachers），我認為它們可以向我們傳達有關該次占卜主題的重要訊息。我們可以將三位導師看作智友，他們能用全面性的觀點提供我們整體建議，而不是根據個別問題提

供答案。

　　所以，整個占卜牌陣會有九張牌，而不是六張。陣型是這樣：

導師牌	A	B	C
問題牌	1	2	3
	4	5	6

Ten of Birds

Place of Rivers

Nine of Birds

閃亮部落塔羅的三張導師牌

　　在這次占卜中，我們得到的三張導師牌是《閃亮部落塔羅》的「鳥之十」、「河流國度」和「鳥之九」。

　　「鳥之十」的圖案是一個女人因眼前所出現的東西而驚慌失措近乎崩潰。牌面上有十隻鳥，其中很多隻看起來相當奇幻詭異，這些鳥飛到她面前，她用雙手蒙住自己的眼睛。這張牌讓我想到，我問的這個問題可能

會把我帶到某個深水區，讓我陷入困境，如果我想要近距離看清它，我可能會承受不了。這張牌呼應的是一個著名的猶太故事（沒錯，又是猶太故事）。四位拉比來到「天堂」——意思是，他們藉由冥想和靈修進入深層的內在領域，當中有三個人因為看到天堂景象而承受不了。一個人因為太過狂歡喜悅結果死掉了；第二個人發瘋抓狂，不久也死了；第三個人因為把每一樣東西都看得太清楚，因此失去了信心。只有第四位拉比阿奇巴（還記得他嗎？就是用「愛鄰人如己」這句話描述整本《托拉》精髓的人），他很平靜地進入天堂，又很平靜地離開。也就是說，他讓自己始終保持務實冷靜，因此能夠經歷天堂的奇異景象，然後又回到尋常意識。「鳥之十」是在提醒我保持冷靜，以平常心進入這個問題，然後離開。

　　第二位導師，「河流國度」，某種角度來說，它是在回應第一位導師，因為它讓我們看到，面對這個問題最該擁有的心態，坐在深邃黑暗的水域旁，探看它們的奧祕，並保持冷靜。

　　最後一位導師，「鳥之九」，甚至比其他兩張牌更能呼應四位拉比的故事，不過原因比較特別。幾年前，我就用塔羅占卜問過這個傳說故事，當時我問：「什麼是天堂？」我抽到「鳥之九」。這張牌描繪的景象，我稱為「亡者國度」。不是實際指我們死後會去的地方，而是一幅神祕景象，是死亡與出生之間、悲傷與創造力之間的隱密連結。這張牌告訴我，當我細究靈魂問題，我探看的是超越我們尋常經驗的領域。

　　圖案裡面有一座墳塚，一位女神從墳塚走出來。這位色彩鮮眼的女神，她的恥骨刻意畫成很誇張的三角形，代表重生的象徵（牌面若出現金黃色，都是表示靈魂重生），這張圖的原始靈感是來自在保加利亞發現的

一個骨頭石雕，距今已有 6,500 年左右的歷史。人們甚至在歐洲以及其他地區的洞穴裡發現數萬年前的壁畫或石刻，會以女性外陰部做為新生命的象徵。創世可意指物質宇宙的起源，亦可代表有記載之歷史的起源。牌面上的女神形象，在歷史考證上，確實可追溯到我們歷史課本所描述的人類文明最早期的父權文化之前。

　　當我決定問塔羅牌，塔羅在宇宙誕生之前是否存在？我很好奇它們會怎麼回答。哪幾張牌可以代表「是」或「否」？我抽到「河流一」，答案非常清楚，讓我嚇到全身寒毛直豎起。還有另外五張牌，一起放在這裡（記憶力好的讀者應該認得出來，最後那兩張前面出現過）。

　　「河流一」代表所有養分的泉源，牌面圖案是一條河流，是從一位女神（或男神）的口中流出。畫完這幅畫後的一段時間，我想到一句格言：「人不是單靠麵包活著」，而且發現〈申命記〉中的完整句子是這樣的：「我將你和你列祖所不認識的嗎哪賜給你吃，使你知道，人活著，不是單靠食物，乃是靠耶和華口裡所出的一切話。」

　　對應到傳統塔羅，這張牌是「聖杯一」，牌面圖案通常是一個聖杯。

　　聖杯象徵神的恩典，精神真理在物質世界中的真實證明。水從杯中溢出，因為神的愛無有止盡。許多研究聖杯神話的學者認為，這個圖像來自於古代凱爾特仁慈女神的大鍋，大鍋裡面有滿滿的食物和營養的東西。換句話說，這是一個代表所有物質和精神養分來源的概念。

偉特塔羅的聖杯一

　　對於「塔羅在宇宙誕生前就存在嗎？」這個問題，我想不出比這更有力的肯定答案了。既然第一個問題有了答案，我們就可以繼續往下問：「神如何用塔羅創造世界？」我抽到的牌是「樹木國度」。這張牌（大致可對應「權杖侍者」）畫了一個花園，裡面有兩個女人，其中一個可能是一位女神，正在敬拜一把代表轉化的雙頭斧。這種斧頭在古代克里特島隨處可見（牌面上的斧頭圖案就是取自數千年前的克里特石印符號），它不是武器，而是代表轉化的象徵，因為這個符號讓人聯想到月亮的盈虧變化，還有蝴蝶的翅膀，蝴蝶正是從低等的毛毛蟲羽化而成（希臘語的psyche 是「靈魂」的意思，也是指「蝴蝶」）。

　　樹木牌屬於火元素牌組。看起來有點矛盾，但只要稍微想一下，樹木的生長是靠光合作用，光合作用是吸收太陽光然後將它轉化為養分的過

程。太陽的火能量透過樹木根植於物質世界。就我們的問題來解釋，這張牌代表造物之源頭使用塔羅來形塑自然法則。這些法則將神聖能量建構成能夠生根和生存的有形色身。這張牌的標題，從字面上來看，是神創造了一個「國度／地方」，也就是，一個可以接收生命之火的實體宇宙。

神受塔羅牌約束嗎？我抽到的牌是「石頭國度」。石頭是土元素牌組，而火與土的區別，就是計畫的開始與完成的區別，就是火焰的閃光與岩石的堅固之間的區別。樹木國度接收了創世的第一個火花。它制定律法與結構。當我們抵達石頭國度，我們就看到世界的真實面貌。如果我們接受這個概念——神之智慧創造了物理宇宙，那麼，宇宙的法則一旦被創造出來，它就對智慧形成約束，就像它對最低層次的住民設下約束一樣。

我知道，這違背了很多人在主日學裡學到的知識，神創造了宇宙，神可以用它做任何祂想做的事。我無意要讀者拋棄自己的信仰，只是希望他們自己去玩味不同的可能性，看它會把我們帶到哪裡去。

事實上，我們也未必要接受塔羅約束造物主智慧的這個概念，才能探討這個概念對我們的意義。當我們創造某些東西，我們即受到我們所創造之物的現實約束，但如果塔羅——這裡的塔羅是代表所有神祕法則和牌卡的象徵對應——可以限制我們，同樣的，它也可以將那個限制解開。因為，我們可以用它來作為一種神諭，而神諭揭露的，並非僅是既定的宿命。我們可以用自由的精神來使用它們，藉以開啟新的可能性。我們可以利用神諭來了解自己是如何一路走到成為現在這個自己，然後將自己從史蒂芬・卡徹所說的「受制約之奴役」當中解放出來。不只如此——我們還

可以用它來跟月亮賭博，擴大真實世界的範圍。

到這裡，這個占卜變得很有趣。當我們問：「我們與神的夥伴關係是什麼？」我們抽到「河流三」，這是一張代表最深厚夥伴關係的牌。牌面圖案是三股血流，最後匯合注入代表聖杯的一個碗裡。在傳統的「聖杯一」牌面圖案中，是養分從滿滿的聖杯往外流出。而在這裡，是我們將生命能量注入到神的容器中。因此，我們可以說，這個夥伴關係是我們將自己奉獻給神（請參考戒酒匿名協會的十二步驟療癒法，無論對「神」這個字的理解是什麼）。神接收我們的能量、我們的生命血脈，然後將它轉化成靈魂的喜悅歡愉。

還有一種更簡單的解釋，但可能比較激進一些。我們也可以把左右兩邊那兩條溪流看作是我們自己和神，而中間那條溪流就是我們和神結合之後創造出的新事物。對於在傳統西方宗教環境中長大的人來說，傳統西方教義裡的神是「全能的」，而人類是微不足道的，說自己跟神是真正的夥伴，這想法太荒謬了吧。夥伴是什麼意思？那代表神也需要我們，就像我們需要神，甚至某個角度來說，物質塵世相當仰賴這種合作關係。異教徒可能會覺得這個想法並不奇怪，因為在現代異教信仰中，神的能量並非超然獨立於塵世之外，而是表現為一切自然力量。異教徒經常稱男神／女神與人類是「共同創造者」。

我們確實在卡巴拉看到類似概念。卡巴拉讓我們看到，神有女性的一面，同時也有男性的一面，但現在這兩個面貌已經被分離開來。他們只能藉由人類的男人和女人作為替身，才能回到彼此身邊，憑藉意圖（意圖是

卡巴拉思想中一個非常重要的概念，在塔羅也是），讓他們所附身的男人和女人在肉體之愛中結合。

神諭占卜並無牽涉到性（它可以涉及，但通常不會這麼做），但我們可以來探究一下所謂「合一」（unification）或「合造」（cocreation）這個類似概念。占卜（divination）這個用語，最終極的意思是意指與神對話，無論這個神是指各種神靈、上帝、高我、無意識，還是你個人的任何一種理解。通常人們認為這個對話是單向的；也就是說，我們期待神單向對我們揭露祕密。不過，也有一個古老傳統認為，占卜是一種真正的雙向溝通交流，神需要我們向祂揭露一些神不知道的事情。我們從卡巴拉了解到，神創造宇宙是為了有一個「他者」，作為一面活的鏡子，或者換句話說，一個可以交談的人。

讓我們換個角度來看這個問題。西方主流宗教傳統認為神是全知全能的，整個宇宙和所有歷史從一開始就是「已知」，甚至可能神早就計畫好了。小孩子經常對此感到困惑，所以常常問這樣的問題：「如果神知道亞當和夏娃會去吃蘋果，但又不希望他們這樣做，那為什麼神要把蘋果放在那裡？」問得真好！很多人因為這類問題而放棄了整個信仰。

為什麼我們所信仰的神一定得是無所不知的神呢？也許更重要的問題是，我們從這樣的信仰中得到什麼好處？因為這樣我們就覺得自己受到保護而感到安心嗎？還是說，根本一點都沒有用，一個全知的神對這個宇宙根本毫無影響力，因為事情永遠不會按照原來的安排發生？難怪有這麼多真正的靈性追求者逃離傳統宗教。

　　或許我們還有其他選項。想像一下，一位造物主創造了一個世界，祂看著世界展開，並好奇會發生什麼事，這位造物主不會事先知道一切，事實上，祂需要人類來幫助祂發現奇蹟。對於這個想法，你的直覺反應是什麼？困惑？害怕？興奮激動？也許你因此突然想通了，啊，原來如此！這樣就說得通了。

　　夥伴關係和雙向溝通的概念，可以讓占卜這件事產生一百八十度的轉變。它不再是一種揭開祕密的方式，而是變成讓諸神靈和我們一起坐下來、彼此對話的一種方法。

　　長期接觸神話和宗教藝術的人經常會感應到，神的能量透過圖像和故事來展現它們自己。正如我的小說《不滅之火》的主角珍妮所說：「神是故事造出來的。我們每一個人其實都知道。」從另一個角度來說，人類也會透過行動、事件、物理現實來展現自己。因此，我們有兩種存在世界：精神和物質的世界，圖像和事件的世界。在占卜系統中，圖像可描述事件。塔羅牌的圖像可描述諸如婚姻危機、或某人夢想成為治療師，等等這類事情。占卜就是一座橋樑，將人類和神界這兩個現實連結起來。

　　現在我們要進入另一個層次，當我們問：「在這個夥伴關係中我們扮演什麼角色？」我們抽到「鳥之一」，這張牌正是最初我們問塔羅關於智慧的問題：「靈魂是什麼？」所得到的回答。剛好可以用這個例子來說明塔羅的一個原則，通常不太有人提到這點，尤其是在某些對每一張牌的含義給出嚴格定義的書籍中。我把這個原則稱為「積聚」（accretion），它的運作原理是這樣的：你每做一次占卜讀牌，就為某張牌帶來新的含義。這

個含義可能來自你問的某個特定問題，比如：「靈魂是什麼？」，或是來自你給它的解釋。舉例來說，有人曾經告訴我，「寶劍七」代表外遇。我立刻想到偉特牌的「寶劍七」，牌面上那個男人似乎帶著一臉詭異滿足的笑容，躡手躡腳溜走。事實上他是偷了牌面上那七把劍當中的五把，這暗示了他給帳篷主人戴了綠帽。

偉特塔羅的寶劍七

　　自從知道這個解釋後，每次我幫人占卜出現這張牌，我都會問對方，他們（或他們身邊的某個人）是不是有外遇？或是打算出軌？對方都馬上回答：「是」。

　　因此，如果我們問，跟神的夥伴關係中我們的角色是什麼，然後抽到「鳥之一」，它是在告訴我們，必須獻出我們的靈魂。不可以有所保留。

這裡我們想引述《聖經》中另一句名言，希望不會讓你感覺過於矯情或虛偽：「你要盡心、盡性、盡力愛耶和華，你的神。」（〈申命記〉6:5）又或者，用比較輕鬆的角度來說，著名的夜總會歌曲「靈與肉」（Body and Soul）當中的那句歌詞：「我的肉體和靈魂，全都為你而存在。」（莎拉．沃恩的錄音版本經常讓我感覺彷彿經驗到神）。

即使沒有參考先前的那個（靈魂問題）占牌，牌面上那隻貓頭鷹也等於是在建議我們，必須深入探看，在生命的黑暗與混亂中尋找真理。順便一提，請注意，這隻貓頭鷹也棲息在「鳥之九」的那座墳塚上，「鳥之九」是三張導師牌的其中一張。牠棲息在岩石上，似乎掌管著新生命的誕生，那個新生命就是那位女神和祂身上的金黃色三角形。

如果我們對這兩個問題有什麼不解——「靈魂是什麼？」以及「在這個夥伴關係中我們的角色是什麼？」——最後一張牌給出了解答。「神的角色是什麼？」答案是「樹木六」，這張牌與回答「塔羅是什麼？」所抽到的牌完全相同。牌面上那幾棵樹的樹幹上出現的貓頭鷹臉，剛好跟「鳥之一」連結起來，而且成為這本書的書名標題。現在，這兩張牌又再次出現，而且具有類似關聯。

那麼，這表示神所扮演的角色就是塔羅嗎？我們是不是可以說，神「藏」在塔羅中，就像神隱身在《托拉》和〈福音書〉以及洞穴和石碑的女神符號，還有世界上所有的神聖典籍、神話和占卜系統中？神隱藏在這些東西裡面，因為我們需要進入它們的內在層次，與那些文字和圖像玩遊戲，深入表層之下去探究最深的含義（當人們只是從表面層次閱讀聖經或任何神聖經典時，我們會說：「神就藏在那裡你卻看不見」）。或許

我可以用這句話來描述這本書：「試圖找出塔羅當中隱藏的神。」這個概念也為我們提供了另一種單腳站立描述塔羅的說法：「塔羅就是神的藏身之處。」來自科羅拉多州波德市的塔羅占卜師瑪麗·吉賽爾是這樣對我說的：「神隱身在紙牌間的空隙裡。」

有一種更簡單的方法可以來理解「樹木六」這個答案。神在夥伴關係中扮演什麼角色？可以說，神給了我們塔羅。為了讓我們能夠與神聖能量建立某種夥伴關係，這股能量的源頭給了我們（啟發人類去創造出）一種叫做「塔羅奇」的紙牌遊戲，隨著時間演進，它的圖像也跟著擁有愈來愈多含義，直到它們可以啟發我們的靈性覺知，並成為一種重要的溝通工具。如果塔羅確實不是卡巴拉主義者、神祕主義者或女巫設計出來的，如果它誕生之初只單純就是一種遊戲，這不是更有意思嗎？就像你走過一座樹林，群樹現出它們的貓頭鷹臉直直凝視著你，你走在群樹之中，突然發現某種稀有寶石！

我們的角色是往生命和我們自己的黑暗深處探看。神的角色是為我們提供實現此一目標的工具，也就是塔羅七十八張帶有隱喻的圖像。這裡的塔羅，是所有占卜系統的代名詞。它們讓我們能夠踏出那一步，離開凡常事件的世界，然後帶著新的知識和領悟返家。

跟其他張牌一樣，我們可以用兩種角度來思考這份禮物。比較傳統的概念是，神送給我們塔羅，讓我們得以知曉奧祕。透過研究圖像和占牌，我們超越了自我的局限，與神建立了更好的夥伴關係。我們也可以從不同角度來看塔羅的這份禮物，那就是：神聖能量要我們藉由占卜來揭露連神

都不知道的事。占卜創造了新的可能性，它將造物主從一切預先計畫和已知宇宙中解放出來。

　　我們是靈魂；神是塔羅。如果神之智慧確實創造了一個透過自然法則結合在一起的宇宙，那麼，也許這些法則需要一項例外條款。塔羅和其他占卜系統為新的事物提供了機會。神──無論這個字代表什麼──給了我們塔羅，那些「從神口中而出」的圖像，並相信我們會「仔細探看」，如同《佐哈爾》（光輝之書）所說，這樣我們便可創造各種概念和奇蹟並與它們玩遊戲。

Seven of Rivers

閃亮部落塔羅的河流七

　　在占牌結束前，我做了一次切牌，然後再抽出一張牌。有些占卜師認為這種做法有風險，因為塔羅可能會告訴你一些你不想聽到的事情（意思就是說，你原本可以不要管它的）。結果，我抽到「河流七」這張牌。

這張牌的主要含義是幻想——無法在現實中落實的美麗想像。很多占卜師都有同樣經驗，塔羅和其他形式的占卜都帶有某種幽默感（《易經》也是以此聞名）。實際上，「河流七」這張牌說的是：「好了，不要走火入魔喔。這些都是美麗幻象，但這就是它們的真實面貌。」只是這個幽默笑話是一把雙面刃，因為若要接受這個當頭棒喝，我們需要認真看待一個概念：塔羅可以直接對我們談我們的問題。如果我們相信這件事，那麼為什麼不相信前面抽到的那些牌呢？

真實人間——積聚牌義之實例

就像「鳥之一」和「樹木六」從先前的占牌中獲得新的含義，現在它們出現在這個新的占牌，也攜帶著不同的含義特質。進行過「創世之前」那個占牌之後，有一次，我讀著史蒂芬‧卡徹的《占卜圖解指南》。書中有一句話：「占卜對我們最重要的一個影響是，讓我們與『活生生的世界』建立連結。（本著充分披露事實的精神，我必須說，這個說法最初的來源是本人創作的小說《不滅之火》）。宇宙不再是某種按照無意識法則運轉的大型機器，而是充滿了意義、興奮和覺知意識。

我決定透過占牌來了解我自己跟這個真實人間的關聯。這個占卜架起一座橋樑，彌合了個人問題占卜和尋求智慧占卜之間的間隙，因為它是以個人真實問題的角度來詢問關於「靈性」的問題。任何人若有精神靈性上的疑惑、或是想知道塔羅占卜究竟有何意義，我都大力推薦這個占卜。

我擬出三個問題：我可以跟真實人間建立什麼連結？如果我建立起這

樣的連結，我能學到什麼、或我會變成什麼樣子？我如何能讓這個連結成真？我抽到的牌是：「河流一」、「河流二」以及「命運螺旋」。我沒有嚴格按照抽牌順序來擺牌，而是決定將抽到的第三張牌擺在第一張和第二張牌中間，當作從期望邁向實現的那座橋樑。

Ace of Rivers

1

Two of Rivers

3

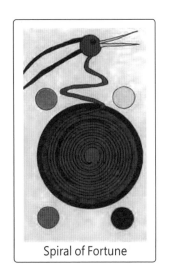

Spiral of Fortune

2

　　我可以跟真實人間建立什麼連結？答案是「河流一」。作為「宇宙誕生前」這個問題的解答牌，這幅圖像現在也有了新的特殊含義。我（或任何人）與真實人間的連結，就是回歸到真正的生命本源。它讓我看到我內在的一個面向，我渴望靈性滋養，為了能夠喝到來自「神」口中流出的那條河水，我來到真實人間。牌面有兩個生物走到河邊，是一個女人和一隻大羚羊（這兩個圖案都是來自突尼西亞沙漠中發現的五千年石刻圖畫）。大羚羊代表我們渴望體驗神聖時刻的那個衝動、欲望。當我們閉上眼睛聆

聽蘇菲經文，或是以威卡旋轉舞蹈來慶祝春天，或是爬上一座小山見證壯觀的金紅色落日輝光，我們就像那隻大羚羊。

女人用她的水壺袋來接取寶貴液體，象徵長期實踐靈修。當我們學習塔羅、或每日進行冥想、或遵循異教年度循環的季節性儀式、或常態性的「傳統」宗教儀式，我們就像那個扛著行李走到河邊的女人。所以，這是我的連結：我要記得，無論我做什麼事情——包括我的工作、我的人際感情、永無止盡的日常差事——都要到河邊喝水，而且要用水壺接水，讓我在其他時候也能喝到這水。

「河流二」，自然是從「河流一」流過來的（牌卡順序就是如此）。這張牌是受到著名的一半黑一半白的陰陽符號之啟發，牌面圖案中有一條深色和一條淺色的魚，它們相互追逐對方的尾巴。這張牌似乎非常符合受史蒂芬‧卡徹的思想概念所啟發的占牌，因為卡徹是《易經》專家，而《易經》講述的正是萬物運行之道。我們可以說，「道」就是在萬物生命中流動的精微能量，或是使人間充滿生命力的那股能量。在西方文化中，我們傾向無時無刻都要努力，以堅定心志面對生命，不顧一切障礙去追求我們想要的東西。道家觀點認為，沒有單一方法可適用所有情況，有時我們需要讓步。但是，「道」所講的不僅僅是實用性。我們還要用心去感受，與它一起行動，讓它載著我們走，這正是我們來到人間的意義。

這個占卜告訴我，如果我走向那些可以滋養我的東西（對我來說，它代表著朋友、占卜本身、神話、藝術繪畫，以及一些單純的事物，比如圓滿月光下，映在雪地的樹影），那麼我會發現，我可以堂堂正正行走於人

間，也就是所謂的「道」——至少在那些短暫時光中。中間這張牌是在告訴我如何做到這件事。跟另外兩張牌一樣，它代表一種理想，或者也可以說，一種原則。

「命運螺旋」這張牌來自傳統塔羅的「命運之輪」。在許多塔羅套牌中，這張牌都隱含了大量神話內容——包括年度之輪、業力與轉世輪迴、女神的死亡與重生之循環。

那些牌卡和神話，大多數描繪的都是一個封閉系統。我們在裡面一直繞圈，最終什麼也沒變。命運螺旋這張牌卻不是如此，它畫了一個出口、一個突破口。這張牌的主要畫面來自現在位於猶他州的美洲原住民石刻。我們以為自己一直在繞圈圈，但事實上，這個螺旋每繞一圈，我們的意識就愈來愈開闊。螺旋最後變成一隻鳥的頸子。

那個螺旋被一個圓圈包住，直到變成鳥的頸子突破那個圓圈的限圍。我將這個圓圈稱為「已知宇宙之極限」。它代表了阻礙我們前進的一切的觀念、信念，尤其是，我們認為自己是誰，以及我們能做什麼和不能做什麼。它讓我們想到，埃及的一年有十二個月，每個月都剛好三十天，不允許生出任何新東西。或許，我們可以將那隻突然出現的鳥看作是托特神，因為，如我們在本書導言所說，埃及人將這位知識之神的頭部，描繪成一隻有長長喙嘴的朱鷺。

托特神並沒有在賭博中輸給月亮（或者，若托特神自己就是月亮，他也沒有輸給其他諸神）。相反的，他賭贏了，然後得到額外的五天時間。

賭博意謂著風險。你將承擔起人生冒險，你可能會失敗，但除此之外，你還能有什麼賭贏的機會呢？有時你必須甘冒風險，才能掙脫封閉的信仰體系，或是經驗到一個比你原本所知還要更寬廣、更奇妙的世界。

偉特塔羅和托特塔羅的命運之輪

　　在我進行這個占牌之前大約一年左右，不僅在我自己的占牌中經常出現「命運螺旋」這張牌，它也經常出現在我為其他人做占卜解牌時。對我來說，這張牌一直在積聚它自己的牌義，它不斷在超越我原本認為的絕對真實，無論是關於我自己，還是關於世界，而且一直在打破我原本深深相信的所有「不可能」。這個占卜讓我知道，從這樣的限制性信念當中解脫出來，並不會為我們帶來什麼神祕力量、或突然讓我們功成名就，它只是讓人們覺知，是那能量的起伏流動、光明與黑暗的無常變化，創造了一個活生生的真實人間。

第七章

神之占牌

God's Reading

　　如果造物主是向塔羅問卜後而創造宇宙，那到底神是占出了哪幾張牌？我們能否這樣要求塔羅：「可不可以讓我們看看，神在創造世界之前做的那局塔羅占卜？」這個問題根本異想天開，甚至有點荒謬，但確實有過類似例子，同樣是來自塔羅的中國姊妹《易經》。

　　彼得・蘭伯恩・威爾遜（Peter Lamborn Wilson）是一位致力鑽研神祕學的作家，他曾經告訴我，有一位研究當代中國政治的英國專家，得向英國情報部門提供關於中國是否會入侵印度的資訊。想必他應該是有研讀大量官方文件和新聞稿，但他也在危機發生期間每天都做易經卜卦。他卜易的問題，不是問中國會採取什麼行動，也不是問中國當局心裡在想什麼。他是每天早上問卜：「請讓我看看中國將軍們今天卜卦的結果。」他看到卜卦內容，發現明確相關訊息，最後他告訴英國情報局，中國會撤兵。

　　《易經》的神話告訴我們，「神」透過「聖人」（很久以前對智者的稱呼）將易經傳授給人類，就像埃及托特神將塔羅傳授給他的人類弟子，然後一位名叫拉吉爾的天使，在伊甸園裡將一本「祕密之書」交給亞當──這就是卡巴拉的起源。無論誰使用《易經》，自始自終用的都是同一本書。但塔羅並不只有一副牌，而是好幾千張牌，每一副出版的套牌多少都跟一般普及版略微不同。因此，就算我們有自己的神話語彙──永恆的造物主向塔羅請益之後才知道如何創造有限的物質宇宙，我們也沒辦法看到神當初做的那個占卜牌局，因為我們不知道神是用哪一套牌做占卜（當然也不知道神用什麼方法洗牌）。那為什麼我們還要在這裡問這件事呢？我的回答是，唯有當我們敢於向塔羅提出最離譜的問題，塔羅才能稱得上是提供智慧建言的最有效工具。

　　要進行這個占牌，首先需要一個牌陣。我已經在這本書示範過好幾個牌陣，也示範過如何將這些牌陣應用到個人問題上（比如，在「什麼是靈魂？」的那個占牌中）。這次我要介紹一個完全不一樣的牌陣。

　　我的朋友兼塔羅家同事吉爾‧恩奎斯特曾經用一個螺旋牌陣來做萬聖節占卜。萬聖節（原名叫做 Samhain，薩溫節）是凱爾特人的除夕夜，傳統上都是在這天晚上占卜問事（各種類型的占卜，尤其是塔羅占卜）。和許多民族一樣，凱爾特人也同樣認為過渡時刻既存在著危險，同時也是一個機會。「過渡」的意思是，我們已經離開一個情況，但尚未完全進入新的情境。夜晚時分，介於一個白晝與下一個白晝之間，是過渡時刻，舊年與新年的交接時刻也是。因此，在薩溫節這一天，「世界與世界之間的帷幕」會變薄，所以我們很容易看到鬼魂，但也是問卜的最佳時刻。

　　吉爾將一張牌放在牌陣正中央，然後依序往外繞三圈，每一圈各放四張牌，最後在最外圈再單獨放一張牌，代表新循環的開端。若以這個牌陣來詢問「個人」問題，正中間那張牌稱為「源頭」（Source），代表你在人生這個階段的核心事實（根本狀況）。接下來的牌分為三層（三圈）：1－4、5－8、9－12。第一層代表你的內在自我，包括你的情緒、渴望、想像。第二層代表你與外部世界的互動，包括工作關係等。第三層代表你在精神靈性或情感面的「發展狀態」（becoming），也就是你未來可能會變成什麼樣的人。

　　因此你會得到相同模式的四組牌，每一組四張牌。第一組牌（1、5、9）揭露的是某個重要的過去經歷。第二組牌（2、6、10）代表這個經歷對你產生的影響，或是你對它做出什麼回應。第三組牌（3、7、11）代表不久的將來會發生什麼事情。第四組牌（4、8、12）代表遠程的可能性。最後一張牌（13）代表新開端的可能性。

　　雖然這個牌陣是吉爾和我專為萬聖節設計的，但只要你發現自己處於過渡狀態，或單純想要看看自己的螺旋牌陣會如何呈現，你都可以用這個牌陣做占卜。

　　在吉爾和我用它做了個人占卜後，我突然意識到，這個牌陣可能非常適合我所說的「神之問卜」。我喜歡蛇蛻皮時把自己蜷縮成螺旋形，因為蛇經常象徵智慧，有時甚至象徵生命力。更重要的是，蛇有能力自己蛻皮而得到新生，也和這個占卜的含義完全吻合。或許我們應該將這個牌陣取名為「蛻皮牌陣」。

　　以下就是這個牌陣的陣形，我稱之為「意識的螺旋」。由於傳統說法

是「神靈」下凡（降世）到物質塵世人間，因此這個螺旋牌陣是呈現出下旋形狀。

接下來列出的問題，都是從「宇宙誕生」的角度來提出的。

源頭——代表宇宙誕生之源，也就是世界開展之前的狀態。

第一圈：

❖ 1——奧祕牌，從源頭發出的第一個行動。

❖ 2——從內部深處第一個出現的東西。

❖ 3——第一次的靈魂揚升。

❖ 4——從這個開端發展出的結果。

第二圈：

❖ 5——實體物質的奧祕。

❖ 6——開始從物質中誕生的東西。

❖ 7——創世過程本身。宇宙存在的早期階段。（注意看，創世過程剛好位於中途點）

❖ 8——演化。

第三圈：

❖ 9 ——即將顯現的宇宙樣態之奧祕。

❖ 10——即將顯現的精神樣貌。

❖ 11——更高層次的可能性。

❖ 12——將會發生之事。

最後一張牌：

❖ 13──返回神聖奧祕。

以下是用《閃亮部落塔羅》抽出的牌：

❖ 源頭──鳥之七

❖ 1──鳥之一

❖ 2──石頭六

❖ 3──高塔

❖ 4──皇帝

❖ 5──魔術師

❖ 6──鳥之六

❖ 7──鳥之禮物

❖ 8──鳥之國度

❖ 9──鳥之八

❖ 10──河流五

❖ 11──樹木二

❖ 12──覺醒

❖ 13──世界

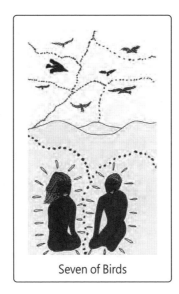

Seven of Birds

源頭：鳥之七

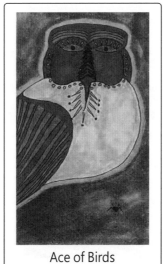

Ace of Birds

Six of Stones

第一圈：高塔、皇帝

第二圈：魔術師、鳥之六

Gift of Birds

Place of Birds

第二圈：鳥之禮物、鳥之國度

Eight of Birds

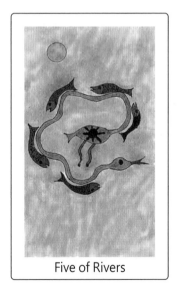

Five of Rivers

第三圈：鳥之八、河流五

Two of Trees

Awakening

第三圈：樹木二、覺醒

The World

最後一張牌：世界

　　光是討論這個占卜牌陣就可以寫出一本書，而且未來還有很多不同解讀空間。我邀請所有對此牌陣有興趣的人都可自行去探索它的可能性。你可以在冥想中多放入一張或多張牌，然後直接去感受，看會發生什麼事。我也建議大家用自己喜歡的塔羅套牌來進行這個牌陣，看看會出現什麼結果。我個人先在這裡占用一點點篇幅，試著提出幾條基本的解牌路線和一些重點，供大家參考。

　　我們可以注意的第一件事是，鳥牌組在這個占牌中居主導地位，十四張牌中有六張是屬於鳥牌組。鳥牌組對應傳統塔羅的寶劍牌組，屬於風元素，代表我們的心智思維。許多神祕學家都認為風元素是最純粹的元素，離固態物質最遠，因此最接近「精神」領域。從科學角度來說，風（空氣）是由分子組成，跟石頭一樣，只是分子數量較少，分子與分子之間的空隙較大。也因此，風（空氣）的速度很快而且比較細微，能延伸到空間的邊緣處。跟地球上的人類不同，鳥可以在空中自由飛翔，也能發出美妙的聲音。這些特質使得鳥成為眾神的使者，以及世界各地各種占卜的載體。在《閃亮部落塔羅牌》中，鳥牌組代表智慧思想，同時也代表藝術和預言。這個占牌中出現好幾張鳥牌，代表它擁有智慧和預言奇蹟的特質。

　　占次多張數的牌組是大阿爾克那牌，共有五張。我們稍後會更詳細討論，解讀二十二張大牌的其中一種方法是，將「愚人」牌（旅行者）單獨拿出來，剩下的二十一張牌分成三組，每一組七張牌。這個占牌抽到的五張大牌，其中兩張牌——「皇帝」和「魔術師」——屬於第一組牌（第1到第7號牌），另外三張牌——「高塔」、「覺醒」和「世界」——來自

最後七張牌（第 15 到第 21 號牌）。第一組的七張牌是代表生命的基本議題，因此也代表存在於我們之外的現實。最後七張牌是屬於自我之外的宇宙能量。中間七張牌（第 8 到第 14 號牌），代表個人和心理層面，都沒有在這個占牌中出現。除了六張鳥牌和五張大牌之外，其他三個小牌牌組──樹木、河流、石頭──都各出現一張牌。

　　當我們解讀這些紙牌時，請務必記得，這些都是我們對它們的虛構假想。不是這些紙牌本身，甚至也不是紙牌要為我們揭露什麼神聖奧祕。我們只能說，這「可能是」神為了創造世界而占出的牌。

　　從某個角度來說，第一張牌是最有趣的，因為它立刻將我們帶進關於宇宙誕生的卡巴拉神話。「鳥之七」的牌面上有兩個人面對面坐著，他們之間有一道隱形的邊界。當他們密集交流，身上也散發出金黃色的能量光線。他們長得幾乎一模一樣，但又不完全相像，而且似乎沒有性別區分。

　　這幅圖案的靈感來自布魯斯‧查特溫（Bruce Chatwin）的著作《歌之版圖》（Songlines），書中描述到某些澳洲原住民維持部落邊界的方法。這個部落是用歌曲的形式來標示他們的領土，他們會在歌中描述部落景觀的種種細節，包括大自然景觀和神話。例如，有一首歌描述到某一座山是他們部落祖靈曾經舉行會議的地方。

　　部落的每一位啟蒙成員都各自負責看守一塊歌曲領地。當部落與部落在邊界相會（邊界沒有做記號，當然也沒有所謂的「巡邏」），兩個部落就彼此面對面坐下來。第一個部落先唱自己的版圖歌，然後另一個部落也唱他們部落的歌。透過這種方式，他們實際上是共同透過歌曲來聲明自己

的領土界線。

當我第一次讀到查特溫的描述時，我覺得這是一個關於人與人如何建立和維持良好關係的絕妙比喻。當我們不試圖告訴對方他們是什麼樣的人（比如：「你知道嗎，你防衛心很強。你要面對事實」等等），而是真誠傾聽對方說話，然後盡可能誠實地說出自己的事情，我們就能與對方相處融洽（對我們大多數人來說，很難這樣做）。

不過，這張圖所隱含的意義並不止於個人人際關係。十六世紀偉大的卡巴拉學者艾薩克·盧里亞（Isaac Luria）講過一個創世神話，也讓我們想到兩人面對面的情景。盧里亞說，宇宙誕生之前，神遍布一切實相，因此沒有任何事物的存在不是神。這讓神沒辦法完全「自我知曉」，因為如果沒有其他事物來作為反照，神根本無法真正知曉她／他自己。因此，如盧里亞所說，神「往內收縮」，為「其他事物」（一個被創造的宇宙）騰出空間，讓具意識的存有可以探索造物主。

「鳥之七」這張牌作為這個占卜牌陣的「源頭」，描繪的就是這種既各自獨立存在、同時又彼此溝通交流的狀態。在盧里亞之前，《光輝之書》也描述過「合一之神」的男性和女性面向。這些都不是在講字面上的意思，而是讓我們能夠開始去了解神的特質、以及人類如何反映這些特質。在鳥之七這張牌中，這兩個雌雄同體的人，形態如此相似，代表一種超越所有類別的神聖意識。

接著我們看下一張牌，發現這位老朋友又出現了。「鳥之一」最開始出現時是「靈魂」，然後是我們與神的合夥關係的一部分。看來，這張牌很喜歡出現在任何跟神有關的占卜中！在這裡，這張牌代表從「源頭」下

來的第一個動作，強調宇宙誕生的奧祕，因為它向著黑暗處探看。由於這是離開「源頭」之後的第一個行動，我們可以想像，無盡永恆凝視著那被創造出來的巨大「空無」，當無盡永恆往內縮以騰出空間給宇宙。

從下降而進入奧祕，接著螺旋又上升，看從這個最深處會出現什麼。出現的這張牌展現了塔羅的幽默，因為「石頭六」這張牌本身就是代表占卜的牌。從貓頭鷹的凝視中浮現出來的是知曉事物的渴望，以及了解到，知識並不總是來自理性探究，有時必須繞過有意識的選擇才能得到知曉。

第三張牌代表螺旋的最初次向上轉動，是朝宇宙誕生邁出的第一步。「高塔」這張牌可能會讓一些人感到驚訝，因為大阿爾克那的第十六號牌通常代表毀滅。對很多人來說，這座塔代表從物質限制或某種監禁中猛烈解放出來。例如，在一般情況下，它可能代表一段糟糕的婚姻關係可能會在痛苦中破裂，但最後仍是帶來自由。在神話層面上，這座塔是隱喻基督教的世界末日宇宙毀滅的概念。那麼為什麼它會出現在這個時間點上呢？

一方面，一些較古老的套牌將這張牌稱為「神的家」（House of God）。也許它是意指造物主為保存創世能量而建造的一個結構。在卡巴拉，這個結構就是著名的生命之樹，許多現代塔羅學家都認為，生命之樹就是對宇宙的字面直接描述。

我的好朋友、傑出學者大衛·維恩（David Vine）曾經告訴我，La Maison-Dieu 的意思並不是神的家。在法文中，稱建築物不是用 La Maison-Dieu，而是 La Maison de Dieu。這就像用英文的 House-God 來稱第十六號牌一樣。而 Maison-Dieu 是希伯來語 Beth-El（伯特利）的字面翻譯，是古

代迦南的城市，雅各就是在這裡夢到通往天堂的梯子（事實上，希伯來語的意思是「坡道」，這比梯子更合理），有「天使」（神的使者）在梯子上面上下走動。此外，伯特利，又名路斯，是一個著名的繁榮城鎮。大衛和我幾年前翻譯了《伊底帕斯》（*Oedipus*），這是一個很棒的專案計畫，我們討論到一本書，寫到雅各與神摔角（不是跟天使，內文寫得很清楚，儘管令人震驚），還有梯子／坡道、以及當時人們看到的所有景象。

　　這張「高塔」牌也有啟示的意思，突然的驚天一閃，人們稱之為開悟啟蒙（enlightenment）。大數的掃羅（Saul of Tarsus）在迫害基督徒的途中被閃電擊中，之後歸信基督成為保羅，將基督的話語傳播到新社區。進入深度冥想的人，會經驗到體內能量上升，瑜伽稱這股能量為昆達里尼（kundalini）。當能量一路上升，最後從頭頂炸開，人們經驗到一切存在乃是一體。我們會在討論最後一張牌「世界」時回來詳述這個概念（更詳細的內容在第十三章）。這裡我們要注意的重點是，在《閃亮部落塔羅》版本的「高塔」，沒有人從高塔掉出來被摧毀，而是相反，有一個人站在火焰之中欣喜若狂地跳舞。

　　如果我們回到艾薩克・盧里亞的創世神話，把它拿來跟現代科學對宇宙起源的描述做個對照，也許我們就能完全理解這張「高塔」牌。盧里亞告訴我們，神往內收縮到一個不可知的點，有時被描繪成生命之樹上的一個黑點。宇宙學是研究宇宙起源和結構的科學分支，他們將宇宙開始之前的現實狀態稱為「量子奇異點」（quantum singularity），一個無限小的能量集中點。

　　「要有光！」造物主在《創世記》如是說。盧里亞告訴我們，那道閃

光突然爆炸並填滿所有輝耀，盧里亞將它們想像為容器，形狀類似陶罐。只是，這些容器的強度不足以容納能量，因此破裂四散。結果就是，我們活在一個分裂破碎的宇宙裡，而我們自己就是生命之樹的碎片，每一個碎片當中藏著我們自己的光。因此，「高塔」牌描繪的就是盧里亞所說的，宇宙誕生的瞬間「容器破碎四散」的景象。

　　從科學描述我們了解到，奇異點會經歷隨機波動，最後導致爆炸。這個爆炸釋放出巨大的熱能和運動。就好像，整個宇宙被塞進了一顆宇宙蛋裡，然後突然整個往外爆出。宇宙一直到今天仍在因最初那個爆炸的能量而不斷在膨脹。因此，「高塔」牌描繪的就是宇宙誕生時的大爆炸。

　　這股最初的能量帶來什麼結果？「皇帝」牌象徵結構和外相形式。從那位斗篷下穿著盔甲、坐在沙漠王座上對著我們皺眉頭的偉特塔羅「皇帝」牌開始，許多人就認為這張牌代表社會的壓迫性控制。不過，其他套牌則將「皇帝」牌看作是主宰宇宙的法則，是一個更崇高的角色。他們甚至將他直接比作卡巴拉主義者對神的稱號——「亙古的神」（the Ancient of Days）。神聖能量本身在生命第一次爆發後就開始具有某種外相形式。

偉特塔羅和馬賽塔羅的皇帝牌

在許多古老套牌中，皇帝的雙腿交叉呈數字四。這不僅僅是這張牌的編號。在傳統象徵主義中，圓形代表精神，方形及其四個方位代表物質世界。四也代表四個元素（小阿爾克那的四個牌組）以及難以發音的四個希伯來字母四字聖名。

大爆炸之後，能量的形式和結構必須出現，否則世界萬物將無法生存。物理學已經證明，萬物是靠四種力的交互作用而聚在一起，這四種力是：原子內的強力和弱力，加上電磁力和重力。如果其中任何一個力量不存在了，甚或稍微改變，宇宙就會像它誕生時那樣，迅速且災難性地消滅。四號牌出現在第四個陣位，似乎是為了強調這一點。

　　螺旋的第一圈啟動宇宙並建立它的律則。現在，第二圈將解釋這些律則的含義。第五個陣位開始探問物理現實之奧祕。答案非常直接。「魔術師」將世界看作是一場持續不斷的魔術表演，一個偉大的奇蹟。宇宙並不是真的只有創造一次，不是像舊式時鐘上緊發條後不斷滴答擺動，最終停止運轉。而是，生命、精神靈魂一直不間斷進入物質存有之中。

　　我們可從魔術師的身體姿勢看出來。他的一隻手往上舉，指向頭頂的那條能量之河；另一隻手指著沙漠裡的一朵花，彷彿是他用自己的魔法讓這朵花生長起來。這裡的魔法就是將精神轉化為物質。畫家和作家經常會選擇這張牌作為他們最愛的牌。因為他們相當能夠體會這種經驗。藝術家們總是說，不是他們自己創作了一首詩或一幅畫。而是有某個東西進入他們身體，他們只是成為媒介工具，讓那件事情發生。這就是創造的奧祕，它每時每刻都在發生，而且我們每個人皆有如此能力。

　　第六個陣位揭示了「從物質裡誕生出來的東西」。在這裡，我們又遇到數字六，「鳥之六」，這張牌與「石頭六」（第二陣位）並排而立，似乎是為了強調這件事。「石頭六」和「鳥之六」都是在強調尋常意識之外的認知。因為石頭是固體，所以「石頭六」的知識是來自使用物質有形物件作為占卜工具。鳥牌組是屬於心智精神的牌組，而這張六號牌是一幅召喚夢境的畫面。長板凳上熟睡的女人，描繪的是在馬爾他島一座地下的石器時代神殿中發現的石雕像。考古學家認為，這個房間是用來「孵夢」的，也就是利用儀式和禱告來召喚一個力量強大的夢境，通常是用來療癒、占卜或提供指引。

　　從物質裡誕生的是夢境，因為夢來自物質世界、來自大腦，但它能

帶我們超越有形物質，提醒我們可以體驗那些非物質的東西。塔羅幾乎是在指示造物主（請回想我們的故事，我們正在偷看神創造宇宙的占卜牌局），要構造一個堅固的實體宇宙，但是別忘了要開一扇可向外飛出的窗。那扇窗就是夢境。

　　來到第七張牌，整個宇宙──我們所知的這個世界終於誕生。我們又看到一張鳥牌組，「鳥之禮物」（相當於「寶劍王后」，但更積極也更有活力）。宇宙誕生確實是一份禮物；就算我們認為它是自我創造、或純粹運氣的結果（有些人持此觀點，他們不認為有一個具有意識的造物主），它依然是一份禮物。不過，這份特別的禮物是藝術之禮。「鳥之禮物」牌面上有一支笛子從天而降；人類很可能是仿效鳥類而創造出長笛和其他抒情樂器。因此，宇宙並不是一台毫無意義不斷運轉的機器。塔羅告訴造物主，要將宇宙塑造成藝術的禮物。

　　第八張牌，螺旋第二圈的最後一張牌，讓我們看到了演化。這也是一張鳥牌組牌，「鳥之國度」，相當於「寶劍侍者」，它在牌組中的實際排序比「鳥之禮物」還要前面。不過，在這局占卜中，它讓我們看到從最初禮物中誕生的、已發展完成的宇宙。牌面上有一個巨大迷宮，橫跨好幾座山脈，裡面有樹木、洞穴、溪流、小路，甚至活生生的鳥群。近看，你看到的只會是局部圖案。當你從很高的視角鳥瞰，完整圖案就出現了。「已經演化」的宇宙也是如此。我們愈是從整體角度去觀看它，我們就愈能看出它不可思議的結構和美麗，也愈能將它看作一件宏偉的藝術作品。科學家認為美是一個科學理論的基本特質，並非沒有道理。

　　最後一圈將會告訴我們，造物主在進化的宇宙之外還發展出什麼東西。當它往下走，它詢問，宇宙這件藝術品，會變成什麼樣子。跟「高塔」牌一樣，「鳥之八」也是一幅爆炸圖案，一座火山。造物主不可以讓宇宙變得太過穩定，最後連改變都不可能。但這張牌也講到知識和失去之記憶的恢復。一名婦女坐在火山前面拋擲石塊。透過占卜之石（請回想第二陣位的「石頭六」），女人尋找被遺忘的真相。火山裡面有一棟房子，大門敞開，門上有一隻眼睛，象徵記憶。在這張牌中，被創造出來的宇宙變成了一個謎。有勇氣打開大門的人，就能看到裡面隱藏的爆炸性真相。那位女性人物讓人想起塔羅的神祕學神話——它是揭露存在祕密的鑰中之鑰。

　　第十張牌讓我們看到，這件偉大藝術作品即將誕生靈性。「河流五」這張牌代表從失落中誕生的覺知意識。也就是說，經歷悲傷，讓我們獲得新的領悟。魚兒順著蜿蜒河流向下游。但突然在某個時刻，河流發生變化，變成一隻鳥的脖子。跟「命運螺旋」這張牌一樣（這兩張牌的靈感都來自美洲原住民藝術），看似隨機發生的變化，帶來了新的覺知。沒有人能逃避此一事實：我們生活在一個充滿各種失落的宇宙。人會死去，愛與美麗的時光會消逝。但，正是那個痛苦，將我們帶到「靈性湧現」之境，更深刻認識存在的意義。

　　「鳥之八」牌中的女人（這張牌也是一張美洲原住民牌，靈感來自當代馬斯科吉／克里克族桂冠詩人喬伊·哈喬〔Joy Harjo〕的作品）想要解開謎團。這個過程的一部分要求我們接受悲傷，以作為通往智慧的途徑。難道只有神的創造物會有悲傷，造物主本身不會嗎？基督徒稱耶穌基督為

「憂患之子」（a Man of Sorrows），神的希伯來四字聖名其中一個現代翻譯是「慈悲心」，意思就是分擔他人的苦痛。

第十一張牌的位置在整個牌陣的最高點，因此它預示著世界未來發展階段的更高可能性。「樹木二」為我們描繪出通往新世界的大門。一名女性站在兩棵樹中間，這兩棵樹分開獨立然後彎向彼此，彷彿為她造出一扇大門。女人衣著破爛，因她在意的不是物質財富。陽光灑在河面上，粼粼波光彷彿形成一個光圈，環繞著女人頭部。

這代表什麼？也許我們可以說，物質世界之外存在著「更高可能性」，讓物質世界成為經驗覺知意識／擁抱神聖之光的門戶。請記得，大阿爾克那牌象徵光的純然狀態，而四個小牌牌組則是體現物質存在的四個面向。

喜歡閱讀神聖典籍的人可能知道，一位名叫約瑟夫・吉卡蒂拉（Joseph Gikatilla, 1248 - 1305 之後）的早期卡巴拉學者寫過一本書叫做《光之門》（*Gateways of Light*）。在此之前，遠古時代的古埃及有一部莎草紙和金字塔文典籍，人們稱之為《亡靈書》（*Book of the Dead*），事實上它的書名標題叫做 *Pert Em Hru*，意思就是「進入光明」或「在光明中覺醒」。

物質世界是監獄或懲罰，靈性光明是解脫，這個觀念對某些人來說可能有點老舊過時。異教徒長期以來一直反對這種觀念。異教思想認為，物質世界是一處驚奇、美好、和精神真理之地。對我個人來說，這些牌卡，尤其是「樹木二」，也都是從這個概念應運而生。我們不逃避或否認這個世界，我們行走在它裡面，穿越它。我們允許它揭露我們目前尚無法理解

的一切驚奇與美好。

這樣，接下來會發生什麼事？第十二張牌給出了非常明確的答案：覺醒。如先前所述，這張牌是取代一般套牌編號二十的「審判」牌（Judgement）。審判牌描繪的是基督教的復活神話，它會發生在世界末日到來之時。這可能會讓這個占卜解讀往基督教或世界末日的方向走。它可能會這樣解釋：「接下來宇宙會發生什麼事？世界將會終結，死者將會復活，接受上帝的審判。」

幸運的是——因為我發現這樣的解釋太過字面化，對世界的看法也太消極——《閃亮部落塔羅》的這張牌不叫做「審判」，而是叫做「覺醒」（Awakening）。物質生命不存在毀滅，也不存在「赦免」，只存在對我們自身實相和命運的一份領悟，以及目前尚無法被我理解的生命存在之真實本質。一位神靈現身於一座城市。人們終於真實體認並歡欣慶祝凡常生命中的神聖奇蹟。我們看到牌面上不只一個人，因為這不是單單對某人的個別啟示，而是送給我們所有人的一份盼望。

最後一張牌，螺旋再次向下轉，返回神聖奧祕。在這裡，我們看到了真正所謂的神奇。上一張牌「覺醒」是第十二張牌，它的下一張，也是這個占卜牌陣的最後一張牌，剛好就是大阿爾克那的最後一張牌：「世界」。套句幽默作家大衛・巴里（Dave Barry）說的話，這不是我編出來的喔。這些牌確實是隨機洗牌抽出來的。

「世界」牌將宇宙描繪成一個完美的單一存有（a single perfect being）。靈光不在是閃耀於外，而是閃耀於自我內在。同時，世界並沒有淪為同質化的統一體。相反的，宇宙因其內部所有光輝壯麗的細節而

散發出光芒。動物、星星、人類建築、抽象符號、故事，它們全部聚集在一起，形塑出一個正在跳舞的女神，祂實際上是雌雄同體，是一切萬物。（「世界」牌以雌雄同體呈現乃是一個古老傳統。這張牌通常是描繪一個女人，但她的腹股溝繫著腰帶，因此我們看不到生殖器。有些套牌則是描繪一位煉金術士，標題為「戴著皇冠的雌雄同體」〔Crowned Hermaphrodite〕。而《閃亮部落塔羅》的「世界」牌，那位人物的生殖器部位剛好是一棵樹，這個意象既可代表男性、也可代表女性。）在「鳥之國度」這張牌，我們獲得了宇宙存在的鳥瞰圖，彷彿從高處觀看著一切。而這張牌，是全視角，一切萬物都變成更大範圍實相的一部分，這個實相，在我們內部，也在我們之外。

這個占卜牌陣從兩個人的圖像作為開端，造物主需要分離成兩個人才能覺知到自身。現在，它以回到合一狀態作為結束，帶著超越所有凡常知識的覺知意識。

第八章

2001 年復活節：
為耶穌復活占牌

Easter, 2001: A reading for the Resurrection

　　由於工作時間無法預測，復活節禮拜天我正好在撰寫〈神之占牌〉這章的內容。中午時分，突然靈機一動，也許該把握這個機會，看看塔羅對這個重要的基督教之謎有什麼看法。對於神降生成人，被釘在十字架上犧牲然後又復活，塔羅會說些什麼呢？這次的占牌，又是一次令人寒毛直豎的不可思議經驗，也證明了塔羅相當能夠讓自己融入任何一種靈性傳統。

　　我決定問七個問題，七這個數字剛好可以呼應近代的天體宇宙論。如同先前我們在關聯對應的章節中提到，古代人在天空中看到七顆會移動的「星球」：太陽、月亮、水星、金星、火星、木星和土星。彩虹有七種顏色，人體有七大脈輪，所以，將天界和人間連結起來的是「七」這個數字。在基督教神學中，將神與人類連結起來的是耶穌基督。

　　我們先前提到，從人類眼睛看出去，所有天體星球似乎都繞地球轉動，因此人們想像宇宙是一個同心圓，以地球為中心，所有行星球體繞著從地球一層一層往外擴，神聖起源則是在比最外層星球更遠的地方。從神話學角度，基督徒可能會說，耶穌基督從完美的「天國」離開家園，穿過七個星球，降生為人，然後犧牲他自己，讓人類得到救贖。將靈魂與祂一起帶到神聖國度，意謂穿越七個行星球體來提升人類意識。

　　基於以上這些原因，我覺得七是一個很棒的占卜數字。以下是我們的提問：

❖ 犧牲（釘於十字架）要告訴我們什麼訊息？
❖ 它對神的意義是什麼？

❖ 它對世人的意義是什麼？

❖ 復活是什麼樣的經驗？

❖ 它帶給我們什麼啟示？

❖ 它對我們有什麼要求？

❖ 這個經驗會把我們帶到哪裡？

　　我還是要說，就像你不必是猶太人才能看到猶太思想中的智慧，你也不必是基督徒，或一定要相信基督教思想的字面意義，才能欣賞塔羅以如此迷人的方式來表達基督教思想。我本身並不是基督徒；我只是願意——事實上是很高興——詢問有關基督教的問題。很多基督徒讀者可能都比我了解福音故事和基督教神學的意涵，對於這樣的讀者，我沒有任何不尊重的意思。

　　由於這個占卜大致上是依循「宇宙誕生占卜」的路線，所以我還是選擇使用《閃亮部落塔羅牌》，另外也是因為我特別偏愛這副牌！抽牌之前，我將整副牌分成三堆，並查看每一堆牌最底下那張「導師牌」（請參見第六章的解釋）。這次我也會查看每一張導師牌下面的那張牌，來做進一步評論（我們把這張牌稱為「教導牌」）。事實上，雖然三張導師牌我都會解說，但只解說其中兩張教導牌。我承認這是一個武斷的決定，我只願意接受看起來特別有趣的事情影響。多年來我從塔羅學到的一件事情是，允許自己打破規則，即使那些規則是我自己訂下的。

　　因為導師牌和教導牌在本次占卜的七個正式問題之外，因此它們似乎

也給了我們一些退路。加上（三張）導師牌和（兩張）教導牌，整個陣形
是這樣：

導師 A   導師 B   導師 C

教導牌   教導牌

1   2   3   4   5   6   7

第一張導師牌馬上就清楚顯示，我們占到的牌完全可以解釋我們所問
的問題。這張牌是「戀人」，它底下是「樹木七」。

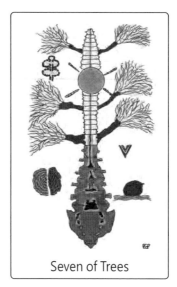

導師 A：戀人。教導牌：樹木七

　　「戀人」這張牌體現了基督教的某些思想概念。神學說：「神愛世人，甚至將他的獨生子賜給他們。」據說，耶穌就是愛的化身。這個版本的戀人牌描繪的是天使和人類擁抱的畫面，我們將基督教的慈愛概念看作是一種動態力量，一種真正的熱情。它不是單向的，這張牌的圖案告訴我們，人類需要對神的愛做出回應，將自己投入神的懷抱。

　　除了神愛世人的概念外，這幅畫也可以代表這樣的想法：神化身為人，示現為基督的形像，這也是一種愛的作為。神滿懷熱情擁抱人類。祂有人的形體，充滿激情和感性。

　　我們可以從基督教神話之外來思考這件事，將它視為我們自身之起源和道成肉身的明證。靈魂不會把人身肉體當作一種懲罰、一種考驗或一種教訓。它這樣做，乃是為了愛這個物質世界，並成為它的一部分。

　　在「戀人」牌底下，我們看到「樹木七」。這張牌給了我們一個生動意象，象徵著心理和精神的敞露開放。牌面上我們看到一根人體脊柱，太陽在心臟部位閃耀著光芒。在中世紀，基督教象徵主義者經常用太陽來代表耶穌基督。這也讓我們想到許多耶穌聖心的圖像，代表耶穌基督因世人之悲傷而痛苦。為了真正成為人，神必須擁有人身肉體，因脊柱當中蘊藏著生命能量，但也必須坦露其心面對悲傷，因人世總是充滿各種苦痛。（有關「樹木七」這張牌的詳細解說，請參見第十二章）

　　第二張導師牌和第一張一樣讓我感到不可思議，因為「鳥之七」又出現了，跟我手上正在打字撰寫的「神之占牌」的那張「源頭」是同一張牌。基督徒當然認為基督是源頭（泉源）。與前一個占卜的關聯，也暗示了基督教的觀點，宇宙誕生的目的，它的源頭，就是要為基督的死亡和復

活提供背景脈絡。當塔羅打定注意要融入某個靈性傳統，它確實是全心全意投入的！

導師 B：鳥之七

　　牌面上，兩個人物面對面坐著，暗示與神對話的概念。在「戀人」牌，人與神擁抱；在「鳥之七」，他們以同樣強度相互溝通。或許我們可以說，我們從兩張牌獲得同一個訊息──性靈並非僅從神降下給卑微世人。它必須是雙向的。這不是千篇一律的說法，就我對基督教教義的理解，基督的道成肉身（incarnation）乃是獨一無二──基督是「神的獨生子」，我完全相信〈福音書〉的說法，但他跟神是平等的。我們必須獻出自己，這樣神才能真正來到我們身上。

　　我們問關於耶穌基督的復活，然後我們得到一位導師，他告訴我們，我們應該直接參與其中。大多數在傳統教會長大的人，應該會認為這是異

端思想，或者根本與基督信仰無關。不過我猜想，那些能夠深入傳統教義表面說法的人，應該會認同這樣的概念：人和神在宇宙的創造和救贖上乃是平起平坐的夥伴。

最後一張導師牌是「死亡」，教導牌是「月亮」。

導師 C：死亡。教導牌：月亮

「死亡」牌當然是我們在復活節占卜預期會看到的一張牌，因為，比起復活，基督徒認為耶穌的自願赴死更是其信仰的核心。「死亡」牌底下的「月亮」牌強調神祕性。就算神學、聖經預言、或神聖異象都描述此事必然發生，但，從死亡到復活的這段旅程，並不是可以隨便簡單解釋的。

「死亡」牌之後接著「月亮」牌，也暗示這個基督教故事帶有某種異教屬性。〈福音書〉稱耶穌於星期五過世，然後第三天復活，也就是星期

天復活日。那段時間月亮無光，人類看不見月亮，因此我們在這個基督教節日中發現了月亮男神和女神的源頭，復活節的英文名稱 Easter 正是來自日耳曼的生育女神奧斯塔拉（Eostre）。

占卜抽到的七張牌（在導師牌和教導牌下方），如 184-185 頁所示，請橫向跨頁閱讀。

1. 犧牲（釘於十字架）要告訴我們什麼訊息？我們抽到「傳統」。 從第一層來說，這張牌告訴我們，必須去理解信仰和神話傳統中的經文寓意。這對某些基督徒來說可能很困難，他們的整個傳統都強調基督的死亡和復活是真實歷史事件。然而，這個改變世界的事件，是來自一個故事。如果你接受這個故事是兩千多年前發生的真實事件，那你應該就是基督徒。基督徒說，「這是有史以來最偉大的故事」。畢竟，當今世界發生的大多數事件，無論是關於選舉或名人的生與死，都是透過報紙、電視或網路上的故事流傳到我們耳中。這個基督犧牲和復活的獨特故事，也是來自擁有兩千年歷史的神學和民間傳統。

較古老的塔羅牌將這張牌稱為「教皇」。如果我們用的是馬賽塔羅牌，我們就必須指出，「官方」教會已經控制並指導其信徒從基督教奧祕中得到的訊息。當然，馬賽塔羅的發源地法國，歷史上是一個天主教國家。但這不是馬賽塔羅牌，我們可以在這張特別的牌中發現標準版本的編號 V 這張牌沒有出現的面向。

牌面上，五個精靈偽裝成五顆石頭，將一朵花團團圍住，花是一種細緻脆弱且美麗的東西，需要受到保護。我們或許會說，我們對生命的信仰

就像這朵花，總是受到生存的嚴酷威脅。基督徒可能會說，耶穌被釘死十字架讓我們知道自己是受到保護的。耶穌基督為了保護世人而受苦。

　　線條進入這個圓圈裡面又出來，顏色也跟著改變。先前我們問「塔羅牌是怎麼運作的？」也是抽到這張牌，那時我們把圓圈和線條解釋為一種電力變壓器。這些攜帶著符號的牌，接收純粹的精神能量，然後將它「下降」到我們人類意識可以理解的層次。我們也可以用類似說法來描述神的復活。這樣一個事件，或者故事，將神的能量轉化成我們可以在生活中使用的形式。換句話說，耶穌死後，祂的人性又重新融入圓圈正中央的神聖意識中。當他返回人間，他又再次來到人類覺知意識的世界，但形式已經不一樣。

　　還有另一個有趣的細節，帶有塔羅的幽默（這是塔羅的其中一個面貌，不被人重視，但卻非常真實），就是那隻躍出水面的魚。在《閃亮部落塔羅》所附的手冊書中，我有解釋到那片水域為什麼代表死海，還有，那隻魚代表靈魂的力量可以起死回生。當然，死海位於聖地，離耶路撒冷不遠。死海古卷就是在死海沿岸的洞穴中發現的。從基督教誕生那天起，信徒們就將他們的神比作一條能夠起死回生的魚。從死海躍出的魚，確實概述了耶穌基督死後復活的訊息。

　　我們也可以用另一種方式來看這張牌。「神」，或所謂神聖意識，乃是存在於時間之外。透過基督的道成肉身、死亡、以及復活，神進入時間，也就是「傳統」，因為耶穌很有可能來自他那個時代的猶太教。耶穌基督在《馬太福音》5 章 17 節說：「我來不是要廢掉（律法），乃是要成全。」

Tradition

傳統

1. 犧牲要告訴我們什麼訊息？

Ace of Trees

樹木一

4. 復活是什麼樣的經驗？

Eight of Stones

石頭八

5. 它帶給我們什麼啟示？

石頭神諭者

2. 它對神的意義是什麼？

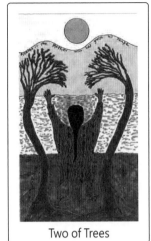

樹木二

3. 它對世人的意義是什麼？

正義

6. 它對我們有什麼要求？

河流十

7. 這個經驗會把我們帶到哪裡？

2. 對神的意義是什麼？「石頭神諭者」。這張牌大致相當於「錢幣國王」，代表大地的力量。以人之肉身死去，然後復活，這位神因此有辦法講述物質世界的經驗和智慧。基督教三位一體概念的其中一部分是，神必須成為人，才能真正同理同情那些在生命中受苦然後死去的凡人。

這張牌的主要意象來自在捷克共和國發現的長毛象象牙雕刻，是整副牌當中最古老的一幅意象，時間可追溯至兩萬年前。相較之下，基督教可說是一個非常年輕的宗教，只有它年齡的十分之一。不過，復活是一個非常古老的概念（或經驗），可追溯到石器時代以及它的重生女神神像。石頭神諭者的古老屬性提醒我們，「犧牲對神的意義」，是將基督教故事放進人類最古老的神聖經驗表現中。

我知道，猶太人、基督徒、以及其他很多人，可能不認為我們有資格問這樣一個問題，因為那彷彿是用一疊印刷紙牌來對神做訪談一樣。我無意將它變成一種事實陳述，而是希望當作一種探索意義的指南。塔羅專家瑪莉‧格瑞爾稱塔羅占卜解牌為「無法無天的專業」（outlaw profession），而我有時會說我的「宗教信仰」是異端邪說。從這個角度來看，塔羅如果不能用來提問，那它還能拿來做什麼？

3. 對世人的意義是什麼？「樹木二」。我們再次看到之前占過的一張牌。那時的「樹木二」是代表宇宙誕生之後世界的未來發展階段。這確實是基督教觀點：耶穌的死亡與復活構成了人類經驗的新階段，與過去截然分隔。

我們也可直接從這幅圖案來解析這張牌。牌面圖案中有一個類似門戶

或出入口的地方。任何宗教或神話上的「突破」，都是在為人類意識打開新的可能性。請注意看這張圖，一道陽光灑在女人面前的河流上，看起來像是在她頭部四周形成一個光環。復活創造出聖潔與可能性，讓人變成近似於神（不是變成神，而是近似於神）。

這是否意謂著這幅圖案畫的是天國、或是肉身之外的異世界概念？女人的衣服有點破爛，顯示她對物質條件並不重視。那麼，這肉身皮囊，就是我們為了跟隨基督進入天國而需脫掉的一套破爛衣裳嗎？這道門戶是這兩棵樹造出來的嗎？這與我們之前解釋過的問題相同（而它會再次出現，乃因它是塔羅奧祕思想的核心）。我的回答還是跟之前一樣：「並非如此」。這幅畫實際上是在讚揚肉身，因為順著山脈稜線，我們看到這樣一行文字：「給與我們色身的母親有福了。」這個「色身」，指的就是有形物質存在。

在我看來，當耶穌說進入「天國」，祂並不是指死後去到某個真實存在的地方，而是指意識的徹底改變（我們之前也有解釋過這個概念）。如果我們願意進入那扇門，我們當下就可以讓這個塵世人間成為天國。

只要兩棵樹的意象出現在基督教或猶太教信仰的文本中，我們都可以將它跟伊甸園、知識樹（譯注：聖經中文版本稱為「分別善惡樹」）和生命樹的概念連結起來。〈創世記〉提到，當那道門對亞當和夏娃關閉，知識樹和生命樹也跟著消失了。基督教復活概念的其中一部分含義，就是詩人約翰·彌爾頓所說的「重獲天堂」。藉由基督的犧牲，大門再次打開，人類重返純潔狀態。在耶穌的時代，猶太教的神祕學路線已經發展起來，其中一部分重點就是在尋找通往伊甸園的路，不是在另一個世界或死後，而是

當下現在，透過密集的冥想和觀想技巧即可到達（這些技巧就是那四位進入天堂的拉比故事的來源）。「樹木二」那兩棵樹所形成的門戶，其中一種解釋就是：重返伊甸園。

4. 復活是什麼樣的經驗？「樹木一」。從「樹木二」的雙重性，我們進入到一號牌的直接了當。因此，對第四個問題最簡單的回答是：復活經驗帶我們穿過大門，回到合一的感覺，就像我們在母親子宮裡曾經歷過的那種緊密合一感。耶穌說：「你們若不迴轉，變成小孩子的樣式，斷不得進天國。」

我們問的這個問題：「復活是什麼樣的經驗？」暗示有某樣東西，相對於外部而來的訊息或宗教教義，是我們自己內在可以知道的。因此，我們就來看看，能否讓「復活」這個宏大概念深入到我們的日常生活中。我們可以說，當我們允許自己可以令我們生命中感到疲憊的東西消失，在心理上經歷起死回生，復活就成為可能。也許我們可以再深入一點。我們以一種新的眼光看待生命，視一切萬物皆是奇蹟和神聖，或許我們就會經驗到重生。也許，我們要經驗復活，唯一要做的事情就是，讓世界在我們眼前打開，像「樹木二」所描繪的一樣，為我們顯露那存在於物質「色身」之中的神性。

「樹木一」的圖案靈感來自德爾克・吉爾拉貝爾（Dirk Gillabel）創作的《腦與心塔羅牌》（*Brain-Heart Tarot*），牌面上有一個嬰兒——實際上是一個胎兒，這幅美妙的圖相當能夠詮釋「復活」。我們正是以這種方式經驗復活，當世界變得像小孩子的宇宙那樣新，我們就回到純潔狀態。

嬰兒的臍帶通向開口，變成一棵生命樹——不是卡巴拉的生命之樹，而是一棵真的活樹。透過精神的復活我們發現，我們的生命，不再像是傳統神職人員、學校、或書籍教導我們的，存在於我們自身之外。而是相反，它源自我們內在最核心的本性。

我們可以再回來談談〈創世記〉故事。亞當和夏娃吃了分別善惡的知識樹果子之後變得傲慢，因而失去了吃生命樹果子的機會。在〈福音書〉中，耶穌被死的那座十字架，後來變成生命之樹，因為基督的犧牲帶來了生命。當然，它也是一棵死亡之樹，因為耶穌被釘死在它上面。在這張圖中，我們看到一棵真正的活樹，因為它是從復活的孩子身上長出來的。

5. 它帶給我們什麼啟示？「石頭八」。我對這張牌特別有共鳴。有一年聖誕節，我和一位丹麥朋友在網路上聊天，我們決定各自做一個塔羅占卜。我問：「我送給神的禮物是什麼？」我抽到「石頭八」。所以我們可以說，在這次占牌中，神給了我們同一個禮物。

根據這幾年的解牌經驗，這張牌的主要含義，我稱之為「悖論思維」。牌面上，我們看到一匹長著翅膀的馬，馬是石頭做的，但它的鬃毛是真的鬃毛。一對精緻美麗的蝴蝶翅膀從它背上揚起，上方有幾條斷掉的鎖鏈，似乎是從太陽裡面向外迸發出來的，彷彿是原本被困在邏輯和教義裡面的那些光芒，所有那些不可能，全部都被解放出來。

悖論思維的意思是指一種可能性，以非線性、甚至不可能的方式去作思考。塔羅可能是來自未來、或可能在宇宙誕生之前即已存在，這樣的概念就是悖論思維。經歷復活，我們便能以全新方式看待世界。這個占卜，

還有另一個很棒的基督教連結：「聖誕節」將神以嬰兒的形式帶到人間，然後東方三博士（Magi，是波斯語，也是英語 magicians〔魔術師〕這個字的來源）把三樣禮物送給這個孩子。我從自己的個人占卜想到，作為人類，我們能送給神的禮物是：一種願意，願意以超越凡常局限的方式來思考。神話、洞見、以及預知異象，全都可能來自這個意願。而復活節，則是一個回禮，這次不是我們送給上帝禮物，而是上帝送給我們禮物，因此又出現了這張牌。這個解釋非常恰當，因為基督徒認為，釘十字架和復活就是神送給世人的最究竟禮物。

6. 它對我們有什麼要求？「正義」。在得到「樹木一」代表的重生更新之前，我們必須依循正義之道路。這並不是特指做好事，比如道德善行、助人等等，雖然這些也都算是。「正義」的意思是，我們要正直誠實，並了解我們是誰。除了我們自身之外，我們也要完全以誠信來行事，這是一種承諾、一種忠誠，並非只是要求我們遵守社會道德規範而已。

（這裡又發生了一個共時性事件。就在我寫完前面那個句子後，我從書桌站起來，打開收音機聽新聞節目「萬事皆曉」〔All Things Considered〕。一位名叫史考特・米勒〔Scott Miller〕的民謠歌手正在痛苦吶喊：「十字架上可有我的位置？」）

我們會在第十二章更仔細來解析這張正義牌，但現在我們可以先了解，這張牌剛好位於二十二張大阿爾克納牌的正中間。這使得它成為一個關鍵點——它可以是障礙，也可以是一道門，取決於我們如何面對它。那麼，這就是「復活」對我們的要求：我們要將自己交給正義，這樣我們才

能夠如耶穌所說的，進入天國。不是在某個遙遠未來，不是在天空某個渺茫地方，而是現在，此地。

　　7. 這個經驗會把我們帶到哪裡？「河流十」。關於這張牌的圖案，我們可以說的第一件事，也是最簡單的一個解釋：它向我們展示什麼叫做喜樂。我們看到一男一女手牽著手，外側手臂向上高舉，像是在慶祝。然後我們還看到一棟房子和一隻像鴿子的鳥。復活經驗將我們帶到單純的喜樂之境。我們可以如此來描述這種狀態：能為我們的凡常生命賦予靈性價值的，是愛。

　　不過，就像很多人的塔羅占卜經驗，這張牌的含義並不像乍看之下那麼直接。一方面，不同的人有不同看法。在占卜解牌中，有人會形容說，這兩個人是在向房子揮手道別。他們已經與過去和解，現在要繼續往前走。復活將我們帶到一個地方，我們放下過去、獲得新生命。

　　這是不是在說，我們應該捨棄塵世生活？我的看法還是一樣，我認為這是一種可能的解釋，但未必要這樣去解讀。應該改變的是我們對世間的態度，我們看事情的角度。每一個片刻，每一樣東西，都可以成為歡樂和慶祝的來源。我們可以把這兩個人想成亞當和夏娃，但從他們身上穿的衣服風格和現代的房子外觀看來，他們也是真實活在現在的人。男人和女人站在波浪之中。或許我們可以想像，他們已經讓舊的自我消融於意識之海，然後帶著新的認識重新返回平凡生活。這，也是一種死亡與復活。

　　在基督教意象中，從他們上方天空飛過的鴿子象徵聖靈。這是基督教的上帝觀當中最神祕的一個面向，但在這裡，它顯現為一隻真實的鳥。復

活將我們帶到一個地方，在那裡，我們從每一個活物中認出神的臨在，每一刻，都是天堂。

　　謹以此章，向吉姆・桑德斯、海勒・阿加特・貝爾霍姆、杰拉丁・阿瑪拉爾、以及達西・斯坦克，致上最深的敬意。

第九章

塔羅中的卡巴拉思想
（與夢）

Some Kabbalist（and Dream）Thoughts on Tarot

　　「大多數關於卡巴拉的書籍和文章，都在做解釋和使其簡明化，這些都沒問題、都很好，但必定有那麼一天，我們會停止解釋，然後開始作夢。」這驚人的見解，一針見血的話語，來自大衛‧羅森堡一本短小精悍的書：《被活活吃掉的夢：卡巴拉的著作核心》。

　　羅森堡是一位詩人和《聖經》翻譯家，他送給我們的卡巴拉，更多是關於謎奧而不是解釋，更多是關於靈魂對神性的嚮往，而一條一條解釋「高超上層」的知識。羅森堡對卡巴拉的闡釋像一場夢，像你從某個夢境中醒來，然後躺在床上幾乎無法動彈，你無法言詮，僅能體會感受，那口無限深邃、深不見底的含義之井。

　　當然，我說的不只是大衛‧羅森堡和卡巴拉，我也是在說塔羅。長久以來我始終認為，接近塔羅最棒的方式，是將它看做一種夢境，套句我朋友喬安娜‧楊說過的一句精彩名言：「塔羅是一場靜止的夢。」但甚至連夢，也經常淪為我所說的「解釋帝國」（Empire of Explanation）的犧牲品：這個帝國裡的人，全都如此渴望解釋、分類，想要保護我們的一切經驗使其毫髮無傷。但我們真的想讓每一樣東西都萬無一失嗎？有些經驗，若我們堅持保有它，或許真的可以幫我們打開世界，讓我們獲得並非資訊或教條教義的覺知意識——那個世界，比我們所知更寬廣、更精彩。

　　想想你這幾年來看過的所有關於解夢的書。想一想，它們當中有多少鐵口保證要解釋每一個「夢境符號」，彷彿每一樣東西都必定要代表某件事情；夢中的一切，或甚至生命中的一切，都不能單單只為自己而存在。彷彿光是解釋還不夠，這些書籍接著還要指導你如何控制你的夢境，甚至提前對它們作編碼，就像你可以預訂在手機上觀看一部令人振奮的影片一

樣。我無意要對那些努力教人造夢的人不尊重。透過清醒夢，你可以完成了不起的事情。但我的想法是，我們也需要讓自己放任我們的某些經驗，不要老是想用我們的意識去控制它。如果連夢境和神話——還有塔羅——都要全部交給解釋帝國來接管，那我們要如何知道那些我們不知道的事情？

解夢的書並不是什麼新東西。它們至少可追溯到古希臘及更古早時候的阿特米多魯斯（Artemidorus）。以下是大約西元前 1275 年埃及一本《釋夢書》裡列出的有趣解釋。摘錄自彼得・蘭伯恩・威爾遜（Peter Lamborn Wilson）的書《星雨：蘇菲主義與道教解夢入門》（*Shower of Stars: The Initiatic Dream in Sufism and Taoism*）。

每一句解釋都是以「如果一個人在夢中看到自己 ......」為開頭，然後接著是看到的東西。

正在殺牛：吉。代表作夢者會將敵人親手剷除。

看到一隻大貓：吉。代表作夢者會發一大筆財。

喝血：吉。代表將他的敵人消滅。

正在跟一隻豬交配：凶。代表破財，作夢者的財產會被奪走。

跟一隻豹正面相對：吉。代表在鄉親間取得威信。

除了列出埃及人的一些不尋常夢境外，這本書也明白讓我們看到，人類始終渴望事情可以變好。

　　（又一個神奇同步：從紐約搭機飛往哥本哈根途中，我突然想寫下這句話。寫完之後，我瞄了鄰座一眼。看到旁邊那人手上的雜誌正翻到一頁廣告，裡面有一句廣告詞：「乘著我們的翅膀，讓你的夢飛翔。」）

　　人們用來理解塔羅和卡巴拉的方法，與他們理解夢的方法一模一樣，此一事實應該已足夠清楚證明，這三樣東西具有相似特質。三者都屬於奇想領域，它們將我們帶入尋常生活所忽視的現實，雖然它們處理的似乎都是凡塵俗世的問題。這三樣東西都是透過意象圖案來運作。雖然卡巴拉的意象，例如生命之樹上的十個輝耀，有時看似高度有序且抽象，但只要那個知識仍屬於智性頭腦，培訓中的卡巴拉學家就無法真正利用這些知識。他們必須藉著沉思冥想，用圖案意象去觀想輝耀，觀想它散發出神聖光輝，才能真正理解它們的意涵。

　　卡巴拉並不僅僅是輝耀的解析圖。同樣的，就算用上千頁的書籍仔細闡述大阿爾克那牌的含義（是的，包括我自己的書），也無法給你真正的塔羅體驗，除非你允許自己進入塔羅圖像裡面。我指的並不是一般的引導式冥想，而是一種敞開，真正用心去看，藉由讓你自己走進圖像裡面，而讓它們進入你裡面。

　　當我們讓它成為像是一場夢，塔羅就會對我們產生深刻作用。夢不斷在改變它們的形狀──前一刻你走在漆黑街道，下一刻你就在彈奏祖母的鋼琴──塔羅也是這樣。它透過所有不同套牌改變形狀，甚至透過洗牌改變形狀，因為每一次我們將紙牌隨機混合，它們就以一個完全不同的秩序現身。塔羅具有可塑性。它能讓自己安身於任何一個真心的傳統之中，所

謂的真心就是，那個傳統，願意試著打開自己的心。（關於這個概念，會在第十二章詳細闡述。）

在夢中，每一刻都是鮮明的現實，即使它們根本不合理。當我們真正觀看塔羅，每一張牌都會讓我們相信，其深層含義超出我們的意識解釋能力。傑柏林稱塔羅為「托特之書」，也是一種夢的宣言，其信念如此堅定（且沒有任何證據），以致從那時起，它就牢牢地抓住了人們的心。或許可以說，我們所有人，都已進入傑柏林的夢。

我們經常試圖以解釋夢的方法來解釋塔羅牌。我們對紙牌做分析、找出它們的象徵、查閱各種參考書籍，全都是為了讓塔羅合理且安全。我們試圖將它固定下來，給它一個起源──卡巴拉、異教、紙牌遊戲、遊行──所有這些，都是要將它從夢的狀態拉出來，安全著陸於歷史之上。我們不必這樣子對待塔羅。事實上，我們可以利用塔羅及其夢般的趣味，將它從其他傳統中釋放出來。舉個例子，假如我們說，塔羅等於卡巴拉，那麼，我們可以用塔羅那些怪異且靜默無聲的圖案，將卡巴拉從無窮無盡的解釋中解放出來。

講一個我自己的故事吧。我曾經投宿在以色列加利利一家青年旅社，距離耶穌佈道的橄欖山不遠。我們三人決定步行前往，下午三點左右抵達山頂那座可愛的小教堂。我們在那裡待了一段時間，看著山坡上擠滿人群，看著修女們在教堂四周走來走去。接近傍晚時分，一輛遊覽車開進停車場。導遊催促人們趕快下車，把整群人帶到教堂門外。導遊說，沒時間進去了，於是他只背誦了耶穌「登山寶訓」的兩句話，然後用命令口氣催促他們上遊覽車，還講了一句令我永生難忘的話：「我們必須趁關門前

抵達伯利恆。」如果這群人（可能是基督教朝聖者）不是被那位導遊帶來的，如果他們在這裡待上一段時間，那會發生什麼事？他們有沒有可能進入基督？

引導式冥想是塔羅的一根柱石，對卡巴拉也是。有些夢境治療師會引導你重演你的夢境，來創造你要的理想結果。他們會要你閉上眼睛，把夢中發生的事依序重新敘述一遍，但這次要讓自己做出不同反應，比如，你要比你在原來的夢中更有自信（我有時也會這樣做，但通常是我做完塔羅占卜，為一個夢打開新的可能性之後才會這樣做）。

在引導式冥想中，引導者不會信任那個人或那個經驗，因此要仔細引導他們，仔細描述每一個細節。「你站在一棵黑色的大樹前面，樹葉是黃色的。樹幹裡面有一扇紅色的門，門是打開的。你覺得有點害怕，但你決定走進去。」（是的，這些引導者甚至會告訴你，你該有什麼感覺。）「然後你看到一張長形木桌，桌上擺著一個銀碗和一把金鑰匙。」到這裡，這應該會是一個有趣的故事，但它不會是你的故事。一切都是安排好的，你永遠沒機會經驗你自己的旅程。

塔羅、卡巴拉和夢，都具有危險性。夢會讓我們害怕，尤其如果我們用太過簡化的方式去解夢的話。你可能會夢見你在攻擊某個你親近的人，或是跟一位家人發生性關係，然後你認為這個夢是在揭示你內心真正的渴望。光是夢中那種強烈的能量，就可能讓我們心神不寧。

卡巴拉比夢更危險，因為卡巴拉的修練方式當中，會刻意練習喚起我們夢醒後殘留的朦朧狀態。由於卡巴拉是屬於集體的，人們可能會誤用

它。十七世紀，一位名叫薩巴泰‧澤維（Sabbatai Zevi）的「假彌賽亞」，濫用卡巴拉教義，導致猶太教幾乎一分為二。或許這就是為什麼，對卡巴拉文獻和修練方法的研究，後來被限定在四十歲以上有孩子的已婚男性。但還是有例外──很多人公認成就最高的卡巴拉大師艾薩克‧盧里亞，是在三十八歲那年去世的。塔羅也有類似情況，就算是開店的占卜師有時也會騙人。絕大多數從事這項占卜工作的人，都是想要幫助人。但偶爾，也會有人利用占卜解牌來唬爛人，詐騙他們的錢財。這種情況通常是占卜師從牌面上「發現」，有人在嫉妒他的這位客人，對他下了詛咒。

對我來說，卡巴拉之所以具危險性，原因比「操弄人心」更直接。首先，你可能會挑起你不知道如何處理的能量，或是進入到某個深處而不知道如何回來。另一個原因跟字面含義有關。你可能會被混淆，比如說，將《佐哈爾》（光輝之書）、或其他文獻當中的文字描述認定為字面上的事實。你可能會陷入迷信，或認為自己已經知道所謂的宇宙祕密法則。

最危險的是，你可能會發現自己獲得了一種別人不知道的力量，若真有這種情況發生，你可能會開始認為自己比一般人優越，或認為其他人無法跟你相比。這種心態相當具誘惑性，但對於任何走在靈性道路上的人來說，非常危險。

很多神話都描述到這種危險性，以及英雄擁有抵禦這種危險性的能力。我想到兩個例子：一個較淺顯，另一個比較深。第一個例子是電影《星際大戰》，達斯維達要他兒子路克利用原力的黑暗面來得到他要的東西。路克從父親的惡行知道，黑暗面會讓他變成怎樣一個腐敗的人，因此他拒絕屈服。

　　基督教〈福音書〉中有一個比較深的例子，魔鬼撒旦與耶穌一起站在山頂上，魔鬼對耶穌說，「你如果俯伏拜我，我就把這一切都給你」。基督教的正統解釋稱這是一種誘惑，因為如果耶穌接受了，他就會迷失他的精神道路，屈服於自己的小我。

　　人們對這個故事的解釋方式，相當能夠說明他們自己對待神祕經驗的態度。某些基本教義派（原教旨主義者）堅稱，事情的發生就是如文字所述的那樣。還有一些人，認為聖經記載、卡巴拉、還有塔羅都是幻想出來的東西，將它們看作是隱喻或知識概念。在我看來，這兩種解釋方法都會讓我們遠離真正的故事，也無法讓我們從中學到功課。

　　布魯斯・齊爾頓牧師在他的著作《拉比耶穌》（*Rabbi Jesus*）一書中提出了一條中庸之道：耶穌確實經歷過這種誘惑，但那是在現實的內在層面上。齊爾頓說，耶穌曾深入後來發展為卡巴拉的神祕旅程和冥想的修練。透過這樣的內在工作，類似薩滿巫師，耶穌來到很高的境界。在那裡，他面臨巨大險境，因為世界上的魔法和神祕學傳統都告訴我們，無論你爬得再高，都可能跌倒。

　　另一個基督教神話也給出了類似教導，這次是來自一個未通過試探的人。光明使者路西法，是天使當中最為美麗、也最靠近上帝的一位。當他屈服於自己的小我，便一路墮入地獄，變成了撒旦。許多在基督徒家庭中長大的人都不相信這個故事，因為他們很清楚，地獄的概念是用來恐嚇人們服從的。但一旦我們克服了罪與懲罰的教條，我們就能從神話中學到很多東西。

　　我們從事塔羅牌（或實際上是卡巴拉）工作的人，面臨的危險性要小

得多，因為我們沒有聲稱自己擁有耶穌或路西法那樣的程度。但無論我們達到什麼程度，危險都確實存在。以塔羅來說，當我們變成占卜解牌的能手，我們開始相信自己擁有超越常人的心靈力量和知識，我們自認為比別人優越。若是這樣，我們就迷失方向了，不僅無法引導別人，連自我都會失去。記得魔術師這張塔羅牌嗎？他一手指著天空、另一隻手指著大地，這個姿勢告訴我們，我們的個人力量並無法將光明帶入世界；我們應該讓自己成為一個管道，一條開放的通道，讓力量通過我們傾注而出。這確實就是大多數塔羅通靈者的經驗。

儘管如此，當我們用塔羅牌做占卜，我們仍面臨這樣的危險：我們相信自己擁有特殊力量。如果我們將塔羅牌看作神祕知識的一張藍圖，我們可能會認為自己比那些不知道這些知識的大眾程度更高。這兩種心態都可能會挑起我們內在的能量，但我們卻不知道如何處理。因為紙牌中蘊含著力量，就像所有深奧象徵符號都蘊含著力量一樣：那力量會以近乎沒有章法的方式喚醒我們。

塔羅的大阿爾克那牌清楚為我們演示了這個概念，爬得更高，可能跌得更深。「惡魔」可是接在「節制」之後，到第十五張牌才出現的喔。

「節制」牌代表高度覺知意識。在它前面的「死亡」牌，我們放棄生命中一切不重要的東西，因此在「節制」牌我們可以看到自己的「天使」本性。然而，危險就在於，我們相信自己已經一路來到神聖意識境界，我們已經成為神──不是神的一部分，而是神的替身。這聽起來或許詭異，但可悲的是，宗教和神祕主義的歷史上有很多這樣的案例。

　　人們常說，塔羅讓他們害怕。他們說這句話時，或許會因為尷尬而笑出來，但通常他們是真心這樣認為。他們一開始可能只是把塔羅當作一種遊戲或實驗而去找占卜師，結果卻發現自己的人生整個被攤在面前，不單是隱私或未來事件，可能連內心的真相都一覽無遺。於是他們笑出來，然後說：「哦，不，我不會再來了。這東西太恐怖啦。」

　　一些宗教的基本教義派甚至用渲染的方式表達這種恐懼。不知從哪裡來的這種想法：撒旦坐在某個爐火台前，發明了塔羅牌這種騙人把戲，用來引誘內心有疑的人類遠離正道。我曾經讀過一本小冊子，當中解釋說，塔羅牌確實「很準」（能預測未來），但那個答案是撒旦餵給人類的。很顯然，撒旦這樣做的目的是要讓人認為沒必要信基督，或是讓人類擁有超自然的力量來取代上帝。

馬賽塔羅的制牌牌與惡魔牌

　　這兩種反應都表達了類似的恐懼，但心理架構完全不同。塔羅似乎確實擁有一種力量，但他們不了解它，想要遠離它。這種恐懼的部分原因在於，光憑一副紙牌就能揭露未來事件以及（或是）一個人的內心狀態，這簡直令人髮指。還不止如此，那感覺就像是一場夢跟著我們的腳步進入清醒世界。有時還更離譜，那個夢居然跑在我們的前面，在轉角等著我們走過去。

　　從以下這個故事，你就能知道塔羅如何把人逼到喘不過氣。如果你沿著義大利托斯卡尼海岸附近的高速公路往南行駛，你會突然看到一群色彩鮮豔的雕塑作品，高聳於一片濃密樹林之上。這些雕像有著各式個樣生動的圓弧造型，外部貼著鏡面玻璃和拋光過的陶瓷片，是偉大藝術家妮基・桑法勒（Niki de Saint Phalle, 1930-2002）的「塔羅花園」。這裡就像一個異想世界──一個夢的世界，花園裡全部都是塔羅大阿爾克那牌的雕塑。桑法勒花了大約二十年的時間創作這座花園，期間她一直住在現場，其實就是在「女皇」這座雕像裡面，造型是有著一對巨大乳房的人面獅身像。每天，整個工作團隊都會到現場，將水泥灌入鋼製框架中，或將彩色陶瓷碎片和鏡面玻璃黏在雕像表面。但到了晚上，他們就會全員離開，剩下藝術家獨自一人和她的雕像在一起。

　　就在這部大型創作接近尾聲時，她開始感到非常難受。在創作「死神牌」雕像期間，一位親近的友人生病了，桑法勒擔心那位朋友可能會死，那種擔心像是被下了咒一樣。後來這位朋友復原了，但一名工人心臟病發，又讓她非常驚恐。在此期間，桑法勒暫時停下工作，到巴黎處理家族

生意，而我剛好去巴黎拜訪一位朋友。我們碰了面，她問我是否願意幫她做個占卜，關於她對那些雕塑的感覺，因為她似乎被那些雕像壓得喘不過氣，甚至覺得非常恐懼。

我不記得是抽到哪幾張牌，但清楚記得那條訊息。紙牌告訴她，要放下那些雕像。她必須放下這樣的信念：認為那些雕像**屬於她**，因為它們是她親手設計和建造的。就像孩子到了某個年齡後，父母親就應該放手，讓孩子去過自己的生活；她必須將雕像看作獨立的個體。矛盾的是，這樣一來它們會回復到單純的雕像，而不是活在她頭腦中的生物。

當我們對塔羅或卡巴拉的力量感到害怕，我們可能會想到一句古老的俄羅斯俗語：「該拿它怎麼辦才好？」很多人會做的一件事就是，幫這個力量下定義並為它命名，以創造出一種控制的錯覺。跟亞當數星星一樣，他們會列出含義清單。「魔術師有這樣那樣的特質。它由水星主掌。它象徵陽剛法則」諸如此類。大衛‧羅森堡寫道：「大多數關於卡巴拉的書籍和文章，都在做解釋和使其簡明化。」我們可以把這句話裡的「卡巴拉」換成「塔羅」，同樣完全能夠描述塔羅發生的情況。

正如羅森堡所說，「做解釋和使其簡明化」、「這些都很好」。我們需要書籍和教學課程來傳遞數百年來人們編碼到塔羅紙牌裡的智慧。解釋很有用，因為它們讓我們了解圖案，但我們要很小心，不要將「解釋描述」與「事物本身」混淆在一起。

有時在課堂上或占卜解牌中，人們會抽到一張他們不理解或感到不安的牌。我會對他們說：「你看到什麼？」如果他們回答的是象徵概念或傳

統「占卜含義」，我可能會說：「這些都是抽象概念。你自己看到的是什麼？」然後他們會把牌拿起來，放在自己面前，從那一刻開始，他們才會用自己最原始的想法、對自己有意義的方式來描述它。

羅森堡又說：「我們可以試圖去緩解另一面的威脅」（從深處湧出的、可怕的、夢般的圖像和故事），「用知識和更多的知識」。但知識永遠不夠用。跟卡巴拉學者一樣，我們也會試圖用知識去緩解塔羅的可怕。通常會用相同知識、關聯對應、生命之樹、占星關聯、路徑以及確切預兆。我們做關聯、解釋、舉例。但我們要記得，知識本身並不是占卜解牌的目的。

然而，知識可以成為一種工具。生命之樹上，那個隱形的輝耀叫做「達阿思」（Da'ath），意思就是「知識」，這股能量會帶我們穿越「深淵」（就是將「外部的解釋與定義」和「內在的直接體驗」區隔開來的東西）。這裡所謂的「知識」，並不單指我們通常說的資訊。它是指活在我們內在的覺知意識。以塔羅來說，它只能透過花時間研究圖像而不僅僅是列出紙牌的可能含義來獲得。

女人和獅子

能帶領我們跨越深淵的，不只要有知識訊息，還要敞開。如果我們想發現塔羅的祕密，就必須揭露我們自己的祕密。我所說的「祕密」，尤其是指我們內心深處的恐懼和渴望。沒有這樣的真誠之心，我們無法往前走，當然也不會安穩順利，因為，如果壓抑了自己心裡的某些東西，同時

又想要去探索塔羅的各種奇境，我們的心靈會受到干擾。

　　揭露祕密，不是說我們一定要搥胸頓足悲傷憤怒、或是對我們所有朋友據實以告。當然也不表示我們必須去追溯過去曾有過的任何可怕想法或行為，然後譴責自己。因為那是懊悔羞愧，不是敞開。因為那些未必是你真正隱藏的東西。揭露祕密的意思是，我們接受自己，接受自己的真實面目，自在面對我們生命的每一部分、我們自己的性格、欲望和幻想，無論是光明的、可怕的還是荒謬可笑的。（坦白說，這不是一個簡單的實驗！）

偉特塔羅和馬賽塔羅的力量牌

　　這種接受，塔羅給了我們一個很棒的意象。我們稱它「力量」（Strength，或力〔Force〕或堅毅〔Fortitude〕，看你用的是哪一套牌）。

　　在傳統圖像中，女人並沒有控制或主宰那隻獅子。她沒有把它關在籠

子裡，也沒有鞭打它要它屈服。相反的，她擁抱它。

　　這張牌有一些較古老的文藝復興時期版本，畫的是希臘英雄海力克士（Hercules）弒獅的著名神話場景。有些人認為這個意象意謂著我們必須戰鬥，甚至殺死我們內心的激情熱力，就像戰士殺死野獸。然而，在《威斯康提－斯弗扎塔羅》之後大約兩百年，馬賽塔羅給我們的畫面是，那個女人抱著那頭獅子，或許是正在馴服它。她似乎把獅子的嘴巴掰開，像是要它放棄什麼，也許是揭露祕密。它是不是要告訴我們宇宙的隱密真相？抑或，它其實是表露出海力克士想要摧毀的那個激情？

威斯康提 - 斯弗扎塔羅的堅毅牌

　　事實上，女人與獅子是非常古老的一個意象，比海力克士和他手上的粗棍還要古老。事實上，海力克士的故事可能代表了希臘戰士想要去征服

一個更古老、更本土的文化，一個以女神為中心的文化。女性神祇與大型貓科動物的意象，至少可追溯到八千年前，在土耳其出土的一尊小雕像。一位有權勢的女人坐在椅子上分娩，表情毫無痛苦掙扎，身邊兩側各躺著一隻花豹。

巴比倫的伊絲塔女神在故事和神像藝術作品中也與獅子一起出現。希臘神話的獅身人面像是女人和獅子的結合體（請不要跟著名的埃及雕像混淆，埃及的獅身人面是男性）。在印度，我們發現女戰神杜爾加（Durga，或稱難近母）身邊也有獅子。然後是土耳其，「諸神的偉大母親」西布莉（Cybele），從那尊無名雕像所在的同一地區出發（只是年代大約晚了五千年），她乘坐由兩隻獅子拉的戰車前往羅馬帝國（這個意象就是塔羅的力量牌與戰車牌的結合）。

女人與獅子的夥伴關係並沒有在那裡結束。十一世紀末，在法國，《光輝之書》描述到神的女性形象，女神舍姬那（Shekhinah），她身邊也有獅子。大約五百年後，馬賽塔羅牌上那位女人和她身邊那頭愛講話的獅子，取代了海力克士，成為標準意象。

我建議大家先不要對這種夥伴關係作出解釋，先花一些時間跟這對夥伴相處。先試著想像自己是那個女人，然後再想像自己是那頭獅子。讓自己從內在開始去體會這張牌。如果你發現這頭獅子不想再保持溫和，而想要轉身攻擊你，也要讓自己好好體會那個感受。大衛・羅森堡將他的書稱為「被活活吃掉的夢」，絕非沒有道理。

女人和帷幕

神祕學傳統將塔羅稱為「祕儀」（阿爾克那）或祕密。當我們思考這個詞彙時，我們經常認為它是指祕密訊息，就像一些被鎖起來的機密文件（或是老套說法：「鎖在梵蒂岡地下室裡的祕密」）。若不是訊息，比如某種咒語公式，那可能就是啟示。或沉思盤算。不管怎樣，祕密似乎都等於「知識」。

請看下頁那張偉特塔羅的「女祭司」牌（也可以用其他版本，但偉特牌的圖案在這裡表達得最為直接）。

她穿著女神伊西斯的長袍（還記得她嗎？就是托特神幫助她讓她丈夫歐西里斯起死回生的那位女神），坐在一張帷幕前，彷彿擋在她的神殿入口處前方。被帷幕遮住的伊西斯，是源自希臘文化世界（赫密士・崔斯墨圖的世界）神祕主義信仰的一個象徵符號。作家海倫娜・布拉瓦茨基夫人（Helena Blavatsky, 1831-1891）是神智學運動的共同創始人，十九世紀的這場運動對黃金黎明學派產生了重大影響，布拉瓦茨基將自己的一部著作命名為《揭開伊西斯的帷幕》（*Isis Unveiled*），另一部重要著作書名是《祕密教義》（*The Secret Doctrine*）。現在我們確實是來到女祭司的國度，甚至布拉瓦茨基出版的兩部作品，每一部最初都有上下兩卷。因此，帷幕之後一定藏著祕密，而從布拉瓦茨基多達數百頁的巨著，我們可以猜測，祕密一定極為複雜。

祕密的意象就在她膝上的那兩幅卷軸。卷軸上面露出「TORA」字樣（希伯來聖經《托拉》的另一種寫法，也可能是把 taro 這個字的字母調

動順序），但是卷軸是捲起來的，彷彿那裡面是什麼禁忌或奧祕的東西。
如果是打開的，那就是象徵「可外傳的」、通俗的《托拉》，是星期六早
晨在猶太教堂裡宣讀的公開經文。如果是捲起來的，就暗示那是一個內密
真理。同時，卡巴拉學家經常將這種奧祕層次描述為「存在於有形字母間
的密意」。換句話說，捲起來的卷軸，並不是在說：「我知道你不知道的
事情，而且那些事情不准你知道」，而是說：「世界含藏著許多智慧，比
你表面上看到的還要多。學習深入觀看那些空白之處，你將發現驚奇之
物。」

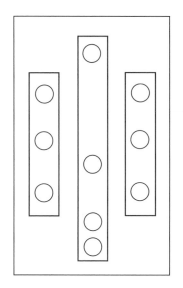 

偉特塔羅的女祭司牌。從左邊的解析圖，我們可以看到這張牌如何用它的象徵符號
創造出卡巴拉生命之樹。

帷幕張開在兩根柱子之間，柱子一黑一白，上面分別標示著 B 和 J
兩個字母（在塔羅研討會上，最多人問我的問題可能就是：「那個 B 和

J 代表什麼意思？」）符號來自共濟會，那個複雜神祕學城堡。波阿斯（Boaz）和雅斤（Jakin）是豎立在古耶路撒冷所羅門聖殿入口處那兩根柱子的名稱。牌面上描繪的那兩根柱子，就是象徵再次創建聖殿入口。這就是共濟會的靈修目標——重建聖殿，不是用真的石頭和木頭去建造，而是用神祕主義者喜歡說的「星光界」或「更高振動頻率」這類「心靈建材」。（如果我有誤解共濟會的目標和做法，在此向他們深深致歉。）

　　共濟會就是祕密嗎？布拉瓦茨基的教誨是祕密嗎？古埃及或希臘化時代的入會儀式是祕密嗎？也許這個祕密埋藏在耶路撒冷的聖殿山，也許是藏在現今同一地點的兩座大清真寺的其中一座——或可能兩座都有，因我確信，其中一座有著閃閃發光的金色圓頂，另一座則是銀色拱頂，這絕非偶然。或者，祕密是藏在聖經裡，藏在神告訴所羅門如何建造聖殿的指示中。雖然所有這些教義都造就出雄偉建築，無論它是藏在石頭中、或是哲學還是寓言中，它們依然是教義教條，而不是祕密本身。

　　這兩根柱子不是僅僅來自所羅門的聖殿或共濟會。它們一黑和一白，象徵我們人類存在的所有二元性、所有雙面性。光明與黑暗，正面與負面，男性與女性，意識與無意識，動與靜，生與死，喜劇與悲劇，美與醜，熱與冷，乾與濕……等等等。這就是我們所知道的宇宙——或者更確切地說，這是我們所感知到的，因為在現實世界中，這些東西沒有一樣能單獨存在。

　　可是等一下。牌面上還有第三根柱子。女祭司坐在兩根柱子中間。光是她安安靜靜在那裡坐著，就體現了生命之樹的中柱。

　　在卡巴拉，我們從右柱和左柱也看到二元性，右柱是擴張法則，左柱

是收縮法則。擴張包含慈悲與仁慈的理想，收縮包含嚴厲和正義的理想。兩者都是必要的，就像原子內部沒有正電和負電宇宙就無法生存。過度收縮，會全部崩塌，過度膨脹，會四分五裂。任何父母都可以告訴你，教養孩子也是同樣道理。

但是，是什麼使得宇宙不會在膨脹和收縮之間劇烈震盪呢？中柱代表和諧、平衡的法則。在「女祭司」這張牌，我們並沒有將這項法則看作一根石柱或一個抽象符號，而是一個真實的人，一個冷靜且自信的女人。現在，我們已經開始接近這張牌真正要向我們顯示的祕密──不是被禁止揭露的訊息，而是一個發現。

作為一個真實活著的女人或男人──或者變性人、雙性人或非二元性別者（但沒有誰比誰高等），你自己可以協調生命中的對立和衝突。學習「女祭司」的道路，你就能平穩安坐於一切紛亂之中。同樣的，學習「力量」之道，你就能馴服獅子，與他輕柔玩耍。

就這樣？嗯，還沒結束喔。別忘了帷幕，那張布幕上面畫著石榴和棕櫚樹（這兩種植物實際上共同組成了卡巴拉生命樹的意象，石榴就是輝耀，棕櫚樹是左柱和右柱）。它擋住通往神殿的道，使我們無法看到裡面隱藏的奇異風景。但，真的有擋住嗎？仔細看這張圖。布幕和柱子之間有一條縫隙，實際上你可以看見簾幕後面的東西，你可以看到一片水域。沒有石碑雕刻，沒有超自然生物，也沒有咒語公式或方程式。就只有一潭水。這是完美的「無象」之象，因為水無比強大，沒有任何形狀，除非你將它裝進容器裡。水，就像心靈那樣深奧而神祕，它就是生命本身，因為一切有機生物的祖先，無論是動物、植物或微生物，都起源於我們的母

親——海洋。地球表面大約有四分之三是水，人體也是。在我們體內流動的血液帶有鹹味，跟大海一樣，當我們要表達內心最深層的情感時，無論是心碎還是喜悅，我們會流下鹹鹹的眼淚。

「女祭司」牌的祕密非常單純：沒有任何固定的規則能定義生命，存在沒有絕對的真理。要了解事實，我們必須像水那樣流動，並向生命的脈動敞開我們的靈魂。或許說起來容易，但做起來卻很困難，甚至讓人害怕。為了真正經驗這個事實，我們必須讓我們性格的固定形狀溶解，消失於無形。我們必須放棄數星星的欲望，放棄我們可以控制一切的信念。這就是它成為祕密的原因。

這是否意謂著「水」是最究竟的元素，聖杯牌組是唯一真實的存在？顯然不是，否則塔羅牌一定會以不同樣態出現在我們面前。小阿爾克那牌的水元素牌組確實象徵生命存在的無形無狀，但這是一個特殊視角。要生活在現實世界中，我們需要與他人保持平衡。水元素牌組代表了我們經驗的四個面向中的其中一個。

丹麥塔羅學家海勒・阿加特・拜爾霍姆（Helle Agathe Beierholm）認為，小阿爾克那的四個牌組，就是將大阿爾克那的靈性法則帶入我們實際生活中的四種方式。這個概念其實是雙向的，小祕牌也是發現這些大祕牌法則的四種途徑。

拜爾霍姆用一個嬰兒出生的過程來描繪這些元素。嬰兒躺在子宮的羊水裡，我們也可以將它比喻為大海的原始行星子宮。火元素讓人想到，身體燃燒食物來獲取能量以維持生命和生長。當嬰兒離開母體，必須靠自己

生存下來時，它開始呼吸空氣，獲取風元素提供給細胞的氧氣。風元素屬
於心智頭腦牌組，代表嬰兒對這個嶄新宇宙的迷戀。這一切活動都發生在
一個形體之中，而這個有形之體，也就是肉體本身，代表土元素。在這個
精密設計中，大阿爾克那象徵這個肉體的靈魂，這使得肉體既是一個活生
生的存有，亦是獨一無二的靈魂。

第十章

成為閱讀者

Becoming a Reader

　　如果我們思考如何使用塔羅，我們就能透過不同的鏡頭視角來觀看元素。大衛‧羅森堡再一次告訴我們，如果我們想深入卡巴拉，就不能完全依賴知識，因為知識會變成屏障。對塔羅來說也是如此。你愈是認為自己知道很多，你腦子裡的那張牌義清單就愈可能阻擋你看見眼前的真相：「哦沒錯，這張牌就是代表……」

　　羅森堡的這句話非常精彩：「我們不能只是當個知識的持有者。我們必須成為閱讀者。」在這裡，他指的不是塔羅牌的占卜師、解牌者，他指的是真正閱讀一首詩或一個故事的人應該具備的品質，他不該去解釋那首詩或對那個故事做分類，就算只講給自己聽也一樣。要真正閱讀某個東西，你必須對它敞開你自己，用你的心和直覺去讀，而不是只用知識頭腦去讀，而且無論你之前已經讀過多少遍，還是每次都要這樣做。即使羅森堡說這句話時沒有想到塔羅，他的話對我們來說依然意義非凡，因為在塔羅的領域中，「閱讀者」（reader）一詞帶有雙重含義。這也是塔羅和卡巴拉之間奇妙關係的一個縮影——卡巴拉的系統和思想概念，完全可以應用在塔羅上，他們兩個簡直就是天生一對。

　　我們不能只是成為知識的持有者，而必須成為閱讀者。要真正進入塔羅牌，我們要做的不僅僅是學習關於它們的各種知識；我們要實際使用它。閱讀塔羅牌可以讓它們把你帶到你自己想未曾想過的地方。那個冒險是屬於知識之外的，因為知識系統是一種已知系統，但是當你跟月亮下注賭博——發揮想像力來發揮你最深層的直覺——你永遠不知道會有什麼東西浮到表面上來。塔羅的「月亮」牌，畫的是一隻從深層水域爬上來的龍蝦（或螃蟹），明白闡釋了此一奧祕。

馬賽塔羅、偉特塔羅和拉齊爾塔羅的月亮牌

什麼是閱讀者（塔羅讀牌者）應有的品質（qualities）？我們可以直接用塔羅牌本身來揭示可能性。塔羅的四個牌組及其元素，正好可以用來代表解讀塔羅應具備的四種品質。有「火元素」，我們就能滿懷熱情來讀牌。我們得到火般的靈光一閃，突然有了領悟洞見。我們必須付出深切的關心，要願意獻出自己，給我們在紙牌中所感應到的東西，否則它永遠不會告訴我們答案。就像騎著火熱戰馬的權杖騎士，我們帶著歡欣冒險的心情躍入占卜牌陣中。

托特塔羅與聖靈塔羅（Tarot of the Spirit）的權杖騎士

安妮・迪勒（Annie Dillard）在她的書《短暫人世》（*For the Time Being*）引用了一個跟火元素有關的基督教故事。早年，沙漠修士時代（Desert Fathers，在俗世中隱居苦修者），一位修士羅特來拜見他的老師

約瑟夫。「神父，」他對他說：「我已盡我所能，恪守清規，禁食、禱告、冥想、閉關靜默，並盡一切所能努力淨化我的思想心念。接下來，我該做什麼？」

年老的修士站起身來，將他的雙手伸向天空。他的十隻手指變成了十盞燈火。他說：「何不讓自己化成火？」

靈性追求（塔羅占卜也是一種靈性追求，如同占卜這個詞所顯示）不是展現虛假謙虛之處。為了得到真實結果，我們必須完全獻出自己。我們必須允許塔羅圖像將我們化成「火」。

有了水元素，我們就能接收細微和深層的情緒感受。我們讓直覺引導我們，如同順著一條河流而走。水是愛的元素，跟提問的人建立真正的連結是必要的——這個提問的人包括你自己。水帶來慈悲，慈悲的意思就是分擔他人的痛苦。很多人是因為有某種痛苦而來詢問塔羅牌。愛情順遂時，我們往往不會想要問塔羅，但是當我們心中的理想對象不再回我們電話，我們就會去問塔羅。如果你不想讓你的解牌變得冷酷無情、甚至殘忍殘酷，以自我為中心來炫耀你的技能和預言能力，那麼，你一定要記住，塔羅解牌的存在，不是為了讓你炫耀你的見識或見解，而是為了緩解提問者的不舒服。你要為提問的人提供「大悲水」——那個提問的人也包括你自己。

風元素帶來理性智慧。我們不能僅憑感覺來解讀擺在我們面前的牌。雖然直覺可以引導我們了解一張牌的重點，我們還是需要去了解，它跟其他牌、以及跟提問者的生命關聯性。我們也需要心智頭腦，也就是風元素的最重要特質，才能真正從傑柏林開展神祕主義塔羅以來，這兩百多年中

所有出現的牌義解釋和學術論述中受益。

土元素，亦即物質現實，提醒我們，解讀塔羅牌是在處理真實的人事物。人們談戀愛、工作、生病、旅行或搬家、生孩子。當我們擺出一個塔羅牌陣，所有這些現實都會進入到我們所尋求的智慧之中。對許多人來說，這就是他們想要在塔羅中找到的一切。他們看過吉卜賽算命師的電影，或是通靈者等待接聽到你電話的深夜電視廣告，保證準確率高達百分之九十八，而現在，他們來到塔羅面前，希望知道自己會嫁給誰，他們的配偶是不是欺騙他們，或在該去哪裡找工作。塔羅占卜師（解讀者）可能會試圖讓他們知道，那些紙牌要告訴他們哪些心靈功課或心理問題，但他們只想知道一件事：它到底準不準？

土元素關心的是真正的現實擔憂，我們不該認為它們不如「更高真理」重要，而忽視那些問題。真正有價值的塔羅解牌，會將把實際問題與圍繞在它周邊的多重層次含義全部結合在一起，來進行解讀。

許多古老的神祕學著作都頌揚風元素以及心智頭腦，認為這個元素最接近大阿爾克那牌象徵的純粹性靈境界。風沒有形體，不受有形之土元素（地球）所拘，最不具實體物理性，因此（據說）最接近神（神性）。心智頭腦（據說）可以將我們從肉體感官的有限視角中解放出來，因此我們可擺脫幻象，發現純粹理性的真理。為了理解風元素的這種向上揚升性，我們需要簡要回顧一下靈性思想的歷史，特別是對於女性的態度。

那些讚揚心靈優越性的作者，幾乎都是男性，他們認為感官和直覺屬於女性，理性屬於男性，這絕非單純巧合。對身體和物質世界的厭惡有其文化歷史（至少可追溯到古希臘），它們一直想要否認女性的神聖性，

並頌揚男性的特質。為什麼男人要把女人和身體連結起來，認為她們比較低等？很簡單，我們每一個人，無論男女，都來自母親的身體。許多早期的宗教表現形式，例如石器時代藝術和寺廟神殿（有時以女性身體的形狀來建造），都在慶祝女性生育生命的這種能力。為了回應關於我們生命存在此一有力事實，（男性）希臘人和其他種族的人認為，物質存在不僅與精神截然有別，而且等級比精神還要低，甚至是精神的敵人。他們認為精神是被囚禁在物理現實的「粗糙物質」中。因此假設，我們的心智頭腦可以將我們從身體的牢獄中解放出來。這裡我們可能會注意到，英語的「物質」matter 是來自 mater 這個羅馬字，意思就是「母親」（mother）。

這些對本能、直覺和情緒感受等這些水元素特質的偏見，到了二十世紀 60 和 70 年代，突然轉了個大彎。突然間，人們認為這個「心智頭腦」（mind）是真實生命的敵人。如果我們能淨空自己的思緒，如果我們能像動物一樣憑本能行動，我們就能「讓我們的心智頭腦爆炸」（將我們從自己的頭腦思緒中解脫出來）。我們將回歸大自然，重新發現真實的自我，甚至看到我們內在的神聖本性。我們會發現強大力量。在電影《星際大戰》中，路克一心想憑藉頭腦意識之力引導他的太空船進入邪惡死星的正中心，但始終沒辦法做到。「相信你的感覺，路克。」他的老師尤達如此告訴他。當路克放下他的心智頭腦，他才能接觸到原力，並讓原力帶著他抵達目的地。

為什麼我們要認為一種元素優於另一種元素；認為一種是潔淨的，另一種是骯髒的；或一種是值得信賴的，另一種是虛假的？在塔羅牌中，四

個小牌牌組全部都有相同編號的牌，也就是 1 到 10 號牌，還有相同的人物角色，無論我們稱他們為侍者、騎士、王后或國王，還是女兒、兒子、母親和父親；或任何其他不同的名稱。當我們執行一局占卜，我們會將所有紙牌混合在一起，因為這就是我們所謂的人生：各種元素材料的綜合雜菜湯，每一種元素都有自己的味道和養分，每一種元素也都有它自己的超額限制和風險。

　　當代女神信仰和異教運動始於二十世紀 70 年代和 80 年代（這些東西並不是什麼新的概念，只是在那段時間開始傳播開來廣為人知）。這些運動尊重女性和大自然，並賦予肉體一種神聖感。人們對環境的認識也在同一時期展開，之後開始對原住民族的神靈信仰產生興趣，因其信仰傳統的多樣多元，有時也被稱為「以地球土地為基礎的宗教」（Earth-based religions）。而塔羅牌也在這個時期出現了各種女神塔羅牌、推崇不同文化的塔羅牌、以及異教／威卡巫術塔羅套牌。

　　乍看之下，似乎早期的神祕主義意識形態是將風元素和理性置於一切之上，而嬉皮則將水元素的情感和火元素的衝動能量置於至高無上的地位，而異教徒則是推崇地球高於一切。好在，事實情況並非如此。異教和女神崇拜者跟其他任何一個群體一樣，都有單單偏向一邊的人，但整體而言，他們已經將元素平衡當作一個重要目標。

　　也許這種平衡感，部分是來自塔羅在異教復興中占有一席之地。許多異教徒一定會在節日期間做塔羅占卜，尤其是薩溫節（萬聖節）、凱爾特人和巫術崇拜者的新年，他們認為這些日子是「世俗」世界和「靈魂」世界的分界打開的日子。也有一些人會在儀式中使用塔羅牌。他們會在地面

上鋪設一個迷宮陣，一位蒙著面紗的女祭司坐在迷宮陣的正中央，手上拿著一副塔羅牌攤開成扇形，讓所有人來抽牌，第一張牌代表需要放手的東西，另一張牌代表他們想要留下來的東西。

　　某些塔羅神祕主義者和卡巴拉主義者認為，跟把塔羅牌作為存在法則的記憶系統之研究相比，塔羅占卜根本無足輕重。如果你是這樣想，那你可能會認為抽到某幾張牌或某些元素牌組才是「好牌」。你可能會把某幾張牌認定是「壞牌」，或是做出錯誤引導。但如果你是把塔羅占卜當作你的靈性塔羅修練的核心，你會發現，生命無時無刻不在變化，某個時間點對你有用的那些元素特質或想法，在其他時候可能會變成你的阻礙。

馬賽塔羅的太陽牌和惡魔牌

　　假設你現在來到迷宮正中央，然後抽出兩張牌，第一張是你必須放手的東西，你抽到「太陽」，另一張代表要留下的東西，你抽到「惡魔」。

　　你是否會感到驚慌？還是決定把它當成失誤而不予理會？事實上，塔羅從來不會強迫我們，我們始終有權拒絕它的建議。如果你將這兩張牌解釋為「放棄幸福快樂，成為惡魔的崇拜者」，那麼你最好是拒絕它們。但如果你已下定決心要認真看待塔羅，你或許可以這樣思考：單純和快樂未必總是對我們有益，有時我們也需要進入內心的陰暗角落，將裡面隱藏或被囚禁的所有東西釋放出來。當然，有些人會把「惡魔」牌解釋為追求感官享樂。

　　在各個元素的平衡中，大阿爾克那牌又扮演什麼角色呢？首先要說的是，大牌的功能是將「以太元素」（靈性元素）帶入火、水、風、土的作用中。在這裡，塔羅占卜讀牌再次為我們上了寶貴的一課，當我們把牌全部混合在一起洗牌，我們無法因為大牌比小牌「高等」而將它們單獨挑出來。精神與俗世生活密不可分。經過數十年的神祕學塔羅釋義，有些書籍作者和塔羅老師偶爾會認為，跟大牌的價值比起來，小牌似乎沒那麼重要，有時可予以忽略。有些書籍甚至連提都沒提，或大略提一下最粗淺的含義。而這種偏見似乎已經被帶到占卜解牌當中。如果人們在占卜中抽到好幾張大牌，他們會覺得很開心；如果出現小牌，就感到失望、或覺得受辱。但是，如同我希望藉由本書示範的卜牌陣來證明，我們智慧的工具，是包括全部七十八張牌全部要用上。真相的呈現，是來自單張牌的個別特徵以及牌與牌的相互組合。就像我們的人生一樣。

塔羅的三個層次，閱讀者的三個層次

前面提過，從我的塔羅牌使用經驗中，我發現有個方法相當有價值，就是，將大阿爾克那二十二張牌看成是「愚人」牌外加三組牌，每一組七張牌：從「魔術師」到「戰車」，從「力量」到「節制」，從「惡魔」到「世界」。在這本書中，我們會多次反覆以這種方式來檢視這三組牌，並從不同角度來看它們如何彼此組合與相互影響。不過現在，我們要先來思考，關於「如何成為閱讀者（占卜師）」，它們要告訴我們什麼。

「三」的意象與神話有非常密切的關連。我們可以在許多宗教的三位一體神看到「三」的存在，從「少女－母親－老嫗」三面女神，到印度教的「創造者－保護者－毀滅者」三相神，再到基督教的「聖父－聖子－聖靈」三位一體，皆是。「三」也出現在現代神話中，從哲學（黑格爾的正－反－合）到心理學（佛洛伊德的本我－自我－超我）。「三」有兩個基本來源：超越二元性的需要，以及，更根本的來源，「母親－父親－孩子」三元組合。因為我們皆是從一個母親和一個父親而來，因此，「三」的概念始終根植於我們心靈中。其結果是，我們將時間分為「過去－現在－未來」，將經驗的世界分為「身－心－靈」。塔羅書籍作者兼塔羅牌教師瑪莉·K·格瑞爾告訴我，當她教授兩張牌解讀法時，人們總是想再幫它多加一張牌。當她告訴人們一個問題有正反兩面時，人們會立刻想要尋找解決方法。她指出，有時候，停留在進退兩難的困境中，可以讓我們獲益良多。

因此，當我們思考任何重要主題時，似乎很自然會從三個層次來討論

問題。大阿爾克那牌為我們提供了前往三世界的完美旅程模型。「愚人」展開他的旅程，先到「戰車」，再到「節制」，最後抵達「世界」，我們發現，這三組牌分別代表了不同的人生問題和生命挑戰。在這裡，我們要跟大衛‧羅森堡的卡巴拉觀點進行最後一個「對話」，我們要來看看，關於人們想要在卡巴拉中尋找的三樣寶藏，他會提出什麼樣的看法，然後看是否能在塔羅中發現類似東西。

羅森堡將人們接觸卡巴拉的理由分為三種取向（譯注：就是上一段提到的，人們想要在卡巴拉中尋找的三樣寶藏），分別是：實用（practical）、啟發（creative）和邊陲（frontier）。「實用」描述的是那些想要用卡巴拉咒式、魔法和冥想來造福自己生活的人。我開始撰寫這本書時，正值千禧年之初，卡巴拉受歡迎的程度急遽上升。電影明星推崇它的力量，生命之樹項鍊在新時代禮品店賣到翻，卡巴拉的書籍紛紛面世，向讀者保證卡巴拉可以讓他們發大財、身體健康、性關係更和諧美好，這一切，全部都可透過卡巴拉及其神聖真理來實現。甚至更早之前，有時你還可以在火車站或機場看到一些小桌子，上面擺放著色彩鮮豔的書籍介紹卡巴拉，以及它可以為你做到的一切。

以塔羅來說，確實完全不欠缺實用性。大部分人去找占卜師問問題，都希望能得到具體答案，問題不外乎感情、性愛、生涯職業或是健康（有一項針對塔羅占卜師的大規模調查，包括他們通常會被問到哪些問題，以及各種問題出現的頻率，從中可看出人們想要在生活中追求什麼）。有時，提問者會隱藏問題來測試占卜師。有一次，一位女士來找我做占卜，

當我問她想知道什麼事情，她說她沒有具體的問題，只是想看看塔羅牌要告訴她什麼。我為她布了一個牌陣，抽出的八張牌當中，就包含了《閃亮部落塔羅》當中僅有的三張跟嬰兒和懷孕有關的牌。於是我問了她一個敏感問題：「你明年有可能生小孩嗎？」她突然興致高昂起來，說這就是她來這裡找答案的原因。

　　塔羅能夠辦到這樣的事情真令人驚訝，有時人們甚至驚嚇到無法從紙牌看見其他東西。不過，如果你認為這種期待很膚淺，那就錯了。塔羅的「戰車層次」就是著重於人們生活中的一些基本問題。這些牌可以告訴我們很多事情，因為它們能揭露關於感情或工作問題的答案。我們可以學習去看我們自己和我們的各種模式。紙牌可以幫助我們打造我們的人生。我們可以將它想像成像是在打造我們自己的戰車，一輛載著我們穿越生活挑戰的交通工具。

　　大多數「嚴肅」的塔羅書籍，會試圖扭轉算命師可怕形象的那些書，事實上就是從戰車層次來使用塔羅，用一種更全面的觀點，更真切去思考人們的真正需求。塔羅教師和占卜師會描述他們如何面對這類客戶——他們只想要塔羅牌告訴他是否有人愛他，甚至是如何讓別人愛上他。（美國塔羅協會發行的刊物曾經引用一封來信，問道：「我該如何讓邁奇跟我上床？」）通常占卜師會建議他們把問題轉向自己對感情的看法，比如問這類問題：「我想從一段感情中得到什麼？」或「我的感情關係模式是什麼？」以及「我是否自己設下障礙把愛情往外推？」還有「怎樣做才能幫助我突破這個障礙？」每當塔羅占卜師或書籍談到障礙、以及突破障礙的方法，我們就是搭上了「戰車」。

　　羅森堡將第二類稱為「啟發性卡巴拉」。在這個層次，人們追求的是靈性上的轉化。深入研究和深度冥想引導追求者擺脫對外部世界的關注，發現自身內在的精神核心與神性意識。我們發現，這些主題強烈呼應大阿爾克那牌的中間層次，也就是到「節制」為止的這七張牌。人們找到力量，以擺脫「戰車」的成就，扭轉以前的價值觀，追求小我（ego）的死亡，找到平靜與平衡的內在天使。廢棄小我、找到真正價值、靈性解放──對我們大多數人來說，這些似乎就是一切追求的終極目標。但是，塔羅大牌還有七張，那是一個全新的層次。

　　羅森堡寫道，他並不懷疑那些走上啟發性道路的人的誠意，但有些事情讓他感到不安。當他意識到，整個追求都關乎「本我」（the self），他才恍然大悟。直接引述他的話：「那是在為人類服務。」

　　即使是浩瀚宇宙，不知何故似乎變成一個為人類造福的實體。如果你在新時代圈子待過一段時間，你可能聽過人們這樣說：「向宇宙表明你需要一份新工作」，或是：「宇宙會給你一個完美的關係」。我們很容易就把這類說法看作是「戰車的貪婪」。但是，那些藉由冥想來學習宇宙法則的課題、或是堅持認為有一個仁慈宇宙會引導我們走向開悟啟蒙的那些人呢？宇宙的存在目的，真的是作為一種自學系統來啟迪人類的意識嗎？

　　近年來，「宇宙」一詞已成為塔羅占卜師、靈性追求者和通靈師的常用語。一些拒絕童年時期教條主義宗教的人，現在用「宇宙」來取代「上帝」，這經常讓我受衝擊。人們會說：「宇宙會給我最好的」，或是：「宇宙永遠不會給你一個你無法克服的挑戰」。很顯然，這個宇宙的含義跟天文物理學的宇宙完全不一樣！

　　如果我們將「節制」層次誤認為是終極事實，那每一樣東西就會變成一項功課、一項隱喻。沒有一樣東西的存在是只為它自己，沒有一樣東西不是要教導我們或讓我們知道什麼事情。我們開始相信生命中發生的每一件事、占卜中出現的每一張牌，都是為了幫助我們提升。無論我們研究某張牌的符號含義、或是從占卜牌陣中發現靈性訊息，我們都不允許這些圖像依然是一個謎、一件不可思議的東西。這就是為什麼我經常強調，我們必須熱愛圖案意象。否則，我們該如何讓它們逃離我們為它們建造的解釋牢籠呢？

　　否則，我們又該怎樣讓它們愛上我們呢？幾年前我好像講過這樣一句話：「你愛的，才會真正愛你。」如果你帶著愛接近塔羅牌，它就會向你敞開，為你揭露不可思議和謎奧，引導你，並向你顯露它自己。

　　羅森堡將他的第三個層次命名為「邊陲卡巴拉」，這個術語是他從生態學家那裡借來的，生態學家用這個詞彙來認識存在於自然界中、未受人類控制的邊境地帶。邊陲卡巴拉學家不遵循每一個輝耀的既定解釋，也不將全部重點擺在生命之樹或任何其他預先確立的知識體系。邊陲成為一處地方，在這裡我們不再只是知識的揹負者，我們成為閱讀者。那麼，讓我們來看看大阿爾克那的最後這張牌，不是根據它們的教義，而是從他們的故事。事實上，我們要把重點放在一個故事上，這是大多數讀者從小就知道的故事。

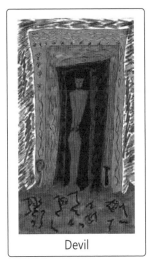

偉特塔羅和閃亮部落塔羅的第 15-17 號牌

The Moon

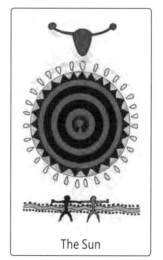

The Sun

Awakening

偉特塔羅和閃亮部落塔羅的第 18-20 號牌

塔羅、塔羅，把你的長髮放下來

　　從表面上看，大阿爾克那牌的十五到二十一張牌遵循著一個明確計畫，甚至是一個相當簡單的計畫。我們稱它為「光明解放」（the liberation of light），因為它從「惡魔」的黑暗之境離開，進入「高塔」的雷電閃光，然後是「星星」、「月亮」、「太陽」，到「審判／覺醒」的靈魂之光，最後在「世界」牌的本我中發現宇宙無邊的光明。

　　這個計畫很簡單，但不代表它裡面不包含複雜的概念。

　　我們可以從故事的層次開始。節制天使降臨黑暗，釋出光明。神祕學傳統認為那位天使就是米迦勒（Michael，希伯來語 *Micha-el*，意思是「像神的那人」，譯注：台灣一般身心靈書籍有時譯為「麥可」），根據基督教神話，他是將路西法扔進地獄的那位神聖護衛。路西法並不只是一個只會用叉戟和詭計來折磨人靈魂的可怕怪物。路西法是光明使者（Light-bearer，帶來光明者）、是晨星（the Morning Star）、是金星（Venus），這顆星在異教信仰是一位女神，無論叫做維納斯、阿芙蘿黛蒂、伊南娜還是伊絲塔。路西法因為傲慢和自負而放棄神聖明光，變成了詩人約翰密爾頓所說的「可見暗域」的統治者。

　　但「星星」牌也象徵神話的金星維納斯（是天界女神的一個意象，一個故事，不同於實際上的天體星球）。在這張牌，我們將金星看作一位女神。結果，金星實際上出現了兩次，分別在高塔牌前後：黑暗的金星是惡魔，光明的金星在「星星」牌中。

馬賽塔羅的惡魔、高塔以及星星牌

　　而這裡有個弔詭之處。剛才，我們區分了神話中的金星和科學知識中的金星。由於金星會在天空中發出美麗的光，古時候的人便將這顆行星描繪成一個光明人物形象、一位女神或天使，以及愛的使者。然而，到了二十世紀末，科學家發射探測器發現，金星實際上受到極嚴酷的溫室效應，它的外圍被厚厚的雲層覆蓋，在金星表面形成強大壓力（最強的探測器也只能在那裡待很短的時間），造成幻象和扭曲（如果有意識的生物能夠存活足夠長時間來觀測四周的話），還有高熱，是整個太陽系中溫度最高的行星。聽起來是不是很像地獄？

　　不過，還有另一個金星維納斯，是代表美麗和希望的形象 —— 從物理事實中解放出來的人物。金星幾乎全年都隱蔽不可見，在許多地方，她的重新出現標誌著播種時間到來，代表地球恢復生育力。這就是為什麼與她相關的幾位女神都是生育女神，因為古代人看到了人類性行為和地球生育植物這兩種能力之間的深厚關聯。那麼，「惡魔」牌就變成了那顆隱蔽不見的金星，代表缺乏生育力的時期，或是性能力受困時期，而星星牌則代表金星回歸，生命再次恢復生機和活力。

　　最後七張牌的故事很簡單，但我們可以從它身上連結出的神話、哲學甚至科學理論，幾乎和塔羅本身一樣多。諾斯底教徒在「惡魔」牌的黑暗與光明的解放中看到靈魂被囚禁在暗黑物質中，這是他們最喜歡的故事。我們也可以在這幾張牌中發現到，男神和女神被殺之後帶到地下冥界，然後被忠誠的愛人救出的故事。

　　我們可以將「惡魔」牌看作一種變態的愛、戴著枷鎖的愛，因為「惡魔」牌的編號是十五，化約之後是六，也就是「戀人」牌的編號（15 = 1

+ 5 = 6）。A. E. 偉特藉由重新設計「戀人」牌，讓這個概念更加明確，這樣一來，「惡魔」牌看起來就會像是扭曲變形的「戀人」牌。

偉特塔羅的戀人牌和惡魔牌

在《閃亮部落塔羅》中，「戀人」牌與「惡魔」牌的關聯變得比較隱微，但還是相當緊密強烈。在這副牌，我們看到的戀人是一對在天空中自由擁抱的激情情侶，而惡魔則是一個被鎖在門口處的一位孤獨人物，一個是性能量高度集中，一個是受壓抑。

解放惡魔之光明，意謂著解放愛。還記得大阿爾克那的三個層次嗎？每一個層次都各有其任務，最後一張牌則是應對這些挑戰的結果。「戰車」層次代表我們在外部世界遭遇的個人挑戰。「節制」層次帶我們進入個人轉化。第三個層次帶我們超越個我，進入到一種神聖體驗。它是從

「惡魔」走到「世界」，從黑暗走向終極光明。用神話學術語來說，節制層次的任務不僅僅是帶我們超越小我。節制實際上是讓我們為第三條路線的偉大任務做好準備。我們成為天使米迦勒，並在我們自己身上找到神聖護衛，不是要將路西法丟進黑暗地獄，而是要解放他。換句話說，我們必須進入黑暗才能找到光明，然後將它釋放到世界。

這是我們可以在這些牌卡中發現到的一個故事：釋放光明。還有很多其他故事，數不盡的故事。以下我們要特別來討論一個乍看之下可能讓人吃驚的故事。

在格林兄弟童話《長髮公主》（Rapunzel）中，一位名叫葛索（Gothel）的巫婆（不是原始版本寫的「女巫」，巫婆的形象更黑暗、法力更強）將她的養女拉芬采爾囚禁在一座沒有門的高塔裡面。根據威廉・厄爾文・湯普森（William Irwin Thompson）在其著作《想像之景》（Imaginary Landscape）當中的說法，「Goth-el」的意思是「光明之神」。不過，跟路西法一樣，她也變成了黑暗人物。這個巫婆／神想要掌控愛，因此，像塔羅牌的惡魔用鎖鏈將那對男女禁錮起來，她把長髮公主關在塔裡，不准她跟外面的人接觸。

有一位無名王子，像希臘神話裡的詩人／歌者奧菲斯（Orpheus）下到黑帝斯的冥府，將他的愛人尤麗狄絲帶回人間（但角色倒過來），他聽到孤獨的拉芬采爾詭異卻優美的歌聲，於是順著她用長髮編成的「梯子」爬進塔裡。葛索發現後，盛怒之下將他們從窗戶丟出去，丟進一片沒有愛情的蒼涼荒野。這恰好就是塔羅「高塔」牌的意象，兩個人從一座沒有門的建築物高處窗戶被扔了出去。

馬賽塔羅與偉特塔羅的惡魔牌和高塔牌

　　現在我們要來玩個小遊戲，把兩張牌對調，「月亮」牌放在「星星」牌前面。早就有人這樣做過類似事情，黃金黎明協會把「正義」牌和「力量」牌的順序對調，克勞利則是將「星星」牌和「皇帝」牌的希伯來字母對調。「月亮」牌上有狼、神祕龍蝦，但沒有半個人，可以象徵王子的困境，他從窗戶跌入荊棘叢，被荊棘刺瞎而雙目失明，因此淪落為一隻動物，憑感覺到處尋找食物和躲避野獸。

　　時光荏苒，數年過去，然後，他聽到歌聲。經過漫長的一夜，他再次為心愛的人那詭異且幾乎不文明的歌聲心神震盪，畢竟長髮公主從未聽過文明人類的音樂，卻不得不在孤獨中自學唱歌。王子來到她身邊，全身虛弱無力。看到愛人的模樣，長髮公主哭了。她的淚水滴進愛人雙盲的眼窩裡，王子奇蹟似地痊癒了。這不正是「星星」牌的意象嗎——赤身裸體，毫不文明，不停倒出她的水。她再次成為金星維納斯，那顆晨星和晚星，跟許多女神一樣，治癒了她們被殺或受傷的愛人。

　　重獲光明後，眼前的景象令他驚奇，不僅看見他心愛的拉芬采爾，另外還有一男一女雙胞胎孩子。雖然葛索想盡辦法要讓她女兒變成自己的延伸，但拉芬采爾最後還是把孩子生了下來。這對雙胞胎的意象，也對應到古代傳統塔羅的「太陽」牌。

　　最後兩張牌將我們帶進幸福快樂的生活。「審判」牌裡面有母親、父親和孩子，象徵這家人團圓重聚（只是牌面上是一個孩子而不是雙胞胎）。同時也隱喻愛可修補一切，「惡魔」牌裡的敗壞場景，回復到原本的「戀人」牌景象。「世界」牌提醒我們，從這個簡單童話故事的圖畫和文字當中發現到關於世界的實相，比我們能想像的還要多。

沃斯（Wirth）塔羅的月亮、星星和太陽牌

馬賽塔羅的惡魔、審判和世界牌

在童話故事裡看到大阿爾克那牌，這只是我們的荒誕想像嗎？也許吧，但它有比「發現」塔羅牌裡藏著創世祕密還要荒誕嗎？如果我們不要把「長髮公主」當成只是一個輕鬆的床邊故事，或許我們會比較容易接受這種連結。

湯普森寫過一篇關於長髮公主拉芬采爾的文章，文中提醒我們，拉芬采爾是一種植物，一種食用生菜（譯注：一說是萵苣，也有說是風鈴草或桔梗的葉子，可做成生菜沙拉），英語稱為 rampion（就在我寫這篇文章之前不久，我住在德國的一位女教師安妮·根特納的家；一天晚上，她的丈夫給我們端來了一份用 rampion 做的生菜沙拉 ）。故事說，一對農民夫婦住在葛索夫人花園的隔壁，他們看到葛索夫人菜園裡種著萵苣。後來婦人懷孕了，非常想吃生菜，她的丈夫便翻牆進入葛索夫人的花園想要偷摘菜。不幸被葛索夫人逮個正著，於是強迫他交換條件，葛索要他答應，等孩子生下來之後，要交給她撫養。

野生的風鈴草這種植物有兩個特徵非常有意思。首先，它跟很多植物一樣，可以自體受精，如果沒有昆蟲來幫忙授粉，它也可以有效複製它自己。不過，為了引誘昆蟲來授粉，植物會長出塔狀的莖柱。若莖柱無法吸引蟲鳥，它會自己分裂成兩根相互捲繞的莖，如湯普森所說，「就像少女頭上的長辮子或捲繞的長髮」，讓雌性組織與雄性花粉相接觸。不僅如此，為了幫助受精，塔莖還會長出「集聚花粉的毛」，於是我們得到長髮公主的意象了，她將她的長髮從塔裡垂下來，把男性帶進她原本不育（貧脊無生機）的塔裡。

自體受精實際上意謂著，在演化創造出雄性之前，回歸到無性生殖的

狀態。葛索巫婆那座圍牆裡的花園，代表了遠古時代的世界，那時，生物
單純從一分裂為二，母親變成了兩個女兒。她將拉芬采爾囚禁在塔中，變
成一場反向進化（逆演化）的實驗。她能否讓拉芬采爾成為她自己的複製
品，她能否完全與世隔絕？事情往往更常這樣發展：性愛戰勝了一切，任
何想要阻止它發生的企圖，性愛都會將它克服，高塔的完美世界瞬間粉碎
崩塌。性是改變的偉大推動者，是帶來新可能性的使者。每一個孩子都為
生命形塑出一個獨特而新鮮的機會，但即使沒有孩子，性也會粉碎小我，
它顯露出我們的虛幻妄想，我們總妄想自己可以控制自己或其他人，當
然，還有世界。

　　有些塔羅套牌的「太陽」牌畫的是兩個男孩，而不是一個男孩一個女
孩。保羅・休森（Paul Huson）寫過一本研究塔羅牌的重要書籍《惡魔圖
畫書》（*The Devil's Picturebook*），可惜沒有受到重視，在書中，他將此一
意象與卡斯托（Castor）和波路克斯（Pollux）這對雙胞胎英雄的神話以及
星座連結起來。亞歷珊卓・傑內蒂（Alexandra Genetti）的《變幻之輪塔羅
牌》（*The Wheel of Change Tarot*）對這張牌的描述是：太陽在冬至重生，雙
胞胎兄弟是太陽神和他的影子，影子會在夏至之後接手，太陽光線自此開
始減弱。（事實上，傑內蒂認為第二個孩子就是惡魔。）

　　我個人比較喜歡男孩和女孩的這個意象，原因有二。第一，它暗示
著性的介入，演化得以進行。其次，它讓「魔術師」和「女祭司」始終存
在的對立最後結合在一起，「魔術師」象徵著光明、陽性、太陽、以及明
意識，而「女祭司」則象徵黑暗、陰性、月亮、以及無意識。在「太陽」

牌，陽性與陰性結合；在「審判」牌，他們生下一個孩子，這個新生的意識將在「世界」牌實現完全的覺知。

變幻之輪塔羅的太陽牌

當我們在「拉芬采爾」和「塔羅」當中發現相同意象——兩個人從無門的高塔墜落以及雙胞胎孩子，我們才意識到，它們講的是同一個故事。這並不代表塔羅源自於童話故事。但兩者是來自同一個源頭，也就是：進化的奧祕與靈性意識。

還有就是關於天堂的奧祕，因為風鈴草這種植物的第二個特徵是，它的花有五片花瓣。就像夏娃的蘋果中央的五角星、或阿芙蘿黛蒂的野玫瑰有五片花瓣一樣，拉芬采爾這種花也跟金星用八年在天空畫出一朵五瓣花圖案的意象相連結。古代人認為某些種類的野生生菜具有催情效果。中東地區的維納斯女神神話經常描寫到，她將垂死的情人放在生菜床上令他起

死回生。（顯然，那個時代的沙拉吧並不只有養生功能！）

　　追蹤行星運行模式的古代天文學家（這項知識可以追溯到石器時代），不僅關注單一模式，也關注它們一起移動的方式、以及它們在季節中與地球生命的關聯性。 如果你觀察金星和火星一段時間，會發現它們幾乎像戀人一樣，以充滿激情的動作繞著對方跳舞。火星和金星的行星符號也代表生理上的男性和女性（分別是 ♂ 和 ♀）。某些塔羅牌中，「女皇」身邊有一面刻著金星符號的盾牌，不僅代表它的陰性特質，同時也將金星與愛的女神連結在一起。

　　大多數具備占星屬性的塔羅牌都遵循黃金黎明系統，第一到第四張牌分別對應水星（「魔術師」）、月亮（「女祭司」）、金星（「女皇」）和火星（「皇帝」）。

　　另一種合理的對應方式是：太陽、月亮、金星和火星。這讓我們清楚看到太陽和月亮當中存在的陽性和陰性理想法則（以「魔術師」和「女祭司」為象徵人物），然後在金星和火星（「女皇」和「皇帝」）中具體實現。這幾張牌確實顯示了這樣的關係，「魔術師」和「女祭司」代表原理法則，例如光明與黑暗，而「女皇」和「皇帝」則將這些法則轉化為不那麼抽象的特質，例如自然與社會，或是激情與控制。

　　那麼標題為「太陽」和「月亮」的這兩張牌呢？這時先不用擔心占星學的關聯性（重點不是要建立一個新系統，而是提出解讀塔羅牌的新角度），我們可以說，「魔術師」和「女祭司」是作為一種概念，代表太陽和月亮，而「太陽」牌和「月亮」牌則是代表這些概念實際成為我們生活

中、我們自己身體上的真實體驗。這就是為什麼在牌卡排序上它們排在比較後面。

　　湯普森寫道，古代人將這兩顆行星的複雜舞蹈稱為「火星和金星的求愛」。他們並不是把天上發生的事情當成俏皮故事來看。金星在初春時分重新出現在天空中，這不僅僅意謂著何時該栽種作物、何時觀察新開的花。火星與金星的求愛，金星的回歸，代表天與地之間、行星的巨大運動與我們透過攝取食物來維生的這個事實之間存在著一種關聯，還有，當葉子開始從枝頭冒出來、灰撲撲的大地開始展現繽紛色彩，我們的性慾也在此時激增。火星和金星教會了古人，關於生命存在的奇蹟。

　　（備註：我撰寫此文時是在 2021 年 5 月 1 日五朔節，這是古代慶祝歡樂、性愛和生育力的一個日子，而且 2021 年的這天剛好是禮拜五，是女神弗蕾雅的日子，謹以此文獻給金星。）

　　現代世界幾乎把這種來自萬物關聯模式的驚奇感都剝奪殆盡了。我們將事物分解，做分段研究，並堅決否認任何事物之間存在關聯。但還是有一些方法可以幫我們找回這種驚奇感。其中一個方法就是占卜，因為占卜讓我們看到，關聯模式確實存在，萬物確實緊密相關。「這帶來的第一個影響是，」史蒂芬·卡徹寫道：「世界開始恢復生機。」

　　火星和金星的求愛也出現在拉芬采爾的故事中。王子雙眼失明在荒野流浪的這段時間，是兩顆行星分離的漫長冬季，我們在高塔牌和月亮牌中看到這些象徵。當冰雪消融，泉水自由流動，愛又回返，他們重逢，星星牌裡面的少女傾倒源源不絕的水，將王子的眼睛治癒，重現光明。

　　拉芬采爾的故事最後有揭露塔羅的神祕起源嗎？可以說沒有，也可以說有。沒有，是因為只有「愚人」（塔羅雙關語）才會去爭辯說是童話故事的匿名創作者設計了塔羅牌。有，是因為它和塔羅都講述了同一個故事，而且透過不同的外部偽裝形式彼此闡明、相互輝映。拉芬采爾這個簡單的故事，將天空和地球、行星不變的循環運行模式，與母親、父親和孩子這個不斷重複的性演化模式相結合。這些東西也出現在塔羅牌中，跟童話故事一樣濃縮、一樣讓人感覺愉快可親。

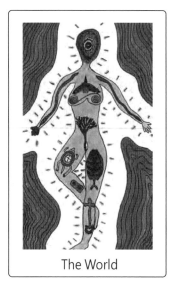

Awakening　　　The World

閃亮部落塔羅的覺醒與世界牌

　　告訴你一個大祕密：童話故事、神話和塔羅不會將智慧密藏在那麼簡單的形式中，來防止外行人接觸到它。從某個角度來說，恰好相反。他們之所以這麼做是因為，當那智慧讓我們震顫和著迷，我們才真正能吸收到

那智慧的精華。「你學不到任何東西，除非在喜悅中學習。」我的老師艾奧安娜・薩拉詹多年前這樣說過。如果我們真心熱愛塔羅牌的圖像，包括那些痛苦和悲傷的畫面，我們就能明白她這話的意思。

　　是這個宇宙／演化故事讓塔羅的最後七張牌如此特別的嗎？是它把我們帶到「邊陲」的嗎？未必如此。重要的不是故事本身，而是我們閱讀故事的方式。了解這些資訊可以把我們帶到更深的層次，但我們還需要邁出最重要的那一步。我們需要去經驗它。我們可以嘗試用知識和更多的知識來解放惡魔，但知識永遠不夠。

The Fool

閃亮部落塔羅的愚人牌

　　奧祕的無盡深邃黑暗，依然會召喚我們進入它之中，往它深處走。唯有當閃電襲來，我們才會知道。唯有當我們已在暗夜藉著月光追蹤野獸的

足跡，當我們已傾注悲傷和充滿愛意的淚水，讓拉芬采爾和她的王子在燦爛陽光下重逢，我們才會真正清醒過來。當我們覺醒，我們會跳舞。我們會知道，我們在宇宙裡面跳舞，宇宙也在我們裡面跳舞。我們會得到真正的明白，不是以資訊形式，而是在我們的生命中。

如果沒有這種真知，我們能從紙牌獲得真實訊息嗎？還是我們會依舊待在岸上，深陷於資訊的沼澤之地，只能遠遠一瞥那短暫閃現的光芒？有一條路，那就是輕鬆歡樂的道路。當我們真的用紙牌來遊戲，當我們用我們的生命跟月亮賭博、閱讀圖像之中隱藏／揭露的故事，當我們深深熱愛那些圖案意象，我們才開始變得自由。

第十一章

騎駱駝的女人

The Woman with the Camel

有一部很老的電視影集，以紐約市為拍攝背景，每一集結尾都會有旁白聲音唸出一句經典台詞：「這赤裸之城有八百萬個故事。這是其中之一。」我不確定塔羅牌裡的故事是否有多達八百萬個，如果有，我也不會驚訝。想像一下，我們洗牌，然後抽出一到七十八張牌，會出現多少種可能組合（包括正位牌和逆位牌），可以產生多少個可能的故事，我相信我們的故事很快就會超過八百萬。但是，讓我們來思考一下其中一個故事。這故事不是用隨機抽牌得到的，而是一個實例，讓我們看看，我們可以用塔羅牌作為交通工具，走上什麼樣的一個特別的靈性旅程。

托特塔羅和海德塔羅的女祭司牌

不久前（如果按頁數計算，從那時起我們已經遊歷過好幾個世界），我們在第 210 頁看到偉特塔羅的「女祭司」是代表奧祕知識這個概念。現

在，讓我們改看另一套最著名的現代塔羅牌，由克勞利設計、哈里斯夫人繪製的托特塔羅。在哈里斯繪製的圖像中，我們在這張牌的底部看到一匹駱駝。也有其他套牌仿效托特塔羅，最著名的是德國畫家赫爾曼・海德創作的《海德塔羅牌》（*The Haindl Tarot*）。

為什麼會出現一匹駱駝？從「女祭司」這個標題，我們可能會想到古埃及神廟，但是，連傑柏林也從沒暗示過那是代表法老們騎著駱駝遊歷旅行。最直接的答案就在二十二個希伯來字母跟二十二張大牌的對應。在黃金黎明系統中，編號「二」的這張牌，實際上對應的是希伯來字母表的第三個字母，因為第一個字母對應編號零的「愚人」牌，第二個字母對應一號「魔術師」。我們會在第十三章更詳細討論這個怪異的系統。希伯來字母表的第三個字母是 *gimel*（音譯：基梅爾），字面意思就是「駱駝」。

現在我們知道這匹駱駝是哪裡來的了，但，那是什麼意思？現代神祕學派「內殿建造者」（Builders of the Adytum，簡稱 BOTA，波塔）的創始人保羅・福斯特・凱斯（Paul Foster Case），傳授塔羅關聯對應課程已有十三年經驗，他根據駱駝的特質給出了多種解釋。人們會用駱駝作為交通工具，因此它的意思帶有「旅行、交通、傳播、商業貿易等這類概念」。（有趣的是，這些概念都跟赫密士神有關，而赫密士神通常是對應「魔術師」牌）。由於商人和朝聖者會用駱駝當交通工具，而這些人需要與其他人一起工作，因此凱斯認為駱駝是代表「關聯、結合、合作、夥伴關係」的一個象徵符號。（引號內容均摘錄自保羅・福斯特・凱斯的《塔羅牌》〔*The Tarot*〕一書）

現在，我們可以從數字「二」看到這些概念了，但還是無法從那位神

祕女祭司看出她跟這些概念的關聯性。我們需要有一張圖解表，將以上這些特質全部列出，然後寫在黑板上，讓全班同學抄下來應付下次考試。

當凱斯將駱駝與女祭司的占星連結「月亮」做出關聯，駱駝這個象徵符號突然變得生動起來。他告訴我們，月亮是人格和深層記憶的象徵。就像駱駝，把水儲存在牠的駝峰（而且形狀有點像新月），潛意識也儲存著我們的靈魂記憶，並帶著它輪迴轉世。

我們可以說，潛意識就像駱駝一樣，堅韌、暴躁、難以親近。我們可能還會聯想到電影《阿拉伯的勞倫斯》裡面那位阿拉伯酋長阿里說的話：「如果駱駝死了，我們也會死。」要讓一個符號真正發揮作用，需要的不僅僅是能總結出一張特質清單。它必須要像駱駝一樣，能載著我們越過外部經驗的沙漠，到達意義的綠洲。

托特塔羅的現代詮釋者安哲莉·亞立恩（Angeles Arrien）指出，牌面上那匹駱駝是站在綠洲之中，而不是沙漠裡。她在《塔羅手冊》（*The Tarot Handbook*）書中寫道，「女祭司」的原型「代表返家或回歸自我的旅程」。因此這張牌就是象徵「回歸內在的綠洲，或內在花園」。她認為駱駝具有「自給自足能力」，因為它可以穿越貧瘠荒原，「但總是能找到綠洲」。（其實我認為是騎駱駝的人將駱駝帶到綠洲。換句話說，意識要去引導本能。）

讓我們來看看駱駝在生命之樹的位置（見第 253 頁圖）。二十二個字母／二十二張塔羅牌的位置並不是在輝耀上，而是在輝耀與輝耀之間的路徑上。這些路徑都大約等長，只有一條路徑除外。這條路徑是從最頂端

的輝耀科帖爾（王冠）往下延伸到生命之樹正中間。在塔羅卡巴拉對應傳統中，這條是基梅爾、駱駝的路徑，「女祭司」的路徑。

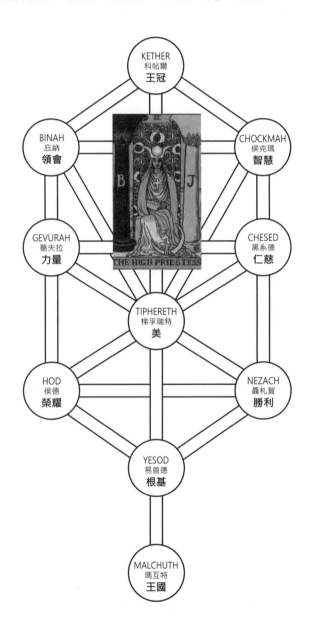

　　這條路徑長度最長，因為介於上位三輝耀的正立三角形與中間三輝耀的倒立三角形之間，有一個空間（empty spaces），卡巴拉主義者稱之為「深淵」（Abyss）。上位三輝耀象徵神聖完滿境界，幾乎超出人類理解範圍。下面七個輝耀則比較接近人類意識。雖然亦相當崇高，但比較可親近，較能成為我們生活的一部分。生命之樹的各部分之間的旅程相當艱難，甚至充滿危險。就像駱駝可以帶我們橫越沙漠，基梅爾、女祭司的特質也能帶我們跨越人與神之間的深淵。

　　克勞利在他的《托特之書》中寫道，女祭司是原型（archetypal）世界與形塑（formative）世界之間的連結。駱駝可載運意識，踏上從純粹理想到物質現實的偉大旅程。直覺、靜默、完整、內斂、完滿、無可言詮、深奧，這些全部都來自於女祭司。無意識的無形之海變成了駱駝駝峰裡儲存的水，讓它能夠橫越廣大的空無空間。

　　我向我的朋友赫塞爾・V・舒爾茨（Hercel V. Schultz）詢問有關駱駝和女祭司的問題，他是一位摩門教長老，也是一位祕術思想的真正學者（用「真正」來形容，是因為他能將這些思想與人們的實際生活連結起來）。他曾在其他評論中寫道，如果有人跟他說他夢見駱駝，他會要那人說出三件關於駱駝的事情，夢見駱駝的含義自然會從他自己的話中表達出來。不妨試試看（不需要等到作夢，你現在就可以用任何一個意象來做這實驗），看你會發現什麼。

　　赫塞爾接著說，女祭司始終待在同一地方，但駱駝到處旅行走動，所以他們看起來像是對立的。事實上，他們的連結非常深。女祭司居住在「深淵」（the Great Deep）之內，Great Deep 這是赫塞爾的用詞，指的是

「存在的無可名狀」（formlessness of existence），也就是，當我們不將世界分解為各種精神類別時的那個狀態。就像偉特塔羅「女祭司」牌的神殿內有一片水域，水的特質也瀰漫在哈里斯夫人和赫爾曼海德版本的「女祭司」牌當中。閃亮部落塔羅當中那位帶著面具的女祭司，真的就住在大海裡面。

　　駱駝體內攜帶著深淵。憑藉這內在之水的撐持，他可長途跋涉穿越空無。沒有水，他會死亡。赫塞爾寫道，我們必須擁有那內在深水，否則我們的精神就會死去。確實，我們活在一個經常是乾涸貧瘠的世界。事實上，從字面意義來說，我們體內也確實攜帶著深淵，因為我們的眼淚是鹹的，我們的血液在化學成分上類似最初孕育生命的海水。

　　我們開始抓到了一點感覺，但它仍然是一個抽象概念。讓我們看看是否能夠讓它更具體一點。

　　由於駱駝是卡巴拉的一個象徵符號，而卡巴拉的象徵最終是源自於《聖經》，那麼，就讓我們來看看《聖經》中最古老、最神祕的那一層，駱駝出現的地方：《創世記》。你可能還記得，神告訴亞伯拉罕，要在山頂上將以撒獻祭。就在亞伯拉罕舉起刀要殺他兒子以撒，天使制止他下手，並告訴他，這只是神在試驗他是否願意順服神。現在的我們來看這件事，會覺得很奇怪，但在當時，將男孩作獻祭確實偶有發生。（但這幾年，我其實開始質疑這件事。令我震驚的是，拿小孩獻祭這件事情出來說的，似乎都是來自原本要做這件事那群人的敵人或對手——比如「那邊那群人把嬰兒拿去獻祭呢！」）

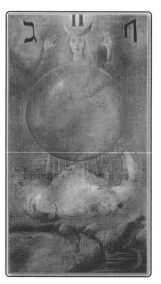

托特塔羅、拉齊爾塔羅以及閃亮部落塔羅的女祭司牌

　　一般的觀點是，人們將寶貴生命的血祭視為與神的一種直接交流。當天使制止亞伯拉罕，他等於是將人類帶離這種表面的（且有點可怕的）宗教表現，轉向較隱微的、以人為中心的信仰。

　　兩件事情預示了這樣的轉變——而他們並沒有特別高興。一是，在那之後亞伯拉罕再也沒有直接與神交談。第二件事是，以撒的母親撒拉死去。舊道路結束，為新道路騰出了空間。

　　這當中還有一項變化是，以撒已屆娶妻之齡，在神話和實際人生當中，總是用此一儀式來創造新開端。但要到哪裡去找新娘呢？就算舊迦南有單身酒吧，以撒也不是那樣的人。於是亞伯拉罕派他的僕人回到亞伯拉罕的故鄉（譯注：中文聖經和合本譯文為「本地本族、原出之地」），幫忙尋找一個合適的年輕女子。亞伯拉罕在他的指示中說了一些奇怪的話。除了堅持新娘必須來自他的故鄉，而且更強烈要求，不管任何情況以撒都不能親自回那裡去。

　　僕人帶著十匹駱駝起身出發。當他來到一口水井邊，一位女子（利百加）不僅給他水喝，還幫他的駱駝打水，讓駱駝也喝足。他很高興神讓他遇到這樣一位善良的女人，他便去請求她父親安排這樁婚事。父親問利百加是否願意和僕人同去（這在當時是非常前衛的），她說願意，然後他們就出發了。

　　那時，以撒在田間默想。利百加遠遠就看見他，光彩照人，看得她從駱駝上跌落下來。經過一段介紹後，他們結婚了。然後，以撒便領加百利進入他母親撒拉的帳篷，以撒自他母親不在以來，到這時才得到安慰。

　　這究竟是發生什麼事？利百加從駱駝上跌下來、以撒帶她進入他母親

的帳篷（意思是他應該也有自己的帳篷才對），這到底是什麼意思？為什麼亞伯拉罕那麼強烈堅持要找一個來自他故鄉的女子，而且堅決要求以撒不能自己親自去找新娘？這些訊息，和「女祭司」牌的那匹駱駝到底有什麼關聯？

讓我們從十匹駱駝開始談起。每當我們遇到數字「十」，我們都會想到卡巴拉生命之樹和它的十輝耀。有些人可能會爭辯說，輝耀的概念是在聖經故事寫下來很久之後才出現的。從歷史來追溯，我們首次遇到輝耀是在《形塑之書》（*Sefer Yetzirah*，或譯《創世之書》），根據學者格肖姆·肖勒姆（Gershom Scholem）的追溯，此書大約寫於西元 400 年左右。

確切地說，這些東西是什麼時候寫下來的，在這裡並不重要，因為我們已經進入神話，而神話總是把我們從史實裡帶出來。如果沒有這種轉向，我們根本無法討論卡巴拉和塔羅，因為沒有任何證據顯示塔羅牌跟卡巴拉有淵源。但是，這種連結卻非常有用而且契合度相當高，當我們允許自己走出歷史事實，它會將塔羅牌，還有我們，帶入更深的層次。

因此，生命之樹，十道輝耀，十匹駱駝，從迦南到家鄉，然後返回，帶著以撒的新娘。我想提個建議。在這裡我們先假設亞伯拉罕的故鄉，無論它是在地圖上的什麼地方，事實上是指純粹性靈所在的天界，是我們每個人的起源地。在威爾斯神話中，一位名叫格維昂·巴赫的男子經歷命運的可怕轉變，變成一個海上漂浮的小嬰兒。這孩子雖然身形很小，卻能唱歌和作出預言，因此當他來到宮中，國王驚訝地問他的名字和出身來處。「我的名字是塔里耶森，」小嬰兒說：「夏季星星之國是我的家。」這也是亞伯拉罕的老家，夏季星星所在的區域，也是我們的故鄉，儘管我們大

多數人皆已遺忘。塔羅可以幫我們回想起來。塔羅就是我們的駱駝。

　　數年前，我經歷一次人生重大危機，我拿出紙牌，沒有提問、也沒有擺設任何牌陣，我只說：「請帶我回家。」我不記得當時是出現哪幾張牌，甚至有多少張牌，但我確實記得，對那些圖案意象的沉思，如何帶我脫離眼前的一切表面風暴，回到我內心深層自我裡的那份真知。

　　克勞利將「女祭司」牌解釋為原型與形塑之間的連結。旅程之路並非只是單向。我們原本就是來自夏季星星的原型國度，也就是耶穌所說的天國，現在，帶著我們的十匹駱駝，生命之樹的化身，我們就能回到那裡。

　　利百加可以騎著她的駱駝，從原型界穿越形塑界，一路直抵物質界，在這裡，她將從駱駝身上跌下來，在以撒母親的帳篷裡成為以撒的妻子。亞伯拉罕知道，以撒的新娘一定是來自那個原型故鄉，但他也知道，以撒不能自己去到那裡，因為以撒牢牢屬於這個人間世界。當天使制止獻祭、神結束與亞伯拉罕的交流對話、撒拉死去，自此以撒就牢牢根植於塵世人間。於是，僕人依循十之路徑回到家鄉。於是，利百加騎上她的駱駝，順著生命樹上那條最長的路徑回來，只為在見到她命中注定愛人的那一剎那，墜入有形的肉體世界。

　　利百加的父親詢問她是否願意與僕人同去，這種做法在當時和世界上某些地區可能是前所未見。沒有任何魔法或力量，可以在違背靈的意願之下，硬將靈拉入物質現實。靈光依其意願、自己選擇進入物質塵世，這是一種愛的行為。

四張戀人牌：
托特塔羅、閃亮部落塔羅、
馬賽塔羅、偉特塔羅

　　從某個角度來說，我們在這裡看到了「戀人」牌。在托特塔羅，我們看到煉金婚姻的榮耀光輝，男與女的結合，產生了神聖意識。在閃亮部落塔羅，我們看到人與神的擁抱。在馬賽塔羅，一名年輕男子似乎從一位年長女性（他母親？）走向一位年輕女子。在偉特塔羅，我們看到亞當和夏娃分別站在生命樹和知識樹旁；但天使沒有譴責或驅逐他們，而是為他們祝福，因為他們本來就是亞當和夏娃，沒有犯罪。以撒和利百加原本就是亞當和夏娃。

　　撒拉是異世界的女祭司，能與神直接交流。有人認為她是迦南女祭司。我無意影射她有主持活人獻祭。事實上，某個米德拉什傳統聲稱，撒拉是因為對亞伯拉罕計畫要做的事情感到害怕而死。（我最近寫了一個故事，當中提到，撒拉的死是為了成為天使去制止亞伯拉罕殺掉以撒。）不過，作為棲居在深處的女祭司，她必須讓位給一位新的女祭司，一位即將成為新世界一部分的女祭司。利百加就是騎著駱駝旅行、成為這個塵世之戀人的女祭司。

　　於是，以撒在母親的帳篷裡與利百加做愛，而且撫慰了撒拉之死帶給他的傷痛。解釋「戀人」牌的一種方法是，將這張牌看作「魔術師」和「女祭司」所象徵的、看似相反法則的結合。

　　還記得上帝取了亞當的一根肋骨來創造夏娃的故事嗎？如果有一個故事從古至今一直被用於政治目的，那就是這個故事了，它一代又一代被帶有性別歧視的男性引用，作為女性自卑的證據，甚至說男人比女人更靠近上帝，因為上帝先創造了他們。一些卡巴拉主義者給了一個不那麼令人反

感的解釋。他們說，亞當和夏娃原本是一體的，是肋骨相連的完美雌雄同體。但是，作為一個受造物，他們無法創造出任何新的東西，於是造物主便將他們分開成兩個人，讓他們去尋找彼此，重新成為一體。這也是「戀人」牌，是二的合一。我們也可能會想到宇宙誕生占牌中裡面，位於「源頭」陣位的那張「鳥之七」。在那裡，一也必須化形為二，才能認識它自身。

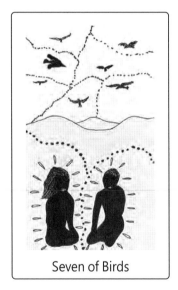

閃亮部落塔羅的鳥之七

利百加，人類之愛的新女祭司，從故鄉——生命之樹上最頂端的那道輝耀，向下進入生命樹的中心點，第六道輝耀，愛所在的地方（六也是「戀人」牌的編號）。為此，她必須越過將上位三輝耀與下層七道輝耀分隔開來的「深淵」。

體內攜帶著深淵的駱駝，載著她越過深淵。駱駝是最吻合這段漫長生

命樹旅程的一個符號意象。跟女祭司一樣，駱駝默默將我們出身起源的記憶藏在牠身體裡面。從駱駝上跌落下來，就像愚人從山頂懸崖一躍而下：那不是罪、也不是災難，而是一種愛的行為。利百加一看到她心愛的人就跌下駱駝。愚人躍入絢麗多彩的凡塵世界。

駱駝象徵的不僅是記憶。猶太傳統將字母 *gimel*（駱駝）與希伯來句子 *gimalut chasidut* 連結起來，意思是「慈愛之作為」（acts of lovingkindness）。這也包括樂善佈施，猶太人有時會描述說，一個富人追著一個窮人要給他錢（可惜這在當代社會並不常見）。當利百加把水拿給陌生人「以及」他的駱駝喝，她也向僕人顯露了她的真實本我（在沙漠地區，水是珍貴之物）。她是水的女主人——女祭司的另一面向化身，但她也仁慈善良和慷慨大度。

仁慈和愛，將世人凝聚起來，將物質與精神連結起來。愛帶著利百加跨越從原型界到形塑界之間的深淵。愛也會成為我們的駱駝，載我們重返故鄉家園。不是只有靜觀冥想或知識才能帶我們回家。我們需要讓自己變得神聖，而這件事並非只能透過儀式或魔法達成。我們透過慈愛之行、慈愛的駱駝，來到這個境界。

以上大部分內容，尤其是關於以撒、利百加以及慈愛之行的部分，非常感謝阿維加伊爾·蘭斯曼跟我分享她的看法，她是一位充滿智慧和慈心的女人。

第十二章

把心打開：
越過深淵的旅程

Opening the Heart: A Journey across an Abyss

　　從駱駝的故事，我們看到慈愛之行為什麼能夠帶我們穿越深淵，從較上層的精神境界走向較下層的物質可觸世界，因為慈愛能將我們的心打開。這個概念——把心打開——出現在許多靈性傳統之中。埃及人認為，心才是智慧的所在，而不是頭腦。「心靈敞開」不單單是一個句子，用來形容當我們幫別人一個忙、或觀看一部愛戰勝一切的電影時，所感受到那種光明美好。這句話實際上代表了一個極為複雜的概念，無論對精神意識、還是我們如何理解塔羅，都非常重要。

　　在印度教的教導中，我們學到人體內部有七個能量中心，這些能量中心也是意識運行移動的門戶。每一個能量中心都對應我們體內某個內分泌系統，而且會發出不同顏色的光。光的顏色剛好就是彩虹的顏色，因為有七道門戶，同時也對應七顆可見的「行星」，於是，人類變成天空的一面鏡子。這些排列有序的門戶，稱為脈輪（chakras），每個脈輪各自對應彩虹的一種顏色，只是身體脈輪的顏色順序與彩虹正好反過來。彩虹最頂端是紅色，最底端是紫色，但在人體上，紅色是位於脊椎底部，紫色則是位於頭部頂端的頂輪。

　　《海德塔羅》的創作者赫爾曼・海德研究愛爾蘭人的彩虹顏色劃分時，也發現到這件事。他了解到，「吊人」牌就是彩虹，他藉由讓自己身體上下倒吊，來釋放他的小我，那是真正的心靈開放狀態。當我們將我們的正常狀態上下顛倒過來，我們就與天空、甚至跟大地和諧一致。有人可能還會想到：瑜伽修行者經常做出有名的倒立姿勢，或是聖彼得頭下腳上被倒釘在十字架上，或是，卡巴拉主義者將「埃茨查伊姆」（*Aytz Chayim*，Tree of Life，生命之樹）形容為一棵倒立生長的樹，它的根在天

上，它的枝條往下伸向大地。

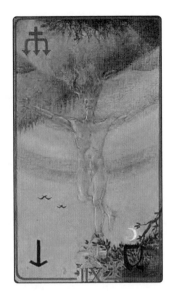

海德塔羅的吊人牌

　　存在於人體內的能量，瑜伽稱為昆達里尼，既是性欲的能量，也是精神靈性的能量。這兩者實際上是同一件事，只是根據我們意識所在的層次而有不同表達方式。大多數人的昆達里尼是盤繞於脊椎底部，就像一條沉睡的蛇，只有在性欲被喚起時才會稍稍醒來。我們的大多數脈輪都只是部分打開狀態，但它們可能因某種經歷而更加敞開（例如，靈光閃現代表位於前額的第三眼脈輪瞬間打開）。

　　為了讓昆達里尼可以在我們體內上下自由移動，我們必須打開每一道門戶。當能量門戶完全開啟，人會感受到一股巨大熱能，如閃電般從脊椎往上竄升至頭頂。他會感覺頭部好像不見了，因為他的本我與上帝、宇

宙之間的分離感消失了。這種經驗，閃電般的靈啟，也是塔羅「高塔」牌的另一種解釋方式。那座石頭高塔象徵自我意識的封閉僵化，是一種分離錯覺，認為我們跟其他存在體是分隔開的。光的釋放打破了這個錯覺幻象，分裂的二元對立自我發現自己被扔出那座高塔。在某些塔羅套牌的圖案中，我們看到塔頂被拆掉了，似乎是為了表達這種頭腦意識被拔除的狀態。

我們在拉芬采爾的故事中說過，當二元對立的自我真正治癒之前，可能會出現一段困頓和荒野流浪期。在聖經故事《出埃及記》當中，以色列人在沙漠中流浪了四十年，但實際上很可能只要幾個禮拜就能橫越西奈半島（阿拉伯的勞倫斯騎著駱駝只花了短短數天就完成這段旅程）。四十就是四乘以十。卡巴拉的四個世界，每一個世界之中都有一棵它自己的生命之樹和十輝耀，因此，事實上以色列人在沙漠流浪的那段期間，已經遊歷過所有世界。

卡巴拉的象徵符號，是以閃電來描繪神聖能量在生命之樹的各個輝耀之間的移動方式。在某些「高塔」牌圖案中，我們也看到一道閃電以這樣的形式擊中建築物。

靈修和靜觀冥想，是為了將昆達里尼往上提升。但這不僅非常困難，而且過程也相當危險。要提升這股能量，你必須先做好準備。基於這個原因，神話學作家約瑟夫・坎伯在《外部世界的內在抵達》（*The Inner Reaches of Outer Space*）書中寫道，大多數修練者都會在昆達里尼提升到第四脈輪時，又再讓它次往下沉。只有那些已完成必要之靈修功課的人，才有辦法讓昆達里尼順利通過第四脈輪，從頭頂往上揚升。這樣說來，第四

脈輪的作用就像是一道障礙、一道關卡。第四脈輪就是心輪。

聖靈塔羅的高塔牌

　　坎伯接著說到印第安納瓦霍族（Navajo）的沙畫，信仰者會用細沙繪出一個靈魂的圖像，然後在上面跳舞，以改變自己的精神意識狀態。這個靈魂圖像上面有七個部位，只有極少數的舞者能真正順利全部跳過這七處，一路移動到了靈魂的頭部之外。這舞蹈不是運動或美學表現。當他們從那個靈魂圖像的腳部進去，就代表離開凡人世界，進入到宇宙的身體裡面。從頭部出去，意謂著打開他們自己頭頂的頂輪。那些還沒準備好要完成這樣一個完整旅程的人，只能跳到第四個位置，然後重新回到他們來時的那條路，回到凡常意識。納瓦霍族和印度教傳統都一樣，心成為分隔上下旅程的關卡，也就是深淵。

很多人都知道，西方赫密士主義的傳奇創始人赫密士・崔斯墨圖說過的這句名句：「如在其上，其下亦然。」（As above, so below. 其實這個說法是後來才出現的）。通常，這是意指天上的規律反映了我們現下的生命狀態，或者，我們可以透過認識自己的實相來認識神。它也可以指，上層脈輪和下層脈輪以及他們在心輪的交會處。

　　現在我們切換一下參考架構，回到古埃及，也就是傳說中的塔羅起源地。一幅大約西元前 1300 年的紙莎草畫，描繪了一個神話場景，一名死者的心臟和一根鴕鳥羽毛被放在天平兩端秤重。稍後我們會更詳細討論這件事，現在我們先將焦點放在維持天平兩端平衡的那根中心桿。圖中，桿子上有七個圓圈，呈上下垂直排列。女神伊西斯（重新將她被肢解的丈夫歐西里斯拼回來的那位女神），用她的手指指著第六個圓圈。

　　如果這七個圓圈真的是代表脈輪（比年代最早的印度參考文獻早了幾個世紀），那麼伊西斯手指指的就是第三眼脈輪，也就是主掌開啟通靈能力以及凡常世界之外的靈魂世界知識的脈輪。在中東和地中海地區，與愛情和性有關的女神，有時都會跟數字「六」相關聯，六也是塔羅「戀人」牌的編號。第六脈輪變成邁向頂輪終極合一的起點，在這裡，自我消融，男神和女神亦不再有分別。

　　（保羅・福斯特・凱斯傳統的一位塔羅牌老師朱莉・吉倫汀向我指出，有人說第六脈輪實際上是在第七脈輪之後才打開。能量沿著脊柱向上移動，穿過頭頂，再從前額下來，將通靈覺之力打開。）

　　那幅莎草紙圖畫中還有另一個生物圖案，與我們現在的主題更直接相

關。這隻怪物，頭部是鱷魚、下半身是河馬、上半身是獅子（也就是埃及鄉間所有危險野獸的集合體），他的鱷魚鼻子指在第三個圓圈和第四個圓圈中間。這隻名叫阿米特（Ammut）的生物，在埃及的來世的信仰中占有特殊地位，它與圖中的秤重天平有直接關係。

《亡靈之書》（*The Book of the Dead*）這部神廟手抄本、圖畫和讚美詩，一般稱為 Pert Em Hru，意思是「通往光明」（*Coming Forth into Day*）。這部書告訴我們，亡者靈魂必須來到眾神的法庭上接受審判。其中一個步驟是，一位名叫瑪亞特（Ma'at）的女神，會在托特神的幫助下，用鴕鳥羽毛來秤這個人的心臟重量。如果心臟比羽毛輕，諸神就會為這個人穿上聖袍，引領他們走向來世。如果心臟比羽毛重，那麼這個人就會變成阿米特的大餐。

當阿米特的鼻子指著刻度柱上第四個圓圈下方，他等於是在暗示，對埃及人以及印度教徒或納瓦霍族人來說，心臟代表著一道邊界，同時也是一處危險之地。

手持天平的女人

為心臟秤重，其實也出現在塔羅牌中，只是以隱藏的偽裝形式出現。在「正義」牌，我們看到一位穿著長袍的女人，她一手拿著劍，另一手拿著天平。這個人物代表羅馬正義女神朱斯提提亞（Justitia，在希臘神話中是泰美斯〔Themis〕或狄克〔Dike〕女神）。大多數人都曾在法院和有關審判的電影中看過她，她的雙眼蒙著布條，象徵無論是富是窮，在法律之

前一律平等。

　　塔羅「正義」牌中的人物沒有蒙住眼睛，因為靈性的正義女神要求我們以絕對誠實來審視我們自己和我們的人生，不要將目光移開。我對這張牌的看法長久以來皆是如此，那對銳利、直接的眼神，是這張牌裡面最重要的象徵，因為它代表一種勇氣，不將目光從任何事物上移開。

　　在美國的法院裡，那個天平會稍微有點傾斜，因為在審判中，判決必須決定其中一方勝負。而大多數塔羅的「正義」牌圖案，天平都是左右完全平衡，因為當我們真正了解我們的生命，我們意識到一切都處於完美平衡狀態。我們從外部世界獲得的經驗──包括我們的出生環境、他人的行為、我們所受的文化影響──透過我們自己對生活以及其要求做出反應，來保持平衡。別人的行為不是我們的責任，但我們絕對要為自己的行為負責。

　　天平的兩端同等重要。意思是，在我看來，如果我們認為自己對其他人的行為負有某種責任，或是對我們身處的外在環境、我們的社會或事件有責任，這就跟認為我們自己是受害者一樣，都是不平衡。

　　在較古老和傳統的塔羅牌中，「正義」牌的編號是八，也就是第二組七張牌的開頭一張牌，以此標記出她在整個大牌序列中的地位。黃金黎明系統將正義牌移至編號十一，將「力量」牌移到編號八的位置（之前是編號十一）。「力量」變成第二組牌的頭一張牌，代表我們需要這樣的溫和內在力量來展開內在的轉化旅程。

　　「正義」非常適合放在十一號位置。十一是大阿爾克那牌的中心點，因為如果我們將「愚人」牌看作是旅行者，要走過全部二十一張大牌的旅

程，那麼「正義」牌剛好就在前後各十張牌的正中間。跟心輪一樣（心輪排在七個脈輪中的第四個），如果我們想往前走，去經歷真正的死亡與重生（第十三和十四張牌，「死亡」和「節制」），「正義」就變成我們的必經之地，它可以讓我們為最後七張牌的偉大啟示做好準備。

　　無論我們走到時間軸的哪個階段，都可以將「正義」牌看作是我們生命的中間點，因為正是在這裡，我們要真正去面對我們到底是誰。我們需要理解、並接受過去，才能創造未來，或是，如史蒂芬・卡徹所說，「正義」牌能將我們從限制的奴役中解放出來。另一種說法是，「正義」能打開我們的心。

偉特塔羅和拉齊爾塔羅的正義牌

　　基於以上這些象徵理由，正義女神阿斯特莉亞（Astraea）的形象也非常適合這張牌。但拿著天平的女人也代表瑪亞特，用天平為心臟秤重的女神。也因為這個理由，許多埃及風格的塔羅牌，都是用瑪亞特和托特以鴕鳥羽毛為人心秤重的情景來作為牌面圖案。

　　那麼，「把心打開」是什麼意思呢？是什麼將它封閉，又是什麼讓它變得比羽毛還要重？怎麼樣才能讓我們的心像鴕鳥羽毛一樣輕盈、開放，可以讓神聖能量可以穿透它而閃耀出光芒，彷彿是透明的羽毛一樣？為什麼那隻怪物要將過重的心臟吃掉？

　　我們之前說過，仁慈的人心胸開闊，沒有慈善心的人他的心是封閉的。在利百加和駱駝的故事中，我們看到所謂的「慈心之行」，帶我們穿過深淵，從上位輝耀的較高領域進入生命之樹的中心點，梯孚瑞特，暗示著這樣的行為可以將我們再次回到故鄉老家。仁慈能提升我們的精神意識，讓我們能夠敞開自己。

　　在卡巴拉傳統中，梯孚瑞特就是生命之樹的心臟，當我們將輝耀對應到人體上，發現梯孚瑞特正好位於樹的心臟位置。跟埃及人將心看作意識的核心一樣，卡巴拉主義者也將心，而非頭腦，看作知識的真正所在地。

　　將知識放在心的放置，也與瑜伽的教導相符。昆達里尼沿著脊椎向上移動，然後從頭頂而出，簡要描繪了高度複雜的意識揚升技術。正如威廉・厄爾文・湯普森在《當我們重新看見身體》（*The Time Falling Bodies Take to Light*）一書中所寫，生殖器和大腦之間的溝通，實際上是聚焦在男性的深度冥想體驗上。男性瑜伽士會經驗到性慾被強烈喚醒，但不會有高

潮，狂喜是集中在大腦之內。

　　對於女性瑜伽修行者來說，子宮和心臟之間存在著極為關鍵的連結，處於深度冥想狀態的女性，會找到一種狂喜，湯普森稱之為「心的高潮」。他補充說：「心輪的突然打開，會帶來一種欣喜若狂的光明體驗；女人的心變成了宇宙的中心。」蘇菲派描繪這種體驗是「一顆長著翅膀的心」。在西方文化中，最著名的神話代表是吉安・洛倫佐・貝尼尼（Gian Lorenzo Bernini）的雕像《聖女大德蘭的狂喜》（*The Ecstasy of Saint Teresa*）。聖人欣喜若狂躺著，頭向後仰達到高潮，身旁一位天使，手持一支箭對著她的心臟。

　　湯普森認為，人們會（而且也確實這樣）濫用男性和女性身體靈性之間的差別，為女性的父權式統治「道歉」。然而，他指出，當瑜伽修行者打開了他大腦裡面的「某些中心」，他學會將自己的存在轉移到心臟，而不是頭部。最終，女人和男人都是將焦點集中在心臟，因為心臟是我們向宇宙大愛敞開自己的地方。

　　當我與茱莉・吉倫丁（Julie Gillentine）談到昆達里尼的移動時，她告訴我，能量從脊柱底部逐步上升到頭頂，這樣的想法是錯誤的。對於下層三個脈輪來說，能量來自底下，但是上層三個脈輪的較高頻能量是從上面下來的。這樣，肉體和精神就結合在一起了。如在其上，其下亦然。它們相會的地方——上與下的邊界——就是心輪。

　　仁慈能打開心輪，因為我們的自然狀態，我們的神性狀態，是同情同感，是對他人的認同之感。如果我們無法與其他生物找到這種合一感，我

們就不能指望能與神合一。這就是為什麼聖經告訴我們要「愛人如己」，而且「你要盡心、盡性、盡力愛耶和華，你的神」。這兩個說法是同一件事，因為它們描述的是，當我們不關閉我們的心，我們的自然狀態就是：愛神，愛我們自己，彼此相愛。

我們在威卡教（Wicca）當中也發現相同概念，就在其訓諭之中：「隨汝意而行，但無傷一人」（Do as you will and harm none）。人們有時會覺得這很矛盾，因為他們認為「隨汝意而行」就是恣意妄為和自私。但這句話確實能說明當我們處在同理心之下的狀態。威卡是一極為樂觀的宗教。與較傳統的組織宗教不同，它不認為我們需要用嚴格的道德規範和對懲罰的恐懼來控制人。相反的，它相信，我們愈是讓人了解他們的真實本性，他們就愈不會傷害任何人，因為這確實是人們的意願。

吉安‧洛倫佐‧貝尼尼的作品：聖女大德蘭的狂喜

關閉心輪

　　但同時，世界和人類文化及其所有環境，並不總是對仁慈做出正向回應。由於恐懼和困惑、以及必須在艱難情勢下繼續運作，我們的行為有時會違背我們的本性。有時，做我們認為對的事，似乎是一種奢侈。我們可能會覺得某件工作對我們是一種壓抑，或要求我們做出不道德的行為（不是違法，只是違背我們自己的道德觀念），但如果中途停下來，就代表一切得從新來過。於是我們告訴自己，事情沒有那麼糟，沒關係，我們只是在做必要之事。

　　小孩子、嬰兒相信成人世界告訴他什麼事情該做不該做。即使成年人給他們的指示、或給與的生活型態，與他們內心深處的某些東西相悖，他們也會聽從父母的聲音和文化給他的訊息。然而，他內心其實知道有些事情好像不太對。他內在能感覺到自己的心受到侵犯。

　　然而，我們的本能始終存在。我們內心會有一種很深的罪惡感，不光是因為社會的制約，而是因為我們感覺自己背叛了自己。有三樣東西比其他任何東西都更能封閉我們的心：恐懼、內疚和羞恥。這些東西都來自內部，但也會來自外部。當我們不遵循自己的真理時，我們會感到羞恥，當我們發現社會和身邊的人，特別是我們的家人，認為我們真實自我的某些面向不可接受時，我們也會有非常深的羞恥感。

　　許多人必須不斷地與「錯誤」膚色、「錯誤」宗教、「錯誤」語言、「錯誤」性別、「錯誤」性取向的恥辱感作鬥爭。現代的術語稱這叫做

「自我憎恨」。在許多人類文化當中，幾乎所有的女孩都會因為自己是一個「卑下」、不受歡迎的性別而感到羞恥。酷兒（Queer，譯注：對所有性取向非異性戀、以及性別認同非二元性別、或非順性別的人的統稱）兒童，尤其是女性化的男孩和男性化的女孩，經常因為他們的自然行為而面臨嚴重的肉體危險。為了避免傷害、嘲笑和懲罰，他們試著讓自己順從。這種順從的代價，就是否認他們知道自己該如何生活，是一種非常深的恥辱。羞恥感來自外部，是社會對好與壞、男性與女性的武斷價值觀強加的，但也來自內部，來自他們發現，自己已經背叛了自己的心。

對真實自我的否認，往往比我們為了適應一個充滿敵意的社會而做出的有意識妥協，還要更深沉深刻。它甚至可能從嬰兒期就開始了。孩子愛身邊的人和世界，是一種本能，而且也期待愛的回報。當人們傷害它，它會開始否定自己。它變得內心充滿困惑和恐懼。我相信，我們每一個人在成長過程中，都保有完整的本能以及對世界應該是何種模樣的那個內在感覺。我們很可能不會意識到這件事。當我們的父母親虐待我們、或乾脆拒絕給我們愛，當我們面對殘酷和偏見，當生命根本不是我們內心深處知道的那個模樣，我們會變得失去方向、內心感到無比恐懼，然後開始封閉自己的心。

在最深的層次上，這個過程甚至開始得更早，在剛出生的最初幾個小時。我們一離開母親的身體，就擁有完全的意識，能夠與人目光接觸，表現出自己的情緒感受，也接收別人的情緒感受。但我們已經進入一個全新的宇宙，不用幾個小時，嬰兒的心就關起來了。

我們透過學習我們文化所稱的現實世界，努力求生、讓自己活下來，

這現實世界包括：我們的父母親、種族群體或宗教，以及所有跟生活有關的外部資訊來源。我們學習將自己看作與宇宙和其他人完全分離，我們單獨存在於我們的身體之中。這樣的幻覺，保護著我們。然而，為了維持它，我們得關閉真正的內在覺知——我們分明知道，世界並不是我們所學習到的那個樣子。我們需要封閉來自上方和下方的資訊。為了做到這件事，我們把心輪關閉起來，把那個本能直覺與知識的能量中心，緊緊封閉起來。

我們大多數人都是這樣激烈地關閉了自己的心，以致我們不知道（至少我們在意識上沒有知覺到），我們已經做了這件事。如果我們開始認真練習，去移動我們身體內部的能量，讓它從頭頂出去——也就是說，向宇宙展露我們自己的真實樣貌——我們可能會遇到大麻煩。所有恐懼、罪惡感和羞恥感的混合體，所有對於我們真實本性的否認，全部都會抗拒暴露它自己。

如果那個抗拒夠激烈，最後就會以怪物或惡魔的神話形式出現。我們可以這樣來理解阿米特，也可以這樣來理解塔羅的惡魔牌。希伯來語 *Satan* 或 *shaitan*（撒旦）最原本的意思就是「對抗者」（adversary）。他像一位檢察官，指責人類偏離了神的道路。一個那麼小的人物，到底是怎樣變成基督教神話裡的超自然野獸的？某種程度上，這個惡魔的概念變成了一種很好用的說法，來攻擊基督教想要取代的異教信仰：因為他們無法說服人們異教諸神從未存在過，於是直接指控異教是魔鬼。但或許還有另一種很主要的（扭曲式）心理經驗。

　　想像一下，一個恐怖的形象出現在早期的基督徒面前，這些人很想要「進入天國」，但尚未真正打開他們的心。他們可能一直很努力要投入神聖的「父」（耶穌所稱的上帝）的懷抱，但沒有進行必要的淨化來讓自己擺脫恐懼和羞恥感。那些恐怖意象其實都是心靈的投射，但它們看起來很真實，又非常可怕。

　　當教會開始鞏固自己，成為權力中心，它也將惡魔定形化，以這個形象建構出一個神話，作為控制眾人的手段。（這是對重要宗教發展的簡要描述，若有任何扭曲，我深表歉意）

　　我們可能會把這個問題帶進塔羅的圖案意象中，說走靈性或冥想道路的人可試著從「戰車」直接抵達「惡魔」和「高塔」。換句話說，他們相信自己可以用強大的意志來克服一切阻力，解放靈性之光。但惡魔正好就是以這種英雄主義為食。我們最終是在鍛造我們自己的鎖鏈，因為在我們把心打開並達到「節制」的層次之前，我們其實無法承擔起這項任務。或許，因為太過想要讓自己有強烈的神奇經驗，這種欲望導致了我們逃避自我認識。

　　通俗靈修和奧祕靈修之間的區別，通常在於對內在過程和意識覺知狀態的理解。外在如是，內在亦然。外顯宗教所描述的事件（通常是死後世界），內祕主義者可能會將它理解為心靈精神狀態。因此，在埃及，《亡靈之書》似乎勾勒了眾神的審判大廳中發生的事情，一隻怪物把心臟比羽毛重的人吞了下去。現代人讀到這樣的內容時可能會很驚訝，居然有人把這件事情當真。但已經習慣象徵性文本的人讀到的是，人若想要開啟覺知

意識，他需要先解放他的心，讓心自由。

在基督教當中，外顯信仰也會描述人死後發生的事。那些在基督裡受淨的人，將能通過「最後的審判」，進入「天國」；其他沒有這樣做的人，會墮入地獄受永恆折磨。但耶穌談的潔淨和淨化以進入天國，是今生，而不只是來世。耶穌要求的淨化和絕對奉獻，都是打開心輪的方法。「變成像小孩子一樣」，這句名言也是這個意思。

塔羅牌相當能夠順應各種深奧內密傳統，因為它描述了邁向靈性精神轉化的必要過程。塔羅不是埃及宗教或卡巴拉或威卡或基督教或密宗譚崔。**正因為不是它們其中任何一個，因此可以看起來像是它們每一個。**我們可以這樣來描述它：它是一張靈魂旅程的地圖，將我們從狹隘視野帶到實相的廣闊輝煌。

開啟心輪之路

在閃亮部落塔羅牌中，有一張很特別的牌讓我們看到心輪完全敞開的景象。「樹木七」（還記得復活節占卜裡出現的這張牌嗎？），一根人體脊柱，上面有一顆太陽——天堂之光——在心輪位置閃耀光芒。脊柱本身變成了一棵樹，卡巴拉的生命之樹，現在是人體。兩側的神經叢變成樹枝，因為當我們對著太陽敞開我們的心，我們發現，我們跟一切自然萬物深深連結，這不是一種哲學思想，而是我們身體內在深處的一個真實體驗。

脊柱頂端沒有出現人的頭部。正如我們先前提過，當能量完全往上提升，頭部似乎消失了；我們不再相信，我們與世界之間有嚴格的分界線。

我們的感官不再過濾現實，讓它變成一種安全的結構。我們遇見了宇宙的神聖之風，光明無比閃耀。

在塔羅牌旅程的中途，第八到第十四張牌，我們從「戰車」所象徵的、對世俗成功和意志力的外部關注，轉向象徵內在狀態的「節制」天使。不過，正如我們先前所提，個人的改變並不代表最終目標，儘管當我們努力揚棄舊模式和過去的價值觀時，可能會有這樣的感覺。事實上，這整個經驗就是一個過渡時刻。我們從力量前進到節制，讓自己從「戰車」的個人外部導向之意識，轉進到一條可以引導我們抵達「世界」牌之「超然意識」的道路。

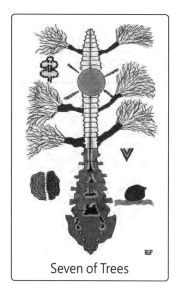

閃亮部落塔羅的樹木七

　　「正義」牌是關鍵，也是這條路的正中心點（至少在黃金黎明傳統是如此），但它並不是處理這些問題的唯一一張牌。這整條路其實都在打開我們的心，讓我們做好準備，到達象徵的惡魔那裡，釋放狂喜之愛的光芒。我們會遵循這些步驟，並認知到，這些敘述僅是構成第八到十四張牌的其中一個模型。還有其他許多種解釋，每一種都有其道理。塔羅牌的象徵性解釋並不是一場競技。

　　「力量」牌讓我們看到開放自我的基本承諾。它描繪的是一種意願，願意放下外在擔憂、走向內在。它教導我們對生命與凡塵世界的熱情，那是靈性的深刻追求，不是追逐功成名就或權力，而是追求愛。然後，「隱士」開始向內追尋。傳統的「隱士」牌圖案通常是一位隱者站在山峰頂上、手裡提著一盞燈，彷彿在為他人照亮道路。我們可以想像，他離開凡間生活，不畏艱辛崎嶇，往上攀爬到罕見的智慧高度。於此同時，我們也形容他的這條孤獨旅程是一種「降凡」（descent），因為每一次我們從外部追求轉而向內去追尋內在真理，我們其實是在「往下降」，穿過層層堆疊的文化、制約和恐懼，一路而下。如在其上，其下亦然。

　　我們可以從兩千多年前猶太神祕主義者（也許包括耶穌）的冥想旅程中，找到這種揚升／下降的類似對比。在卡巴拉正式形式化之前，古代求道者會用梅爾卡巴（*Merkavah*，戰車），西結的異象（vision of Ezekiel）來做密集靜觀冥想。

馬賽塔羅的戰車、節制和世界牌

Chariot

Temperance

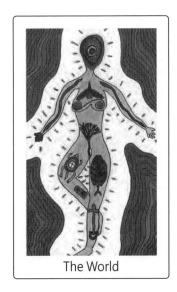

The World

閃亮部落塔羅的戰車、節制和世界牌

　　在本書的第一版，那時我認為「戰車」是揚升的載具。也就是說，以西結對天上的戰車做了如此詳細且精確的描述，因此神祕主義者可將它觀想為他們自己的冥想載具，穿行天上的七個「宮殿」（七個行星球體）。但後來我發現，以西結的戰車並不是交通工具，而是**目的地**，因為拉比們認為，先知看見的其實是上帝寶座。

　　當羅伯特・M・普萊斯和我一起根據猶太教故事和教導創作《拉齊爾塔羅牌》（*The Raziel Tarot*）時，我建議我們使用「以西結的異象」來當作「戰車」牌的圖案。這張傳統畫作的意象非常細密複雜，但羅伯特靈光一閃，用一個特寫鏡頭抓住了關鍵細節（請參閱本書第 288 頁的圖像）。

　　我們當中許多人的成長過程，都是上帝的形象陪著我們長大的，上帝是一個白鬍子老人，坐在天堂寶座上，而神聖戰車的這個圖案意象，讓人聯想到從地面飛升到天空（在實際畫作上，先知以利亞乘坐一輛戰車被載到天堂，戰車確實是往上飛入天空）。但是，梅爾卡巴神祕主義者卻形容他們的旅程是下降（降凡）：「下降到梅爾卡巴」（The Descent to the Merkavah）。他們說的確實是移動穿過七個天體「宮殿」（我認為這是指占星學的七個行星），但他們把整個旅程看做是一個往下降凡的過程。

　　或許我們可以說，要踏上這樣的旅程，我們必須先靜觀冥想我們自己。唯有如此，我們才能找到通往其他世界的大門。隱士或許是站在山頂上，但他將他的光照進最深之處。

　　我們可以說，「命運之輪」就是「隱士」以靈視看見的異象（心象）。「命運之輪」顯示了一幅景象，既是代表一個人的個人生命過程，同時也是存在的奧祕。無論我們稱之為業力之輪，還是命運之輪，或是四

季輪轉，或者只是生命從出生到成熟再到死亡的輪轉過程，輪子的意象都會讓人聯想到命運。在許多塔羅套牌中，「命運之輪」四周都有幾個象徵圖案。可能是獅身人面像、或其他神話人物。還有長著翅膀的生物分踞四個角落，可能代表黃道十二宮的四個「固定」星座，或是《新約》的四福音傳道者。還有猴子等其他動物在輪子上爬上爬下。

　　看見靈視心象之後是接受。「命運之輪」以其符號為我們帶來感受印象，「正義」則直視我們，它的訊息非常明確：權衡你人生的輕重，使其保持平衡。要對自己誠實。接受你真正的樣貌，接受那些造就你的一切東西。正義也可能令人感到嚴厲、有壓力、恐懼、深層悲傷。然而，最終，這個經驗會帶給我們強烈喜悅感，因為「正義」使我們得到解脫。正如我們在這探索旅程中遇到的其他情況一樣，我們要牢記，喜悅未必等同快樂或歡愉。

拉齊爾塔羅的戰車牌

梅爾卡巴，以西結的「戰車異象」畫

　　艾奧安娜・薩拉詹說：「你學不到任何東西，除非在喜悅中學習。」在每週課堂上，我們經常要進入過去的痛苦和創傷之中。我記得有一堂課，我們深入過去的憤怒經驗，看到即使是正義的憤怒也會和恐懼、羞恥感、以及我們童年（甚至嬰兒期）的古早經歷共舞。正義的喜悅是透過真理獲得真正自由的興奮與驚奇。透過正義，我們首先向自己敞開，然後向我們身邊的人敞開，甚至向那些我們覺得傷害過的人、以及傷害過我們的人敞開，最後，向世界的悲傷和美麗敞開我們的心。

　　當我們對正義敞開我們的心，我們會發現許多的不可思議。我們不必獨自一人去面對生命的巨大沈重。在冰冷宇宙中，我們感覺孤獨而渺小，這其實是一種錯覺。套句匿名戒酒協會的十二步驟計畫所說的：「有一個力量比我們更廣大」，我們發現自己和所有人緊密相連。

偉特塔羅和拉齊爾塔羅的正義牌

　　在埃及的亡靈世界，凡能通過考驗的人，代表他們的心沒有帶著任何重荷負擔，因此能如鴕鳥羽毛那樣輕，他們穿戴好神明的服裝，準備進入無垠的宇宙廣袤。他們不是**成神**，只是穿著神明的衣服，但緊緊**依附**在神身邊。這個依附能讓靈魂通過死亡之路，順利轉生，進入新生命。

　　在艾盧西斯大祕儀當中，多達數千名的慶祝者並不是打扮成死而復生的女神普西芬妮（「星星」牌），雖然傳達的訊息是，死亡對他們來說只是短暫的。就像歐西里斯的追隨者一樣，他們也會透過死亡進入更廣大的存在。但他們反而是穿上普西芬妮的母親狄米特（「女皇」牌）的喪服。為期九天的儀式結束後，喪服會被切割成用來包裹新生兒的襁褓帶。

　　在塔羅牌中，我們在「吊人」牌看到這種深刻的依附。大部分人一看到這張牌，第一個動作都是先把它倒過來。注意觀察那些還不認識塔羅的

人，他們如何瀏覽整副牌；他們會把「吊人」牌上下倒過來，以為紙牌放錯了。這張上下顛倒過來的牌有許多可能含義，其中我們發現兩個重要概念。首先，這位受啟蒙者現在走的是一條與社會大多數人不同的道路，因此他們看起來像是走錯路了。當你把它再一次上下倒轉，意思還是一樣，只是變成轉向內在。吊人之所以上下倒吊，是因為他要向內尋找真理，而不是向外去追尋。就像赫密士和梅爾卡巴的追尋者，他學到一個偉大祕密：通往廣闊世界的入口就在你自己內心，想要往上探求，你必須往下方深處看。

對許多人來說，看見內在靈視景象非常困難，尤其當小我（ego）拒絕臣服於超越你自身所知的生命感受時。這或許就是為什麼很多人認為「吊人」牌的圖案令人不安，或認為它代表受苦。大多數塔羅套牌的吊人圖案，其實並沒有那麼讓人不舒服。如果看一下我們目前已知的最早版本，也就是 1450 年左右的威斯康提－斯弗扎塔羅牌，我們看到的是一種幸福的表情，沒有半點痛苦。

北歐神話中的奧丁和盧恩文字明白讓我們看到，有時需要採取極端做法，藉以將注意力轉向內在和下方深處。斯堪的納維亞神奧丁追尋盧恩，這是一種帶有魔法力量的字母，可用來占卜、施咒、辟邪護身，還有全世界最偉大的魔法——書寫。盧恩就藏在知識之神密米爾的黑暗深井裡。為了讓密米爾交出智慧寶藏，奧丁以長矛刺傷自己，然後將自己倒吊在尤格德拉希爾（Yggdrasil）世界樹上九天九夜。（數字 9 與 25,920 年歲差年〔2 + 5 + 9 + 2 + 0 = 18 = 1 + 8 = 9〕、以及人類懷孕需九個月亮循環週期有神奇共振。）

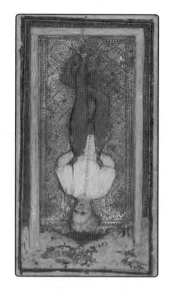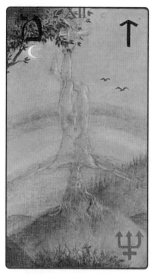

威斯康提 - 斯弗扎塔羅和海德塔羅的吊人牌

海德塔羅的吊人牌和聖杯國王

最後，奧丁挖出自己的右眼，將它丟進井裡。密米爾接受了他的祭品，奧丁將手伸入井裡，將盧恩文字拾起。右側通常代表理性或外在意識，左側則代表直覺或內在意識（沒有共通的象徵符號，但這種左右區分在全世界各個地方都存在，而且得到了一些現代大腦研究的支持）。換句話說，奧丁不得不盡一切所能來扭轉他的靈性道路方向。

藝術家赫爾曼‧海德將奧丁的這種暴力式自我犧牲看作小我的反抗，以及與地球人間分隔的傲慢。對海德來說，世界樹象徵自然，而奧丁則代表一種文化（主要是歐洲），試圖逼迫自然放棄它的祕密。為了證明有另一種可能選擇存在，海德事實上畫了兩個奧丁。一般傳說的暴力故事的奧丁，以聖杯國王的形像呈現，而吊人牌，則是滿懷喜悅且完好無損的奧丁，他將自己獻給大地人間。

雖然很多人第一眼看到「吊人」牌時都是把焦點放在那個倒立的人，但其實那棵樹也非常重要。無論是上下顛倒的 T（所謂的 tau 十字架／T型十字架，tau 是希伯來字母表的最後一個字母），還是一根樹枝、一棵完全開花的樹或一根木樑，這棵樹都象徵找到一股比個人小我還要強大的力量。透過這個依附，我們可以超越我們的限制。我們可以真正死去。

「死」這美妙字眼

「死神」跟在「吊人」之後，看似不太妙。想像一下，有個塔羅促銷活動廣告：「臣服於更高意識然後死去！」還好，吊人不會從廣告的角度看事情（如果他會的話，他就不會上下顛倒過來了）。死亡意謂著解脫，

意謂擺脫過去限制。死神沒有像埃及神話中那樣出現在正義之前，而是在跟在臣服之後到來，因此它很溫和，不會有什麼阿米特把我們吞下肚。

　　但我們要小心，不要太輕易就這樣接受下來。大多數現代塔羅占卜師都會在翻到「死神」牌後急忙告訴問卜者，不要擔心，沒有人會死，它只是代表舊模式死去，或是，我有時將它稱為：「過去之我之死」（the-death-of-the-old-self）。

　　這個短句中的連結符號代表一種過於自信的信口開河，我們有時會假設「死神」牌就是這個意思。當我們向自己保證，「死神」牌代表釋放，我們會感到比較舒服和安心，也因此比較容易接受它。對於那些已經真正敞開自己的心、而且將自己緊緊依附生命之樹的人來說，確實比較容易接受死神這張牌，但我們大多數人都沒有那些釋放和連結的深刻經驗。因此，死神牌確實是釋放，但也很嚇人。

　　這些都比較是從心理學觀點來看「死神」牌。我們可以把它再往上提升一點，用神話或薩滿的角度來看，事實上，我認為這樣的方法比從心理學角度來解釋更誠實，雖然會比較不舒服。我們在「死神」牌當中看到一種力量，很多塔羅套牌中都是如此，「死神」牌的圖像最能喚起人的想像。

　　從某方面來說這反映了，死亡是一個「巨大未知」（the Great Unknown），因此為藝術家的想像力提供了天馬行空的機會。正是這個神祕未知賦予了「死亡」（「死神」牌）力量。我們可以再回過來談談那些披著來世故事外衣的奧祕傳統。從結構來說，埃及人為心臟秤重的故事和基督徒進入天國的故事非常相似，都是發生在死後。異教傳統也經常描述

到一些靈魂化形的故事，是發生在「另一世界」（the Otherworld），也就是所謂「亡靈國度、冥府」（Land of the Dead）。

Death

偉特塔羅、馬賽塔羅、閃亮部落塔羅的死神牌

為了完全把心打開，甚至超越「正義」的誠實，真正體驗釋放之能量的力量，我們必須「再次」擁抱死亡，不是把它當作一種概念，而是成為一種經驗。我們必須用張開的雙臂、清醒的頭腦邀請它來到我們身邊。耶穌原本可輕易改變事情的走向，他卻心甘情願走上十字架。希臘女神普西芬妮被冥王黑帝斯綁到冥府，後來冥王答應放她回陽間，離開冥界之前她吃了幾顆石榴籽（數量多少，各種說法不一）。雖然荷馬史詩說那是冥王黑帝斯設下的詭計，但我和好幾位現代評論家都認為，普西芬妮是故意吃下石榴籽，表示她願意每年重返冥府，讓靈魂再次穿過謎奧，獲得新生。

詩人惠特曼（Walt Whitman）有一首非常有名的詩：「走出搖籃無盡搖擺」（Out of the Cradle, Endlessly Rocking），描寫了精神死亡的誘惑與感性。惠特曼是美國最帶神祕主義色彩的詩人，也是最現實主義的詩人。我們許多人都是在一個「將靈魂和肉體視為敵人」的傳統中長大的，對我們來說，惠特曼對神聖與感官感性同具熱情似乎非常奇怪。但惠特曼，和波斯詩人魯米或舊約《雅歌》（Song of Songs）的作者一樣，他明白，要真正愛神，我們必須要愛這個凡塵世界，以及塵世當中所有的歡樂和挑戰。這就是為什麼，戀人牌在大阿爾克那的排序比較前面，因為如果沒有熱力激情，我們的精神奉獻就會毫無生氣、蒼白無力。英格蘭作家多琳·瓦連特（Doreen Valiente）在她的儀式詩「女神的誡命」（Charge of the Goddess）當中完美表達這個概念，詩中，女神如是宣告：「所有愛和歡愉行為皆是我的儀式。」

在「走出搖籃」一詩，惠特曼描述到，小時候他在海邊看到兩隻鳥互

唱情歌。每天，他都會來觀察它們、聽它們唱歌。有一天，那隻「母鳥」不見了，「可能被殺死了」，再也沒有回來。整個夏季的剩餘時光，這隻「公鳥」一直對著海浪啼叫歌唱，彷彿是那海水帶走它的愛人。稍微了解希臘神話的讀者都認得出來，這是詩人先知奧菲斯的有名故事，是進入冥府地獄尋找愛人的一個神話變體。

奧菲斯下到地獄去拯救他死去的愛人尤麗狄絲，但未能將她成功帶回陽間。後來他自己也被一群酒神的女信徒殺死，還被分屍，他的頭顱被丟進大海，永遠在海上漂流，低唱著對愛人的無盡思念。

當那男孩聽著鳥兒歌唱，他發現：「剎那間，我知道我為什麼來到這裡了。我醒來」，「一千首歌曲……在我體內活過來，永遠不會死去。」但彷彿這隻鳥喚起的是男孩心裡的詩歌和渴望，他知道有一個更偉大的真相，「有一字……至高無上」就在那大海——我們最初的母親——的聲音之中。於是他懇求大海：「若我注定要承受如此之多，那就給我更多吧！」

大海回答：「請徹夜在我耳邊低唱……那卑微而美妙的「死」字／永不停歇的，死，死，死，死。」惠特曼寫道，從那時起，他自己的詩歌才真正甦醒。

我們不能單單認為，擁抱死亡是為了之後得到好的結果。這些知識有助於消除我們的恐懼，但事實上，如果我們認為那是舊模式的死去，如果我們只將它看作「過去之我之死」，那不會有什麼用。我們必須愛那個死神，然後加入它的行列。

如果我們將大阿爾克那中間七張牌與人體七個脈輪做對應，那麼對

應第六脈輪的「死神」牌，就變成了第三眼。在上一排的七張大牌中，是「戀人」牌打開第六脈輪，然後第二排是「死神」打開第六脈輪，最後一排是「審判」牌打開第三眼，這張牌在《閃亮部落塔羅》中是「覺醒」。愛、死亡、復活，這個垂直排列絕非偶然。什麼是真正的釋放？我們可以這樣說：就是這三種經驗合而為一的那一刻。或許這就是伊西斯女神的手指為什麼會指著第六脈輪，因為她知道，唯有擁抱這個偉大的三重奏，我們才能發現我們的真實自我：全心全意去愛，將自己獻給死亡，然後在光明中甦醒。

「死神」牌之後，是最後的釋放，「節制」牌的天使。克勞利把這張牌稱為「藝術」（Art），而一些現代套牌，比如《海德塔羅牌》的這張牌標題是「煉金術」。之前有提過，有些人覺得這張牌很陰暗、隱晦不明。當我們經歷過一切，經歷過「死亡」本身之後，我們得到的獎勵就是寧靜和平衡？我得承認，好幾年前，當我第一次瀏覽整副偉特塔羅牌，我並沒有像對「魔術師」或「星星」牌那樣，立即對這張「節制」牌節有什麼反應和感受。

後來，當我意識到，天使的翅膀張開得如此有力，以致牌面無法完全容納，我的視覺反應發生了變化（與符號分析相比）。那寧靜狀態之中有強烈能量在流動。我們當中許多人認為，寧靜意謂著我們必須將自己封閉起來，不讓生活的一切影響我們。我們認為我們必須避免熱情，才能保持平靜、不受影響。但試著想像一下一種狀態，在這個狀態下，你可以允許最強烈的情緒感受在你身上流動，在必要時採取堅定行動（畢竟，這位

是把撒旦扔進地獄的天使呀），愛，哭泣，舞蹈，你永遠不會讓步，對於自己是誰、以及你認為真正重要的事情，你都一清二楚。想像一下，你知道，神性像一條河在你身上流動，那不是一個概念，而是你清楚知道，它在身上的每一個細胞、你做出的每一個行動、以及你表現出每一種情感。或者像是一道明亮的水流，從一個杯子流到另一個杯子。

　　我們的文化剝奪了天使原有的力量，把他們變成了毛茸茸的小守護者，或道德美德的明智維護者。創造這個傳統的古人認為，天使是擁有巨大力量、充滿神之榮光的存在。如同諾斯底文學評論家哈洛德‧布魯姆（Harold Bloom）在其著作《千年預兆》（*Omens of Millennium*）當中所描述的，天使最初並不是沒有性別的。有男性天使也有女性天使，他們不僅做愛，而且繁衍下一代。

偉特塔羅和閃亮部落塔羅的節制牌

　　古人也不是純粹將它們當作一種巧妙的象徵手段。古代神祕主義者和藝術家在薩滿旅程和神祕冥想中看到天使，並與他們交談，比如「下降」到梅爾卡巴。許多現代通靈者也延續著這個傳統，說他們是從「天使和指導靈」那裡獲得訊息。有趣的是，如果我們還記得，希伯來字母都是子音，那麼「God」、「Good」和「Guide」就都是同一個字——GD（當然，也因此有一些人經常用 GD 來代表黃金黎明赫密斯派修會， Hermetic Order of the Golden Dawn）。

　　第十四號大牌（「節制」）並不是我們自身之外的異象。我們已經走過那個階段。「節制」是你內在的天使面向，是那個你，讓你對永恆心神震顫，但同時沒有忘記時間或責任。如果你敞開你的心，擁抱死亡，你就能成為「節制」。

占卜牌陣：打開你的心

　　我們要記得，當我們使用塔羅牌，它可以為我們做兩件事。第一，紙牌的故事、從「愚人」到「世界」的象徵排序，以及四個牌組的排序，教導了我們不同的智慧傳統。如果我們想了解打開自己的心是什麼意思，我們可以將這個概念與「正義」牌作連結，然後將向左右兩邊延伸，到構成大阿爾克那中間的七張牌。這是第一件事。第二件事是，我們將這個概念直接應用到我們自己生活中的可能性。這時候就要用到占卜牌陣。

　　當我們根據靈性轉化的理想概念來解牌時，我們通常會將能量、或一些宏偉的概念「下降到」我們的實際生活中。這並不會讓解牌變得膚淺，

因為當我們面對真實的自己、面對我們的真實經驗，我們可以得到深刻的發現。占卜能帶給我們真正解脫的可能性，因為在占卜中，我們超越理論，誠實觀看塑造出我們的那些實際禮物和力量。

　　以下是一個占卜牌陣，可在平常生活中運用，練習打開你的心。陣形陣位的設計，是我和我的朋友柔伊‧馬托夫共同討論出來的。

　　陣形與陣位含義：

4

6　3　1　5　7

2

　　1. 我的心的核心是什麼？我們選擇這樣的表達方式，是為了強調我們要去探看一個人的核心本質。是什麼讓一個人與眾不同？他們的挑戰和機會是什麼？

　　2. 是什麼將心封閉起來？過去的哪些經驗、恐懼或壓抑讓這些特別的禮物被藏起來？是什麼讓一個人的生命變得狹窄，讓他們陷入漆黑隧道，看不見生命的美好？

　　3. 是什麼東西把心包裹起來或遮蔽起來？心封閉起來之後，外圍開始層層包裹了哪些東西？為了找回自己與世界之間的獨特連結，此人必須將什麼清除？

4. 我的心渴望什麼？ 佐伊和我就這個問題討論了一段時間。我們希望第四個陣位成為整個占卜牌陣的樞紐，在這個地方，我們從封閉的心轉換為敞開的心。作為七張牌中的第四張牌，它代表了心本身，因此也是問題的核心。佐伊提出了「渴望」的概念。本心的渴望什麼？ 換句話說，聖靈對此人的呼召是什麼？在這裡，很重要的是，要用積極正向的角度來解這張牌。舉例來說，如果這張牌是偉特塔羅的「錢幣五」（教堂外有兩

名乞丐），那可能代表我們受到呼召，要去幫助那些受苦的人。

5. 什麼可以幫助我們把心打開？ 開始踏上自我發現之路，我們需要一些助力來幫我們克服恐懼、罪惡感或羞恥感。這張牌可以代表能夠幫助你進行心靈探索的那個助力（某種特質），或是你可能想像它是女神或某一位神的精神能量，甚至是某一位真實的人，比如你信賴的老師、諮商師或朋友。跟第四張牌一樣，如果這張牌帶有挑戰性質，我們不應該拒絕它。通常，我們所迴避的那些特質，力量也最大。

6. 什麼可以帶我走過這段旅程？ 大多數情況下，自我探索需要時間。跟最初起步時一樣，整個過程或許會充滿困難，讓人害怕，因此需要某些特質來幫助我們，不退回到層層保護裡面，也不迴避困難。

7. 我會經驗到什麼？ 塔羅牌無法、也不會告訴我們將來發生的每一件事情，開放的心會生活的一切經驗都看作不斷發生的驚奇。同時，帶著期待的心，可以激勵我們繼續往前進。

第十三章

躍入愚人之境

A Short Leap to the Place of the Fool

　　整個塔羅史上都一直在問一個有趣的問題：我們該把「愚人」牌放在哪裡？我們可能會認為它是零號牌，在一號牌前面，應該放在最開頭。黃金黎明系統確實把它放在最前面，大多數現代套牌都效仿他們的做法，但問題並不像看起來那麼簡單。零，意謂空無一物、什麼都不是，也代表沒有固定位置。在各種不同版本的塔羅奇紙牌遊戲（撲克牌）中，「愚人」牌在分數等級中似乎並無占有確切位置；遊戲中，為了避免被迫丟掉一張較好的牌，你可以把它打出來，但它本身不代表任何分數。相較之下，愚人的「表兄弟」小丑（Joker，鬼牌）則可以變成任何東西，前提是，要跟其他牌一起打出來。它本身並不存在（如果我們用解釋塔羅的心理學方法來解釋撲克牌，我們可以把小丑稱為終極依賴者）。

　　大多數對「愚人」牌的現代解釋，都形容這張牌是「旅行者」，一個走過所有其他大牌旅程的旅人。其他所有大牌都堅守在自己崗位，只有這位小丑，從一個地方跳到另一個地方。不信可以問看看，有多少人把整個大阿爾克那二十二張牌的探索過程稱為「愚人的旅程」。而且人們都是各自提出這樣的看法，並不知道其他人也是從同樣角度來看這二十二張牌。我要坦白：我在《78度的智慧》一書當中使用過這個說法，但我不認為在那之後每個提出相同看法的人，都是因為看了我的書才這樣說。

　　不過，當我們仔細研究卡巴拉主義者對塔羅牌的解釋，問題就變得銳利起來。要用「愚人旅程」這個方法來做解釋，基本上必須將二十二張大牌與二十二個希伯來字母對應起來，同時要用這二十二個字母來對應生命之樹的二十二條路徑。在希伯來字母表中，每一個字母和單字都有一個數值。而整個希伯來字母表裡面，沒有一個字母是代表「零」。它們是從

「一」開始，一直到二十二。同樣的，生命之樹也沒有任何一條路徑是象徵空無一物的概念。路徑一樣是從一開始，依序排到二十二。空無一物（Nothingness）有時會被看作是生命樹之外不可知的神聖能量的一個面向，稱為 *Ain Soph*，無有極限。但這個概念並不能幫我們把「愚人」牌放到樹上的某個位置，因為如果我們將它從樹上移走，那就無法有二十二張牌來對應二十二條路徑了。

　　如果把「愚人」牌設定為零，那對希伯來第一個字母／路徑會產生什麼影響？如果你把這張牌的零對應第一個字母，那麼一號牌就變成對應第二個字母，二號牌就對應第三個字母，依此類推，一直到最後一張牌，編號二十一的世界牌，就變成對應第二十二個字母和生命之樹的第二十二條路徑。很顯然問題出現了。在課堂或研討會上，好幾次我都看到人們一臉疑惑，當我試圖解釋，二號牌、也就是「女祭司」，帶有「雙重性」的所有象徵意涵（二元性等）的這張牌，實際上是代表第三個字母 *gimel*，那匹帶著我們走過生命之樹上最長那條路徑的駱駝，所以，它當然是對應第三條路徑。看到沒？連讀起來都快要把人搞瘋，有沒有？

　　對塔羅卡巴拉學家來說，這不僅僅是引人好奇，甚至是一個哲學問題。如果你接受生命之樹這張圖本身確實存在，而塔羅是為你提供理解這張圖的鑰匙，更重要的是，是用來作為魔法或奧祕的啟蒙，那麼，弄清楚每一張牌是各自對應哪一條路徑，就變得非常重要。在這家公司裡面，愚人到底是在什麼職位上，就變成一個重要問題。

　　問題還不只這一個。黃金黎明系統將「力量」牌和「正義」牌的編號

對調,導致路徑也跟著改變。然後,克勞利把「皇帝」牌和「星星」牌的對應希伯來字母對調了(但克勞利在牌卡圖案上保留了傳統的數字編號,這也造成了混亂,因為這兩張牌的希伯來字母變成跟它們原本的數字對應不起來)。但是各位,愚人有能力改變這一切。

列維(Éliphas Lévi)把愚人牌放在倒數第二張牌,解決了這個問題。如此一來,就只會動到最後一張牌,「世界」牌;也就是說,編號二十一的這張牌,變成對應第二十二個字母、第二十二條路徑。其他的每一張牌,從「魔術師」到「審判」,都遵循跟希伯來字母相同的順序。「魔術師」,編號一,對應第一個字母。「審判」牌,編號二十,對應第二十個字母。列維如果讓「愚人」變成最後一張牌,那麼「世界」牌就可以是編號二十一,對應第二十一個字母。但是,「世界」顯然應該要是最後一張牌、最巔峰,要把它換到其他位置,光想就很困難。

希伯來字母 shin 和馬賽塔羅的愚人牌

　　讓「愚人」牌變成編號二十的另一個原因是，第二十的字母叫做 *shin*，在傳統希伯來語象徵意義中，意思是「牙齒」。許多較古老的塔羅牌都將「愚人」牌描繪為被動物咬傷的人。

　　此外，字母的象徵意義、以及它在塔羅牌中的使用，並不總是根據其原始希伯來語含義。第一個字母阿爾法 aleph，字面意思是「牛」，但大多數卡巴拉學者並不是把重點擺在牛這個意象上。它的其他含義更重要，例如，aleph 是沉默（稍後會詳細討論這一點）。當偉特設計塔羅牌時，他要史密斯夫人把愚人的身體姿勢畫成類似這個字母的形狀。動物還在，只是從一隻敵對的貓變成一隻友善的狗。身體的移動方向，以及站在懸崖邊緣，暗示了從高處往下落的概念。

希伯來字母 aleph 和偉特塔羅的愚人牌

　　「愚人」是我為我的《閃亮部落塔羅》畫的第一張牌。我曾看過一幅畫，畫著一個張開雙臂的孩子，讓我印象非常深刻，於是我把愚人畫成一個從懸崖上跳下來、去追一隻鳥的小孩子。在無意識的純粹之中，孩子飛過廣闊風景，飛向連綿的山脈。

The Fool

閃亮部落塔羅的愚人牌

　　在最後兩張牌之間插入「愚人」牌，我總覺得有哪裡不足。或許我有這種感覺，是因為我的塔羅探索是從偉特牌開始的，因此一開始就從那裡吸收了我對「愚人」的概念。我繼續發展關於「愚人」的想法，它其實跟其他所有的牌完全不同，是一個在其中移動的角色。對我來說，「愚人」代表抵抗自滿的能量。當我們到達某個更有價值的地位、處境，比如「戰車」，我們可能會想停下來不再前進，或是告訴自己我們已經取得終極成

就，只有愚人會推著我們繼續往前。也只有「愚人」會放棄「戰車」的權勢力量和控制，邁向第八到第十四張牌，打開自己的心。到達「節制」牌的天使境界後，也只有「愚人」會讓自己往下降，進入「惡魔」的國度。

先不說「愚人」作為第一張牌的象徵意義，把「愚人」放在倒數第二張牌，對我來說總是顯得很尷尬，那種感覺就像我們不知道該拿它怎麼辦，像家庭聚會裡的那個古怪親戚。就在不久前，我開始在想，「愚人」出現在「審判」和「世界」牌當中，這可能意謂著什麼。我愈想，它就變得愈有趣——不是替代掉最開始的那個愚人，而是**補充**。換句話說，我們可以把「愚人」看作旅程的起點，然後再一次將它看作最終解放之前必要的一步，從第二十張牌的覺醒，躍入第二十一張牌的宇宙意識。

Awakening

The Fool

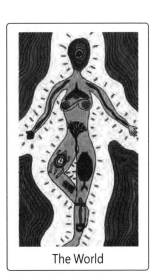
The World

閃亮部落塔羅的覺醒、愚人和世界牌

　　我發現，這種方法並不能解決卡巴拉的編號和字母問題。我們可能會說，多加一張額外的牌會讓事情變得更糟。不過，本書的讀者可能已經猜到，比起符號結構，我更關心符號的含義。由於我認為生命之樹是一種意象、而不是一種科學描述，因此我寧願嘗試多種可能的含義，而不是執著於單一絕對真理。

　　事實上，生命之樹本身也有幾個不同版本（輝耀的位置都一樣，但是二十二條路徑有很大不同），而且大多數塔羅學家認為是普遍真理的那棵樹，實際上與傳統猶太卡巴拉主義的那棵樹有很大的不同。

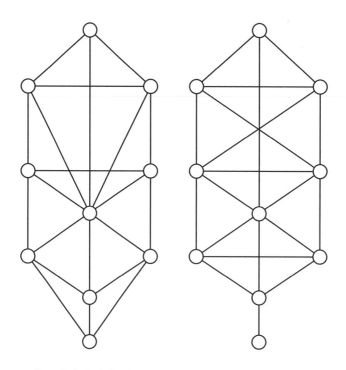

塔羅的生命之樹（左）和盧里亞的生命之樹（右）

　　因此，讓我們來探索「愚人」牌的一些含義，包括它作為整個旅程的起點，以及在最後兩張牌之間的奇怪位置。

　　也許我們應該改一下說法——它不是整個旅程的起點，而是起點「之前」的那張牌。畢竟，「愚人」是零，而零意謂著「無有一物、無」（nothing）。如果你是「無」，你沒有任何東西、你也不是任何東西，換句話說，不屬於任何固定定義或類別。當人們試圖將我們歸類、或將我們與他們自己的想法或他們的群體認同做連結，「愚人」提醒我們，這些事情都沒辦法真正限制到我們。包括大阿爾克那牌也是。零將「愚人」與它後面的所有那些數字全部區隔開來。一、二、三、以及其餘所有數字，都各有其特質。「愚人」走過所有這些數字的旅程，但依然是……無。

　　透過量子物理學，我們已經認識到，現實（reality）並不像我們日常感官所見的那樣堅固和不可改變。我剛好是在明尼亞波里斯一棟房子二樓木桌上的精裝筆記本上寫下這些話。所有這些東西，看起來都堅實而牢固。但事實上，如果我能在最深的層次上去感知現實，我會認知到，書、桌子和房子（以及明尼亞波里斯市）是一個粒子場，這些粒子本身部分是物質，部分是能量波。這些「波粒」（wavicles）並不是真實的「物」（things），而是機率，當一個意識觀察到它們時，它們才「塌縮」（collapse）成為現實。

　　這使得「愚人」牌比所有其他牌都更忠實。「魔術師」、「女祭司」和其他所有的牌，從某個角度來說，象徵著能量塌縮成為特定現實的各種時刻。幾年前，我讀過一篇關於電子的精彩量子描述：「無在旋轉」

（nothing spinning）。我們或許可以這樣描述愚人——以及終極的我們自己——無在跳舞或無在飛翔。「愚人」作為最起始一張牌，會跳舞、會飛翔，也會跳躍。

讓我們天馬行空想像一下，「愚人」存在於古老神話中的可能性。我們或許可以說，當托特創造塔羅來與月亮賭博，並在正常日曆之外多創造出五個日子，他之所以能夠這樣做，是因為愚人的靈魂進入到他裡面。跟賭徒一樣，愚人會去冒險。它往下跳。它拒絕接受要求安全地成為「某、有」（something），儘管危險，它堅持不變，它是「無」。

作為第一張牌，「愚人」對應的是希伯來字母 *aleph*。除了外形看起來像一個正在跳躍或飛翔的孩子， *aleph* 最有趣的特徵是，它實際上不發出任何聲音。它僅作為母音的載體，存在於單字中。 *aleph* 本身創造了一張只是打開但不發出任何聲音的嘴巴，就像一張空白畫布，它的空無包含了所有潛在可能的繪畫。 *aleph* 的沉默無聲，使它成為愚人的零的完美表達。零，無，承載著一切可能的事物。這是現代阿拉伯數字把零寫成雞蛋形狀的原因之一（最早是用一個黑點來表示）。

我們已經多次討論過生命之樹以及它對塔羅的重要性。卡巴拉主義者教導我們，輝耀是從神那裡放射出來，以各種不同化身包含神的本質，但神的全體依然超脫於這生命樹之外，沒有任何極限、也沒有任何定義。如之前所說，他們稱這個神聖全體為 *Ain Soph*，「無有極限」。然後，*Ain* 的第一個字母是 *aleph*，因此數學家使用 aleph 作為代表無窮大的符號。無窮與零，一切與無，其實完全相同，因為兩者都存在於正常意識之外，是真

的，存在於正常現實之外。

先前我們提過，猶太教和卡巴拉傳統認為神的四字聖名難以發音。這並不表示我們已經遺失了它的發聲祕密，而是，人類的心智頭腦由於其語言和文化的限制，無法涵蓋神的名字（這四個字母實際上構成了動詞 *to be*、*to exist*（存在）的變體，但其形式不屬於任何文法時態或人稱）。現代卡巴拉主義者有時將四字聖名描述為，是一口氣息，而不是聲音。嘴巴張開，將生命之氣吐進宇宙。這無聲之聲，這張開嘴的吐氣，也描述了那沉默無聲的 *aleph*。

這是一個神話，表達了 *aleph* 的力量。我不是在做字面內容的敘述，而是在說一個故事，它可以幫助我們捕捉，沉默無聲對我們的意義。

聖經告訴我們，所有以色列百姓都聚集在西奈山腳下，聆聽神頒布十誡的聲音。關於如何生活如何保持聖潔的誡命，大約有 613 條，神曉諭給摩西，摩西再將它們傳達給百姓，但百姓自己聽到了基本的十條誡命。

但他們究竟聽到了多少？他們聽到了每一個字、還是只聽到一部分？完整經驗可能會令他們承受不了，以致神的聲音可能只向大眾說出了最精髓的部分。這樣，他們就會知道神是真的，而且依然活著。

生命之樹有上位三輝耀和下方七個輝耀，十誡也和生命之樹一樣，分為三個神聖宣言（例如，要守安息日、定為聖日）以及七個道德指示（例如，不可姦淫）。因為這個緣故，有人就研究了這個問題，然後說，以色列百姓只聽到神說的前三個，然後摩西轉達了另外七個。但這三個真的都是必要的嗎？第一句是：「我是永恆，你的神，曾將你從埃及地、為奴之

家領出來。」（這是猶太教版本，與某些基督教聖經版本可能略有不同。）當然，神親口做的這個宣告，足以讓每一個人體驗到聖靈力量，充滿我們的一生。

　　或者，也許可以再多談一點。為什麼不單純說「我在」（I am，希伯來語 *anokhi*）？想像你自己就是那沙漠中的眾人之一。你的領袖摩西宣稱與神交談，然後讓你知道神要你做的事。你跟其他人一樣，對這個說法感到好奇，但你必須承認，摩西之前行使過一些驚人絕技。瘟疫之災、分海奇蹟——嗯，確實令人印象深刻，他確實做了這些事情。現在他爬上一座山，消失在岩石和雲層中，並承諾：上帝不僅會對摩西說話，還會對所有人說話。包括你。

　　你緊張地抬起頭。厚厚雲層堆聚在山頂四周。巨大閃電撕裂黑暗天空。你的弱點，你的脆弱，你對生命的所有狹隘看法，全部從你腦海一閃而過，然後消失無蹤，就在你驚愕萬分看著那片廣大天空的那一刻。然後——一道聲音自雷電中響起。比地震更響亮，比母親對熟睡孩子說話更輕柔，它佈滿整個天空，穿透整片大地，聲音穿過你身體的每一個粒子。我在。你真的還需要再聽嗎？你還想要再聽更多嗎？

　　啊，但是等等。神祕主義者會進一步逼問，就像他們經常做的那樣。為什麼是說了整個字？他們問。為什麼不只說第一個字母？難道不能僅憑那個字母讓人充滿神聖存在的知識嗎？但是—— *anokhi*，I am（我在）的第一個字母就是 *aleph*。那無聲的字母。如果不加上母音，它甚至連那一聲「啊」都不會發出。和「愚人」的零一樣，*aleph* 的無聲包含一切，而

這無聲，成為了最終極真理。

　　有這麼多的象徵意義和故事支持「愚人」作為大阿爾克那的起始牌，為什麼我們還要考慮把它移至倒數第二張牌呢？不過請記得，我們不必移動它，我們可以把它加上去。如果我們尋找它的含義，那麼只有在我們思考它的兩個傳統位置時，「愚人」才會得到含義。我們可能會發現這兩個概念之間的連結或關係。

　　我們從無開始，移動成為有。艾倫・摩爾（Alan Moore）在他精彩的漫畫系列《普羅米修斯》（部分以塔羅為根據）當中，形容宇宙的創造（從無到有）乃是魔法的終極之行。值得注意的是，第二個希伯來字母 *beth*，意思是「房屋」（house），它是《聖經》的最開頭，因此也是創世故事的開頭。「起初」（In the beginning），這句名言就是譯自希伯來語的 B'raishith。換句話說，beth 從原初存在的無之中開展出物質的有。然後，gimel 緊跟在後，騎駱駝的女人一路風塵僕僕行過漫長旅程，從神聖法則的「超凡」世界往下進入更容易被人類理解親近的世界。於是，在「無」之後，我們展開旅程，開始經歷「有」的各個階段，變得愈來愈複雜，直到——我們抵達第二十張牌，「審判」，或「覺醒」，或者克勞利所稱的「新紀元」。

　　走過代表「重生」的這張審判牌（或保羅・福斯特・凱斯所稱的「新生」〔regeneration〕）之後，我們能否順利進入「世界」牌所描繪的神聖意識狀態？在我看來，「審判」與「世界」之間發生了根本性的斷裂。「審

判」是一連串某物的延續。它使它們達到頂峰，但也屬於它們。但「世界」並不單單是一個更好、或更完整的「有」。「愚人」是「無」，同樣的道理，「世界」是「一切」（Everything）。

　　我們並不能透過累積更多的「有」來成為「一切」。事實上，我們需要放下所有從從「魔術師」和「女祭司」開始一路到「審判」的那些特定意識狀態。為了真正解放自己，真正了解那個「一切」，我們必須先回到「無」。如同我們在數字零、以及上帝在西奈山的沉默雷霆中所見，無包含一切。在塔羅，字母 aleph 代表零；在數學，它的意思是無窮大。將任何數字除以零，都會得到無窮大。在國家公共廣播電台節目中，我聽過有人把宇宙誕生前存在的那個「奇異點」（singularity）形容為「上帝除以零」。

托特塔羅的新紀元牌

馬賽塔羅的審判以及閃亮部落塔羅的覺醒

　　列維把「愚人」放在那個位置，蘊含著大智慧，因為我們需要「愚人」的自由，才能獲得「世界」。然而，當我們同時將「愚人」放在開頭，那智慧變得最忠實。既然「愚人」是零，為什麼不允許它去任何地方，發揮它最大的作用呢？

　　除了「無」的概念外，我們還發現從高處墜落（或跳躍）的象徵意義。在偉特版本的塔羅牌，我們看到一顆白色太陽，代表精神之光。那麼這個「墜落」代表什麼意思呢？它是指亞當和夏娃誤吃樹上的果子而犯下的「大錯」嗎？墜落和跳躍，不同在哪裡？

　　這裡我們要花一點時間來討論，西方文化中最有名的一個關於「墜落」故事，伊甸園故事裡的「從天堂墜落」。有些讀者可能會拒絕接受這個故事，認為這是他們在主日學學到的，或是宗教領袖用來控制人心的東

西。另外一些人可能想知道這和塔羅有什麼關係。我請讀者耐心等等，因為這個故事，特別是它的隱微含義，大大影響了西方神祕學思想，因此也對塔羅產生了深遠影響。

The Fool

Magician

High Priestess

閃亮部落塔羅的愚人、魔術師和女祭司

Awakening

The Fool

The World

閃亮部落塔羅的覺醒、愚人和世界

　　很久以前發生的故事，跟死後故事一樣，都非常多。這些故事的出現，一部分是因為需要去解釋世界存在的事實現象，一部分則是內在發現的外在表達。從天堂墜落的故事，是在解釋為什麼人生有如此多的不如人意。我們的壽命短暫；我們虛弱多病；我們嚐盡愛情的痛苦；好人罹患癌症……許多人渴望直接了解神，但卻只得到沉默無語和一個廣大無邊的宇宙，令我們顯得比渺小更加微不足道。面對這些痛苦，人們因此編出一個故事，說是因為某個笨蛋把天堂美好的時光毀了，這有很奇怪嗎？

　　但是，這個故事中發生的事情，並不單單是為了給生命的苦難一個理由。一方面，神話的基本直覺常常被我們所謂的政治所掩蓋。對亞當和夏娃故事的「各種修飾」似乎就是這樣。不服從的問題，夏娃的軟弱和上帝的詛咒，經常被用來支持這樣的意識形態，例如，命令女人要服從男人，或將自然本性視為敵人，或是神職人員利用權威來威脅人們會受永恆酷刑。由於迦南地區以女神為中心的宗教，會用樹林作為祭祀亞舍拉女神的儀式場所，因此，編出一個被禁止摘取果子的樹的故事，或許可幫助希伯來祭司令眾人去反對他們的對手——亞舍拉的祭司。

　　還有更多類似的故事。如果起源神話反映的只是用來做解釋或為政治目的，那麼它們不會持續存在數千年那麼久。這些故事之中，必定存在更深層的悟見。那個悟見，由神祕主義者清楚表達說出，由心理學家、科學家等等給出說明。那個悟見是這樣：我們認為的真實現實，只是一種幻覺幻象。我們的真實狀態是一種流動，而且與一切萬物實為一體。在我們真實的存在中，光充滿整個世界和我們。事實上，我們不能真的說「光充滿世界」，因為我們自己也是純粹的光，一道可以具體表現於黑夜中、在陽

光照耀中的「光」，然後，我們的自我和神之臨在之間的分別，完全消失不存在。

如果這些東西聽起來讓你覺得是空想，或是很荒誕，請暫時放下你的疑慮（我們很快會回到這些問題），先假設神祕主義者是對的。那麼，我們是如何失去對自己真實狀態的認知的呢？這就是墜落和跳躍之間的差別。如果我們墜入一個分離和孤立的世界，那表示我們要麼做了非常糟糕的事情，要不然就是做了非常愚蠢的事。聖經故事，至少從表面上看，是站在「非常糟糕的事」那一邊。亞當和夏娃原本有機會與上帝一起生活在天堂樂園，卻因為不聽話、不順服，毀掉了這一切。但，是什麼樣的神會要求人以服從作為圓滿人生的代價呢？如果他們需要果子才能分辨是非，而那果子（聖經從未說是「蘋果」）是長在分辨善惡的知識樹上，那麼他們怎麼會知道自己正在犯錯呢？換句話說，只有當他們的意識已經與造物主分離，他們才可能不順從不聽話。

那我們其他人呢？聖奧古斯丁（Saint Augustine）深知自己人性的弱點，提出了原罪這個觀念，這罪一代傳一代，一路往回追溯就到了亞當。如果奧古斯丁了解遺傳學，他可能會說，我們的 DNA 攜帶著罪。但他不是這樣說，他聲稱這代代傳承的罪存在於父親的精液中。對奧古斯丁來說，我們因性愛而受孕，因此我們全身上下都帶了亞當的罪，唯有基督的犧牲能消除它。

與聖奧古斯丁不同，古代的猶太拉比拒絕繼承罪的觀念。他們很難將性愛看做一種邪惡的傳播，因為《聖經》的第一條誡命就告訴人類「要生

養眾多」。他們認為，是我們自己的罪使我們無法進入天堂、得到永生。他們說，亞當犯了一次罪，就必須死；我們是一直不順從，那我們還期待什麼？（有趣的是，他們一點都沒有怪罪夏娃；拉比們認為，神給了亞當指示，而亞當沒有將指示正確傳達給夏娃，所以該咎責於他。）

一些後期的卡巴拉主義者則比較是從「愚蠢」這個方向來看這件事。最初的生命，雌雄同體的「亞當・卡德蒙」（*Adam Kadmon*），他看著生命之樹，然後就被最後一個輝耀瑪互特（*Malkuth*，希伯來語「王國」之意）所誘惑。由於亞當誤以為瑪互特就是這棵樹的全部，於是他／她與神性意識分離，一分為二，分開（墮落）成亞當和夏娃。（卡巴拉神話告訴我們，這兩半原本在肋骨處是相連的，分開也一定是從肋骨處分開，因此出現了《聖經》裡面夏娃來自亞當肋骨的說法。）

卡巴拉主義者認為，我們一直在重複相同的幻覺，一代傳一代。我們看不見事實，只看到它最明顯的那一面，然後就認定我們看到的是一切。這個概念類似跟佛教的教導類似，當我們因欲望創造出小我，我們就將自己與那神性至樂分開了。

所有這些概念和故事，構成了從神聖狀態墜落到幻覺和孤立狀態的信仰。這個信仰的最極端版本說，物理存在，物質，是我們真實本性純淨之光的一所牢獄。諾斯底（Gnostics）是早期基督教的一個教派，他們發展了一個神話，認為創世之神是個假神，他創造世界作為自由靈魂的陷阱。在他們看來，蛇變成了這個故事的英雄，因為它試圖用知識來讓亞當和夏娃獲得自由（gnosis 這個字在希臘文中就是「知識」的意思）。雖然許多

人認同這個概念，反抗那個要求服從的上帝，但諾斯底派不斷用最負面的語彙來描述世界和身體。祕術教義也繼承了這種對物質的偏見。

The Empress

Lovers

The Star

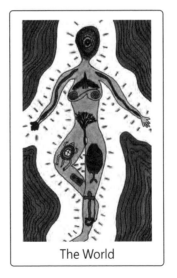

The World

閃亮部落塔羅的女皇、戀人、星星和世界

偉特塔羅的女皇、戀人、星星和世界

　　一些神話學家和女權主義者，特別是約瑟夫・坎伯和《上帝為女性時》（*When God Was a Woman*）的作者梅林・史東（Merlin Stone），已經

發展出一條不同的道路，來重新解釋創世記神話。他們指出，在父權宗教出現之前，人們在樹林和花園裡敬拜大地女神。蛇經常被看作是女性神明的伴侶。在某些地方，特別是希臘，女神們手上拿著一個蘋果，蘋果正中心有一個五角星，象徵天堂（金星用八年時間在天空中形成的五瓣花）、植物的自然世界、還有人體，當我們雙腿分開站立、雙臂向兩側伸出，人體也會形成一個五角星形狀。

在這個天堂神話的重新想像版本中，女神歡迎我們進入她的花園，在那裡，她和她的蛇（可能象徵人體中的昆達里尼生命能量）給我們吃知識的果子。大自然和人體不再是精神的敵人，而是成為重新發現我們神性本我的手段。我們可以從「女皇」、「戀人」、「星星」和「世界」這幾張塔羅牌中看到這個神話的痕跡。

如果「墜落」的概念導致我們對世界產生負面看法，認為世界是一座牢獄，那「愚人」的「跳躍」呢？在這個版本中，愚人沒有犯罪或犯錯，而是選擇快樂地進入經驗和感官世界。就這樣，那「偉大的魔法之行」、從無到有的創造，就變成了一種選擇，而不是隨機偶然的結果；是慶祝，而不是災難。從「愚人」邁向「魔術師」——從無聲的 *aleph* 邁向 *beth*——變成了一種意識有意選擇的行為。偉特塔羅的「愚人」是一位美麗少年，歡欣喜悅、快樂無憂。《閃亮部落塔羅》則畫了一個孩子從懸崖上跳下來去追一隻鳥，飛過一片以能量虛線構成的廣闊風景。

偉特塔羅和閃亮部落塔羅的愚人牌

　　除了一種詩意的直觀感受之外，它裡面有什麼合理性嗎？我們原本是光和神性能量的生物，不知何故開始相信我們是孤立無依而且必然一死，這是真的嗎？畢竟，我們確實有肉體，我們的血肉之軀確實會生病然後死去呀。

　　關於「光」，先讓我們暫時拋開奧祕教義，思考一個看似與諾斯底知識完全不同的觀點：愛因斯坦的狹義相對論。

　　我們之前提過，一項實驗發現以太（第五元素或精質）的存在和作用導致兩個驚人結果。首先，任何人都知道，以太根本不存在。這意謂著光波是以某種方式、在沒有任何物質可穿過的空間中傳遞。聲波靠空氣傳播；空氣振動然後攜帶著聲音。沒有空氣，就不可能有聲音。還記得經典

電影《異形》裡面的那句台詞嗎？「在太空中沒人聽得見你喊叫」。衝浪者乘著波浪在水面上移動。沒有水就沒有波浪。光波似乎是靠自己的力量傳播的。僅僅這件事，就賦予了光特殊地位。後來，物理學家承認了這種特殊質性，提出了一個有爭議的觀點：光可以表現為粒子、也可表現為波動，端看你用什麼方式觀測它。他們稱這個原理為「互補原理」（complementarity）。

　　以太實驗的第二個結果更令人震驚，因為它似乎撼動了我們對現實的認知感受。這項實驗是由邁克生（Michaelson）和莫利（Morley）兩位科學家執行，證明了光速是絕對的。事實上，它似乎是宇宙中唯一絕對的東西，其他一切都變得相對，這就是為什麼愛因斯坦稱他的研究為相對論。

　　為了了解這有多激進、有多麼違反直覺，用一個普遍的表達方式來說，請思考下面這個例子。在理想條件下，也就是，在沒有任何東西阻擋或減慢光速的真空狀態中，光的傳播速度為每秒 186,282 英哩。假設我建造了一艘能夠以每秒 100,000 英哩速度飛行的太空船，然後假設你人在地面上，準備在我飛閃而過時對我揮手。就在我經過你之前，我送出一束光。也許太空船有頭燈，而我剛剛才想起來要把它們打開（我剛剛忙著為我的副駕駛解讀塔羅牌）。

　　現在，如果我們兩個同時測量光束，它的傳播速度有多快？從我在太空船裡的視角來看，我打開燈，它以每秒 186,282 英哩的速度射出。但是，當你看著我，我的船已經以每秒 100,000 英哩的速度移動，因此你會預期光以每秒 286,282 英哩的速度傳播，也就是它自己的速度再加上船的 100,000 英哩。錯。當你測量光速，它的傳播速度還是每秒 186,282 英

哩，跟我測量到的速度一樣。更糟的是，如果太空船有尾燈，我將它們與前燈同時打開，地面上有某人正在測量光線向後移動的速度。你可能會預期，因太空船是向前移動，因此尾燈的光速會減慢，但實際上，尾燈也是以每秒 186,282 英哩的速度射出光，無論是誰來測量、從任何方向測量，結果都一樣。

怎麼會這樣呀？答案是，時間會隨著你移動的速度而改變。光速對所有觀察者來說都是絕對的，是所有存在中唯一絕對的東西，這意謂著時間、時間的移動速度，不斷在變化，它會隨著一件物體行進的速度，跟著變快或變慢。我們無法注意到這個效應，是因為我們的移動速度非常慢，但科學觀察已經一次又一次證實了這件事。時間是相對的，這就是為什麼我們有時會讀到有人這樣描述：如果你能乘坐太空船旅行，假設以 90% 的光速前進，時間速度對你來說會變慢很多，以致你可能在太空中只待很短的時間，但當你回到地球，時間已經過了數百年。

有沒有感覺很熟悉？很多這樣的故事，英雄進入凱爾特精靈之國，過了一夜，回來時發現一百年過去了，他認識的每個人都死了。如果我們從相對論的角度思考這個故事，精靈世界的移動速度比凡常現實世界更接近光速。

事實上，隨著某樣東西的加速，三樣東西會跟著改變。當時間變慢時，質量會增加，但長度實際上會減少。這意謂著有某樣東西同時變得更重和更短。質量並不等於真正的重量，我們可以將它描述為，一件物體的物理性存在。因此，矛盾的是，物體變成愈來愈小（長度收縮），同時它

的密度就會變得愈來愈大，存在感也愈來愈大、愈明顯。而且，時間會變得愈來愈慢。

　　現在，試著想像，你不僅可以愈來愈接近光速，而且實際上可以達到光速本身。你的質量——你的存在——以及，也許，只是也許，你的意識會同時無所不在。但是，你也不會有任何長度。你會成為一個點，沒有維度面向，也就是說，沒有物理形態，你無所不在，但不被固定在任何地方。時間將不再存在。用靈性術語來說，你會與神性意識結合。你會成為神性意識。

　　大多數物理學家會說，物質不能變成光，光也不能變成物質。換句話說，對於一件達到 99.99.....9% 光速的物體，科學可以描述它發生什麼事，但不是它真正穿過障礙物時會產生的結果。因此，並不存在一個從光到物質、從物質到光的過程。而是，我們發現一個根本性的斷裂。

　　但即使不存在科學上的描述，事實上也有一種精神上的描述。它發生在塔羅中。從「愚人」移動到「魔術師」——從無到有，就是從光轉變為物質的過程。從「審判」移動到「世界」——在這之間愚人得到解脫，就是從物質轉變為光的過程。我們稱它為「世界」，因為意識變成無所不在，不受物理局限，而且超越時間。

　　再重新思考一次，神祕學的創世故事，以及它從純粹的光之狀態到物質狀態的墜落或跳躍，現在，想想狹義相對論的另一個面向，也就是那條著名的方程式 $E = mc^2$。這說明了兩件非常了不起的事情：第一，物質和能量實際上是同一個東西，只是形式不同；第二，極大量的能量存在於

一個極小量的物質當中。想一下，用一磅的鈽做成的炸彈，破壞力會有多大，然後再想像一下，你自己的體內蘊藏著多少能量。

愚人從一個超越我們知識之外的純淨之光的地方或狀態，「從上往下降」。如果我們把它想成是一種跳躍，而不是一種罪或一個錯誤，那麼，那靈性之光就會選擇成為物質，去體驗那個不同的環境狀態。它必須用「跳躍」來實現這件事，因為光不能慢慢變成物質。

但是，當它經歷了所有不同的狀態和物質知識，也就是大阿爾克那牌第一到第二十張牌所象徵的所有存在階段，剩下的唯一一步就是，回到它自己作為純粹之光的完整知識，無處不在而且超越時間——嗯，那它必須再次跳躍，因為物質無法慢慢變成光。因此，我們終於明白列維的明智理解，他把「愚人」的位置，放在第二十張牌和第二十一張牌之間。

Awakening

The Fool

The World

從左到右：閃亮塔羅牌的覺醒、愚人、世界

第十四章

最後的賭博，
另類大祕儀

A Final Gambel, Alternate Major Arcanas

最後，我們要回到一個已經變成老朋友的主題：托特神與月亮的那場賭博（或者托特本身就是月亮神，與其他神賭博），而且事實上，祂正是為了這個目的才發明了塔羅牌。雖然我們不知道祂們可能玩過什麼賭博遊戲，也不知道規則，但我們可以給它一個標題。我們稱它為「命運賭局」，或是「生命賭局」。我們該如何玩這樣一場遊戲呢？用塔羅與命運對賭，到底是什麼意思？

任何占卜解牌都是一場賭博。這可能會讓一些人感到震驚，因為畢竟，塔羅傳統認為紙牌可以說出真相，因此它們在一局占卜中出現的結果根本不是一種機率問題。那些想要抹黑整件事情的人會說，如果你再洗一次牌，就會出現其他結果。對於這個問題的回答，塔羅占卜師，包括我自己，會盡職地堅持說，即使出現的牌略有不同，訊息也會非常類似。這種情況確實經常發生，而且通常第二次占牌時會出現好幾張相同的牌，但也許這不是重點。也許我們應該承認，每一次洗牌，我們都在冒險。或許，與其去尋找什麼可以控制結果的神祕媒介——高我、同步性、無意識、神靈世界，我們應該接受這樣一個概念：沒有任何東西可以控制紙牌，而正是這種缺乏控制，這種賭博，使得新智慧的發現成為可能。

因此，為了結束這次穿越靈魂森林的旅程，我們要來進行一場賭博，對象就是所有塔羅傳統中最受尊崇的：大阿爾克那牌，大祕儀。

◄ ◆ ◇ ◇ ◆ ►

　　大祕牌有編號順序，隨著年代演進，編號順序也成了解釋牌卡非常重要的一部分。大多數塔羅解牌者在看魔術師這張牌時，不僅是看它的個別屬性特徵，同時也看它做為一號牌的這個身分，也就是整個旅程的開端。我們之前提過，對卡巴拉學者來說，紙牌的順序決定了每一張牌在生命之樹的路徑位置。但是，塔羅的壯麗美妙就在於，它們是一張張的紙牌，而不是一本裝訂好的書。每一次我們重新把紙牌打亂，它們實際上都會形成一個全新的排序，而不是固定順序。

　　事實上，先後順序一直是個值得商榷的問題。一些非常早期的套牌，並不遵循馬賽塔羅牌中固定順序。我們目前已知的最古老塔羅牌，上面根本沒有顯示任何數字編號。甚至有人質疑，是從古到今都是二十二張牌嗎？也令人質疑。

　　隨著神祕學傳統的蓬勃發展，人們開始爭論哪一個順序才是正確。正如我們在上一章討論的，列維將「愚人」放在倒數第二張牌，而黃金黎明將它放在最開頭。請記得，黃金黎明學派的魔法師們也把正義和力量的編號做了對調。

　　不過，所有這些調動的共同點就是：人們堅持一定要有一個好的理由，即使，有時給出的理由是神的啟示、或來自無形靈體的訊息。人們經常激烈爭論這些變動。他們會說，他們提出的新順序可以解釋一切事情。一旦人們接受紙牌的順序安排，宇宙的所有法則都說得通。

　　很少有人想過，或許我們可以放棄整個順序，只是單純想這樣做，只是為了看看如果我們賭這一局，會發生什麼事。如果我們稱塔羅為我們的智慧工具，為什麼我們期待它只演奏一首歌？無論那首歌有多麼美妙，為

什麼不讓紙牌本身即興創作新的作品呢？

讓我們暫時想像一下，塔羅確實來自萬物皆知的神。如果托特想給他最初的信徒們一個固定的符號順序，他應該會直接遞給他們一張表、或一本縫好的書。但是，他給了他們一張張的紙牌，而且這些紙牌跟大多數神聖經文和／或神聖訊息不同，不必維持它們原本的順序。如果你拿起二十二張大祕牌，將它們洗牌，然後以新的順序排列，你會得到什麼樣全新的、或另類的大祕儀？

人們將標準排列順序稱為「愚人的旅程」，因為第一張牌「愚人」畫的是一位無憂無慮的旅行者。我無意蔑視這趟旅程的重要意義，也無意貶損沉思這趟旅程可獲得的深刻感受。前一章已經我們瞥見傳統排列順序可以發現的奇景。然而，它依然只是一種可能的排列，是眾多可能性中的其中一個「大祕儀」。（全部二十二張大牌可以得到多少種可能的排列順序，只要將這些數字相乘：22 × 21 × 20 × 19.... 以下類推。我沒有真的去算過，但我向你保證，那一定是一個非常大的數字。

如果我們將紙牌打亂，然後第一張牌（主題牌）變成「女祭司」，我們可能會將整個大祕牌稱為「女祭司的冥想」，而且將它看作是一個巨大的冥想異象。事實上，所有以零號牌開始的各種不同排列順序，也會產生好幾種可能的「愚人」之旅。

爵士音樂家都知道，即使是最自由的即興創作，如果能在一個結構下進行，結果會比完全沒有章法更好。為了幫助我們的做解釋，我們可以

遵循任何一個傳統順序的模型。這樣的模型有很多，有多少種解釋法，就有多少種可能模型，而且任何一個模型都能為我們提供一種理解紙牌的方式。舉例來說，卡巴拉生命之樹，它也有因各種歷史或祕法演變所產生的模型。

　　或者，我們可以用不同的神話和故事作為模型指引。如前面章節所述，我自己最喜歡的大祕牌結構是，將「愚人」獨立出來，作為焦點牌，然後將其餘所有牌分成三組，每一組七張牌。

　　多年以來，我一直用這個模型來解牌，各個不同的位置都已經有了明確含義。我把這個模型再次放在這裡：

偉特塔羅：

第 1 排：愚人

第 2 排：魔術師　女祭司　皇帝　教皇　戀人　戰車

第 3 排：力量　隱士　命運之輪　正義　吊人　死神　節制

第 4 排：高塔　星星　月亮　太陽　審判　世界

起始牌，標準版的「愚人」牌，作為主題牌。底下有三排，每一排都具有相同結構。前兩張牌顯示的是每一排的基本問題。例如，以標準排序來說，「魔術師」和「女祭司」象徵生命的基本對立面——活躍與靜止、光明與黑暗、言語與沉默、有意識與無意識。中間三張牌代表該排的「功課」：也就是我們必須面對的問題，如果我們想要掌握這些牌的訊息，特別是如果我們想要在生活中經驗它們並理解它們，可能要面對的問題是什麼。「女皇」、「皇帝」和「教皇」，象徵自然、社會和傳統三位一體；或是母親、父親和教育；或是女神、男神和祭司。

每一排正中間的那張牌，構成了考驗或危機。對很多人來說，「皇帝」都是一張非常困難的牌。它要我們去面對社會、規則和限制。人們可能認為父親很遙遠很疏遠，或是很嚴厲、批判性很強。如果我們希望認可、接受我們自己內在的皇帝，我們就必須設定界限、並讓我們的生活變得有組織有條理。我們需要學習做宣示和捍衛我們的領域疆界。由於喜歡塔羅的人通常都是富有同情心和愛心的人，因此我們經常會去迴避「皇帝」所代表看似冷漠的態度。但如果我們想要走過每一個階段，我們就必須接受「皇帝」和他的結構。

最後兩張牌代表了該排的成就成果。第六張牌顯示的是我們完成工作後獲得的直接經驗，而第七張牌代表我們會變成什麼樣。換句話說，透過經歷「女皇」、「皇帝」和「教皇」的生命課題，「愚人」就能去體驗「戀人」的熱情，並承擔起「戰車」的成功角色。

另外兩排也是重複同一模型，進入更深層的知識和智慧層次。正如我們在標準排序中看到的，第二排可能會逆轉第一排的許多價值觀，因為這

個人開始向內看，他開始打開自己的心。第一排是外部挑戰，第二排是內在探索。第三排，超越個人層次，去發現更大的原理法則，甚至靈魂的一種解放。

　　並非每一種新版本的大祕儀都會產生出對傳統結構的深刻領悟。神祕學的學習者對這個模型進行了兩百多年的研究和思考，並將它跟數千年前的靈性概念連結起來。不過，新鮮感也有其價值，正因如此，現在我們才會看到幾乎每天都有大量的新塔羅套牌出現。

　　把這三排結構（或任何其他結構系統）放在腦子裡，我們就能打亂大祕儀的順序，來跟我們想要發現的東西進行一場賭博。賭博方法有兩種。你可以將全部二十二張牌洗牌，然後把你翻到的第一張牌設定為你的主題牌。如果你翻開的第一張牌是「正義」，那麼你得到的就是一個「正義大祕儀」，你會在這當中學習這個主題帶來的問題、挑戰和生活經歷。如果這張牌是「力量」，那麼你會學到，當我們學習如何在精神上變得堅強，你可能會遇到什麼考驗、得到什麼獎賞。萬一我們翻開的第一張牌剛好是「愚人」牌，那怎麼辦？嗯，那麼我們就會得到一個新的「愚人」旅程。

　　第二個方法，可以讓我們去檢視一個自己選定的主題。假設，你在愛情和感情關係的問題上遇到挑戰。你可以先把「戀人」牌拿出來，剩下的二十一張大牌充分洗牌，然後將它們以每一排七張牌的形式擺在「戀人」牌下方。這個模型可以讓你看到，你人生中跟愛有關的問題。

閃亮部落塔羅牌
第1排：戰車
第2排：皇帝　正義　螺旋　女祭司　力量　魔術師　世界
第3排：節制　死神　戀人　隱士　愚人　星星　傳統
第4排：高塔　太陽　惡魔　月亮　倒吊女人　女皇　覺醒

　　上一頁這個範例，用的是第一種方法，將全部二十二張牌混合洗牌。這裡用的是《閃亮部落塔羅牌》，通常處理靈性智慧的問題，我都會使用這套牌。

　　主題牌是「戰車」。跟「愚人」牌一樣，它暗示了一段旅程，但「愚人」是憑本能行動，「戰車」駕馭者則是帶著意識和目的在駕駛他的馬車。我們可以將基本問題描述為：我們如何在面對世事時變得堅強有力，或是，我們如何表現我們的意志。以下是簡要解讀。

　　第一排，從「皇帝」和「正義」開始。「皇帝」告訴我們，要駕馭人生的戰車，我們要讓自己堅強，並設定好界線。但我們也需要秉持正義來行事，因為如果我們不秉持公義、光明正大行事，「皇帝」就會成為暴君。三張功課牌分別是「命運螺旋」（傳統套牌的「命運之輪」）、「女祭司」和「力量」。一個堅強有力的戰車駕馭者，需要知道如何隨順命運的流轉。他們需要內在「力量」來賦予外在意志真正的深度。不過，最大的考驗是「女祭司」，象徵內在奧祕，因為「戰車」很容易將所有注意力都導向外部世界。

　　完成這項功課後，我們經驗到「魔術師」，也就是受引導意志的魔法創造力。有趣的是，在標準排序中，是從「魔術師」開始，在「戰車」結束。這兩張牌都牽涉到意志的培養及和運用。如果意志已經變成這個新大祕儀的主題，那麼原來的位置變成「魔術師」來填補我們可以體驗的東西，那就很合理。「魔術師」之後，代表「我們會變成什麼樣」的這張牌，給了我們「世界」。這張牌已從標準排序的第三排末尾移動到第一排末尾。它用內在精神意義平衡了「戰車」的外部之力。

　　第二排進入更深的內在層面。「節制」和「死亡」對「戰車」來說都是挑戰。第一個需要冷靜和平衡，第二個則讓我們面臨失落。兩者都牽涉到放棄控制權。有趣的是，這兩張牌也互相對調了原來的位置。也就是說，在標準排序中，「死亡」是在第二行的第六張牌，後面接著「節制」。在這裡，「節制」變成第二行第一張牌，「死亡」是第二張牌。在這一排的功課排序中，「戀人」和「愚人」都要求「戰車」駕馭者進一步放棄控制權。「隱士」，作為核心考驗牌，要求「戰車」駕馭者進入它正上方的那張牌的狀態，也就是「女祭司」。「戰車」駕馭者必須學習將注意力轉向內在。遵循這個臣服的主題，「戰車」駕馭者在「星星」牌找到了意識的回歸。透過這次回歸，傳統的精神真理（傳統套牌的「教皇」牌）被發現。「戰車」駕馭者成為傳統，成為精神智慧的大師。

　　最後一行進一步探討了這些主題。「高塔」和「太陽」是對立的。「高塔」象徵一切似乎崩塌的時刻，「太陽」象徵單純和快樂的時刻。兩張牌都非常強烈，充滿能量。它們創造出一種力量的二元性。「戰車」想要超越個人意志，就必須面對這樣的宇宙能量。

　　功課牌也延續了相同強度。在這個最深層次，「戰車」駕馭者必須面對內心的黑暗惡魔，並在倒吊女人（或男人）身上找到世界樹的更大價值。在這中間，「戰車」必須在「月亮」的半明半暗中行駛，這是代表深層本能直覺的牌。注意每一行所有牌卡之間的連結。「教皇」、「隱士」和「月亮」都是向內看。他們透過將「戰車」帶到深處來考驗駕馭者，在這些地方，外部導向的意志根本不夠用了。同時也要注意，「月亮」出現在它原來的標準位置。對任何一位旅行者來說，無論是「愚人」還是「戰

車」駕馭者，「月亮」都是代表一段奇異而艱難的旅程。

　　別忘記——這是一次隨機洗牌，但中間出現的三張牌——「女祭司」、「隱士」和「月亮」都非常相似，都是對「戰車」外部導向意志的考驗。

　　最後兩張牌，讓原本專注於追求成功的「戰車」駕馭者，享受了「女皇」的純粹激情，之後是靈性「覺醒」。在前一章，我們提過這個概念：在「覺醒」和「世界」之間，我們再一次需要「愚人」，以便我們能夠自由地跳躍到純粹存在的狀態。這裡也出現了類似情況。在「女皇」，「戰車」駕馭者者達到了極樂狀態。從神話角度來說，「戰車」駕馭者棲居於大母神（Great Mother）體內。但這還沒結束。「戰車」駕馭者需要再次返回外部世界，它的象徵就是「覺醒」牌，牌面上是一座城市，有二十二盞燈和二十二扇窗戶。重返外部世界需要意志力，而且是超越個人層面的意志。從「女皇」牌的經歷中，「戰車」駕馭者發現了神聖喜悅。為了達到完全覺醒，「戰車」本身需要被看做一輛神聖之愛的交通工具。換句話說，「戰車」需要在再次出現在最後兩張牌之間。

　　這種三層次的塔羅佈局，遵循著一個特定模式。你可以在任何系統中設置另類大祕儀。如果你願意，你可以將紙牌放在生命之樹上，去發現它可能代表什麼含義，例如，「戰車」現在出現在科帖爾（王冠）與侯克瑪（Chokmah，智慧）之間的路徑上，「皇帝」出現在科帖爾和庇納（領會）之間的路徑上，以此類推。重要的是，這個另類選擇，給了我們以新方式去遊戲和探索紙牌的自由。

　　我們會以托特神的畫像來結束這本書──朱鷺的頭、全神貫注、智慧閃耀。觀想這位神，我們的塔羅祖先，我們的導師和朋友，安靜站著，溫柔微笑，慢慢地、慢慢地洗牌。

致謝

　　很多人，無論他們知情或不知情，都參與了這本書的製作。我的靈感來自很多地方。儘管我從未見過大衛·羅森堡，但任何讀過這本書的人都清楚知道，我對他的著作《被活活吃掉的夢》所抱持的感激之情。我確實見過史蒂芬·卡徹本人，他的占卜書籍為所有想成為預言家的人帶來了一線光明。對於卡巴拉的洞見和知識，以及她的熱情與慷慨，我要特別感謝茱蒂絲·勞拉。我的好友兼教學夥伴瑪莉·K·格瑞爾，持續不斷以她的學識、教學技巧和對塔羅的熱愛激勵著我，令我驚嘆不已。辛西亞·吉爾斯和卡米莉亞·埃利亞斯以其獨特方式，為我們展示了塔羅的可能性。雷布·阿維加伊·蘭茲曼教會我字母、《托拉》的樂趣和歡笑，以及通往心的門戶。我感謝以上所有人，以及本書中引用的所有人，感謝他們的智慧和知識。若有任何誤解他們的想法之處，在此致上深深的歉意。

　　最後，我要特別感謝 Red Wheel ／ Weiser 出版公司，特別是朱黛卡·伊利斯（Judika Illes），她是才華橫溢的作家與出色的編輯，感謝她對本書的愛和支持。

塔羅牌出處

推薦參考書目

※ 本書所提及的塔羅牌，請參見〈塔羅牌出處〉。

※ 為了方便檢索，正文出現過的書名，亦一併標註內文中使用的譯名。

Amaral, Geraldine. *Tarot Celebrations*. Red Wheel/Weiser, 1997.

Anonymous. *Meditations on the Tarot*. Element, 1985.

Besserman, Perle. *The Shambhala Guide to Kabbalah and Jewish Mysticism*. Shambhala, 1997.

Black Elk（Joseph Epes Brown, ed.）. *The Sacred Pipe*. University of Oklahoma Press, 1953.

Boer, Charles. *The Homeric Hymns*. Swallow Press, 1970.

Calasso, Roberto（Tim Parks, trans.）. *The Marriage of Cadmus and Harmony*. Alfred A. Knopf, 1993.

Calvino, Italo. *The Castle of Crossed Destinies*. Harcourt, Brace, Jovanovich, 1976.

Campbell, Joseph. *The Hero with a Tiiousand Faces. Bollingen*, 1949.

——.《外部世界的內在抵達》，*The Inner Reaches of Outer Space*. Harper and Row, 1986.

Case, Paul Foster.《塔羅牌》，*The Tarot*. Builders of the Adytum, 1974.

Chatwin, Bruce. *The Songlines*. Penguin, 1987.

Chilton, Bruce.《拉比耶穌》，*Rabbi Jesus*. Doubleday, 2000.

Critchlow, Keith. *Time Stands Still*. St. Martin's Press, 1980.

Crowley, Aleister.《托特塔羅》，*The Book of Thoth*. U.S. Games Systems, 1977.

Decker, Ronald, Thierry DePauIis, and Michael Dunmiett.《邪惡的紙牌》，*A Wicked Pack of Cards*. St. Martin's Press, 1996.

Diller, Annie.《短暫人世》，*For the Time Being*. Knopf, 1999.

Dummett, Michael. *The Game of Tarot*. U.S. Games Systems, 1980.

DuQuette, Lon Milo.《儀式魔法塔羅牌》， *Tarot of Ceremonial Magic*. Weiser Books, 1995.

Eliade, Mircea（Willard R. Trask, trans.）. *Shamanism*. Bollingen, 1964.

Ellis, Normandi.《喚醒歐西里斯》*Awakening Osiris*. Phanes Press, 1988.

Fairfield, Gail. *Choice-Centered Tarot*. Newcastle, 1985.

Giles, Cynthia. *The Tarot: History*, Mystery, and Lore. Paragon House, 1992.

——. *The Tarot: Methods, Mastery*, and More. Simon & Schuster, 1996.

Gleason, Judith. *Oya: In Praise of the Goddess*. Shambala, 1987.

Gray, Eden. *The Tarot Revealed*. Inspiration House, 1960.

Greer, Mary K. The Complete Book of Tarot Reversals. Llewellyn, 2002.

——. *Tarot for Your Self*. Newcastle, 1984.

——. *Women of the Golden Dawn*. Park Street Press, 1995.

Grimm, Jakob and Wilhelm. T*he Complete Grimm's Fairy Tales*. Pantheon, 1944.

Huson, Paul.《惡魔圖畫書》， *The Devil's Picturebook*. G. P. Putnams Sons, 1971.

Kaplan, Rabbi Aryeh. *The Living Torah.* Maznaim, 1981.

Kaplan, Stuart. *The Encylopedia of Tarot*, vols. 1–3. U.S. Games Systems, 1978, 1986, 1990.

Karcher, Stephen.《大傳》，*Ta Chuan: The Great Treatise.* St. Martin's Press, 2000.

——. *The Illustrated Encyclopedia of Divination.* Element, 1997.

Karcher, Stephen, and Rudolf Ritsema. *I Ching.* Element, 1994.

Kerenyi, Carl. *Eleusis: Archetypal Image of Mother and Daughter.* Princeton, 1967.

Kliegman, Isabel. *Tarot and the Tree of Life.* Quest, 1997.

Kusher, Lawrence. *Honey from the Rock.* Harper and Row, 1977.

Lao Tzu（Gia-Fu Feng and Jane English, trans.）. *The Tao Te Ching.* Vintage, 1989.

Moakley, Gertrude. *The Tarot Cards Painted by Bonifacio Bembo.* New York Public Library, 1966.

Nichols, Sallie. *Jung and Tarot.* Samuel Weiser, 1981.

O'Neill, Robert V. *Tarot Symbolism.* Fairways Press, 1986.

Opsopaus, John. *Guide to the Pythagorean Tarot.* Llewellyn, 2001.

Patai, Raphael. *The Hebrew Goddess.* Avon, 1967.

Pollack, Rachel. *"Aphrodite: Transsexual Goddess of Passion."* Spring Journal 57, 1995.

——. *The Body of the Goddess.* Element, 1997.

——. *"Breaking the Will of Heaven."* Spring Journal 60, 1996.

——.《塔羅全書》，*Complete Illustrated Guide to the Tarot.* Element, 1999.

——. *"The Four Rabbis Who Entered Paradise."* Spring Journal 66, 1999.

——. *The New Tarot.* Aquarian, 1989.

——.《78 度的智慧》，*Seventy-Eight Degrees of Wisdom.* Weiser Books, 1980, 1983, 1997.

——.《閃亮部落塔羅》*Shining Tribe Tarot.* Llewellyn, 2001.

——.《閃亮女性塔羅》*Shining Woman Tarot.* Thorsons, 1994.

——. *Tarot Readings and Meditations.* Aquarian, 1986.（Previously titled The Open Labyrinth.）

Pollack, Rachel, and Caitlin Matthews. *Tarot Tales.* Random Century, 1989.

Rosenberg, David.《被活活吃掉的夢：卡巴拉的著作核心》，*Dreams of Being Eaten Alive: The Literary Core of Kabbalah.* Harmony House, 2000.

Scholem, Gershom. *Major Trends in Jewish Mysticism.* Schocken, 1941.

——. *On the Kabbalah and Its Symbolism.* Schocken, 1965.

Schwartz, Howard. *Gabriel's Palace: Jewish Mystical Tales.* Oxford University Press, 1993.

Teutsch, Rabbi David A., ed. *Kol Haneshamah, The Reconstructionist Prayerbook, third edition.* The Reconstructionist Press, 1994.

Thompson, William Invin. *Imaginary Landscapes.* St. Martin's Press, 1989.

——.《當我們重新看見身體》，*The Time Falling Bodies Take to Light.* St. Martin's Press, 1981.

Waite, Arthur Edward.《塔羅圖像之鑰》，*The Pictorial Key to the Tarot.* William

Rider and Son, 1911.

Whitman, Walt（James E. Miller, ed.）. *Complete Poetry and Selected Prose.* Houghton Mifflin, 1959.

Williams, Charles. *The Greater Trumps.* Gollancz, 1932.

高寶書版集團
gobooks.com.tw

NW 286

漫步靈魂森林：用塔羅牌回歸自我，踏上通往內在轉化的覺醒旅程
A Walk Through the Forest of Souls: A Tarot Journey to Spiritual Awakening

作　　　者	瑞秋‧波拉克（Rachel Pollack）	
譯　　　者	黃春華	
主　　　編	吳珮旻	
編　　　輯	鄭淇丰	
封面設計	鄭佳容	
內頁排版	賴姵均	
企　　　劃	鍾惠鈞	
版　　　權	劉昱昕	

發 行 人	朱凱蕾
出　　版	英屬維京群島商高寶國際有限公司台灣分公司
	Global Group Holdings, Ltd.
地　　址	台北市內湖區洲子街 88 號 3 樓
網　　址	gobooks.com.tw
電　　話	（02）27992788
電　　郵	readers@gobooks.com.tw（讀者服務部）
傳　　真	出版部（02）27990909　行銷部（02）27993088
郵政劃撥	19394552
戶　　名	英屬維京群島商高寶國際有限公司台灣分公司
發　　行	英屬維京群島商高寶國際有限公司台灣分公司
法律顧問	永然聯合法律事務所
初版日期	2024 年 5 月

Copyright © 2002, 2023 by Rachel Pollack
Published by arrangement with Red Wheel Weiser, LLC.
through Andrew Nurnberg Associates International Limited

國家圖書館出版品預行編目（CIP）資料

漫步靈魂森林：用塔羅牌回歸自我，踏上通往內在轉化
的覺醒旅程 / 瑞秋 . 波拉克 (Rachel Pollack) 著；黃
春華譯 . -- 初版 . -- 臺北市：英屬維京群島商高寶國際
有限公司臺灣分公司, 2024.05
　　面；　　公分 .--（新視野；NW286）

譯自：A walk through the forest of souls : a tarot
journey to spiritual awakening.

ISBN 978-986-986-506-976-6（平裝）

1.CST: 占卜

292.96　　　　　　　　　　　113005522